U0087872

歷史如何教

從閱讀到探究

How to Teach History?
From Reading to Inquiry

林慈淑　著

三民書局

自　序

　　2022 年秋天，我在系上一個專業課程，與六十個修課的大二學生初次碰面。第一堂課，在概述課程大綱後，我問了兩個問題，請學生坦承告知：「在座各位，覺得自己喜歡歷史的，請舉手？」果如所料，舉手者零零落落，不到十人。接著，我再追問：「在座各位，覺得歷史有價值、有用的，請舉手？」當下竟也只有幾隻怯怯的、帶著猶豫、半舉半落的手，錯落在偌大的教室裡。我瞬時啞然。

　　我以為，第一個問題涉及興趣和意向，學生確實可以不那麼喜愛歷史，但第二個問題，儘管與前一問有連動關係，總還是可以超越喜好與否，表達對歷史這個學科價值的肯定吧。沒想到，扣掉一些不敢表態者，大多數已經上了六年中學歷史、一年專業課程的大學生，竟仍無法認識、感受歷史的重要性。我悵然的想著，那麼這些學生為何坐在這裡？他們期待的是什麼？聽聞一些歷史系的轉系申請人數特高，難道他們來此，只為了有機會離開？

　　身為一個「資深」教學者，我一如過去，無法對學生的這般反應視而不見、漠然以對。我更憂心，在今天社會變動如此之大、選擇如此多元、訊息多到令人眼花撩亂的時代，年輕人對歷史無感、冷感，恐怕更甚以往。倘若教學又數十年未變，那麼最終變成惡感，也不是不可能。這本書，與其說是幫助現

場教師，不如說是為那些仍困惑於歷史是什麼、為什麼這個科目會存在的學生而寫。希望在不同的教室中，透過不一樣的教學，讓更多莘莘學子認識歷史，欣賞歷史的開闊與深邃，並體會歷史對於「人」的價值之探索和思考。

當然，數十年教學的經驗，我深知教好歷史從來不是一件輕而易舉的事，即使至今，我仍不時以戰戰兢兢的心情看待、反思自己的教學。何況中學老師既要面臨現實的掣肘，又要隨時把握新的歷史知識、歷史理論和歷史教育的發展趨向，著實不易。不過，教好歷史固難，也絕非是不可為的妄想。這是過去二十年來，我投入歷史教育研究、探索歷史教學理法，並撰寫此書的最大動力。我相信，改變一些認知、作法，歷史課會成為一則則深具啟發、值得回味深思的動人故事。

誠然，教歷史必須與時俱進，如同其他許多事情那般。晚近以來，歷史教學確實歷經重大翻轉——這當然也是呼應時代的脈動，那就是：學校歷史科不能只停留在傳遞特定事實的層次上，也得教導這個學科的觀念工具並培養探究能力。其實，教予學生認識不同學科的組織原理和概念方法，早已是教育學的老生常談；同時，其他許多科目的教學多已朝此方向前進，但歷史教育因與政治牽連特深，相對的在這條路上起步頗晚。無論如何，這個新的教學觀念顛覆了長期存在歷史課堂中的刻板印象：只有在大學層級，才需教導歷史學的思考和研究方法，中學階段只要讓學生認識些重要史實即可。這樣想法下造就的結果，可能就像我那大二班的學生，身在歷史系，卻不愛歷史，

也不覺得歷史有什麼價值。更嚴重的，長期而言，這又不只是學生對歷史有何觀感的問題，而是這門學科能否健康永續的發展。

那麼，該教哪些歷史思考能力？

本書提出三個基本要素：文本閱讀、證據概念（筆者統稱這兩者為歷史閱讀）、問題探究，分別討論它們的意涵、重要性以及可行的教學法，同時，也提點它們彼此的關聯。這三個要素既屬於觀念範疇，也是展示實踐的能力。三者之間，環環相扣，互相成全：閱讀啟動了思考和認知；證據意識既得透過閱讀來培育，又是檢視思考和認知的憑藉；問題探究則為落實前二者的方式與動態過程。可以說，文本閱讀、證據概念、問題探究乃歷史的入門基礎，是認識這門學科的必要訓練，也是進一步通往其他歷史觀念的橋梁，更是歷史教育與公民素養的接軌之處。

當然，三者中，根本之根本、重中之重的無疑是文本閱讀。閱讀原是一切學習的關鍵，也是打開認識世界的大門。如同幼兒從聽大人說床邊故事，到自己捧書展讀，那是多大的一步。西諺云：「每個老師都是教閱讀的老師 (Every teacher is a teacher of reading)。」更說明閱讀在教與學上的吃重角色。然而，本書所談文本閱讀不只是一般的讀書，而是過去二、三十年來一個具有革命性質的閱讀模式。這種閱讀模式可以破譯當今各種真假相參的妄言謬論，能夠對抗那些時時席捲而來的無數虛實訊息，使讀者成為主動清明的探索者，而非被動的接收者。正因文本閱讀如此重要，又具新意，本書前五章即全面探

討這個課題。

　　第一章由國際評量 PISA 談起，檢視近年臺灣閱讀教育的發展與限制，並提出歷史學對於培訓學生閱讀文本和證據推論方面的優勢。第二章回溯二十世紀中葉以來，文本概念如何在學術風潮中現身，以及法國、英國、美國若干學者如何打造此概念並轉化其意義，兼及勾勒歷史學界受到詮釋文本新方式之衝擊。第三章闡述 1980 年代美國教育界在「認知革命」旋風以及解構主義的帶動下，文本概念經由認知心理學家如溫伯格之轉介，而進入歷史教育場域；溫伯格更從認知探究著手，揭露歷史學家面對文本的兩大思考途徑：溯源和脈絡化。第四和第五章則針對教導文本閱讀時，教師該先儲備哪些認知轉換，以及實際教導時可行的方法策略而論。

　　文本閱讀是現代人避免被資訊浪潮吞食淹沒的一道有效防護，不過，若欲防護有效且進而培養論述能力，則有賴證據概念。本書第六章探討證據概念在學習歷史以及公民養成教育上的珍貴價值，同時也就教導證據推論提出若干建議。值得注意的，教師於課堂中推展文本閱讀和證據概念，最有效的方式乃是透過相關提問，激發學習動力，也就是設計以問題為核心的探究活動作為媒介，教導學生認識歷史閱讀的訣竅。第七章即是闡明中學的探究課程應以問題為前導，重視學生在「過程」中的體驗與認知；探究活動本當屬於「一般」歷史課的常態元素，而不是與歷史課無關、以「產出」為目的之額外實作。

　　教導文本閱讀、證據概念、問題探究，旨在培養學生歷史

思考及探究能力，而無論教師或學生，還會因此見識到這個學科觀看世界的獨特方式和面臨的複雜。過去不再，歷史隨之而興，卻也留下了「如何理解」的永恆課題。當歷史知識的不確定性、多元解釋已成學界共識，今日歷史最大的難題早已非曾經喧騰一時的「科學或藝術」、「主觀或客觀」、「理性或感性」之爭，而是詮釋和理解的問題。譬如如何運用先天缺損、後天又有人為造作的文本，嘗試捕捉那個已經消逝時代的身形風貌；如何收束現在主義，將想像和情感導入與證據相激盪的脈絡化思考中，達到更好的理解。這自非一蹴可幾，但也正是歷史學能大大鍛鍊與提升人們理解能力之所由。

本書不僅談教歷史以及教導閱讀、證據、探究的要義，更提出實務方面的一些具體建議。如果說，這本專書相較於其他，有什麼特別之處的話，那應該是：書內提到的所有教學方式，我都曾在自己課堂中一一實驗與實踐過，而且甚具成效。而除了教學，我也親身設計教案或指導教師規劃探究式教學活動。因為，我不只是歷史教育研究者，我也是一名教歷史的老師。

必須承認，書中提出的各種歷史概念、教法策略，都賦予教師重要的作用，對教師的期望極高。這與傳統教學下教師擔綱的角色甚為不同。在此，歷史教師不只要充實學科知識，也需掌握學科的教學方略、理解學生的迷思所在，更得選擇文本、精準恰當地提問、設計探究流程、營造探究的情境。

我想起 1989 年時，美國兩位教育學者蘇珊納威爾森 (Suzanne M. Wilson) 及蓋瑞史克斯 (Gary Sykes) 在一篇討論教

師專業準備和認證的文章內，提倡以學科為基礎的歷史教學概念，主張教給學生史家的詮釋模式、證據概念……。這種觀點在當時實屬新穎罕見，兩位學者因此坦承：「我們所推動的歷史教學觀念會讓人畏懼 (daunting)，同時對老師的要求也多。」[1] 這段話無疑也適用於本書，點出了本書隱含的挑戰。即使如此，我仍深信，願意突破舊習、接受改變，一起為歷史教育努力的同道必有人在。海內存知己，天涯若比鄰。

　　這本論著中，除了詳談文本、探究的幾個課題之外，間亦對照討論當前若干教育的風氣和趨向，例如十餘年來的閱讀教學、108 歷史課綱、換位思考以及時興的歷史教學看法等。這些論評都是來自筆者多年教學和閱讀的體會，力求理性平和，意在提供省思。當然本書所呈現的觀點同樣歡迎各界指教和回應，這當是學術和教育持續向前邁進的不移至理。

　　想想，上一次為自己的書寫序，竟已是十三年前的往事。才思不敏，這把劍磨得也忒久了些。這些年來，周遭大環境變化不小，我自己也歷經轉折：投入系行政事務六年到 2018 年創立「歷史教學學會」(TSHT)、從幾乎荒廢研究到慢慢重新開始、從中年初老到即將迎向退休人生。或許，不變的是，我仍

---

1 Suzanne M. Wilson and Gary Sykes, "Toward Better Teacher Preparation and Certification," in *Historical Literacy: The Case for History in American Education*. Edited by Paul Gagnon. (Boston: Houghton Mifflin Company, 1989), 271.

在歷史教育這條路上奮力走著。

　　幸運的，我始終不是一個人獨行。無庸諱言，多年來，由於我單薄的學術背景，又執教於「私立」大學，在許多場景中，明裡暗裡不乏見識學界的「潛規則」。然而總有師長、歷史同儕，長期給予溫暖的支持和包容，讓我點滴在心、未敢相忘。例如引領我走進歷史教育的張元師，我不只一次在他面前頹喪哀嘆，覺得自己終究難以改變什麼，老師卻安慰我：「我們所做一切，不是為了眼前的成就，而是要留下些東西，讓後來的人知道，曾經有人這樣想過、做過。」恩師歷史學者的眼界和風範，讓我慚愧也感佩。另要感謝的是，臺灣大學歷史系長期邀請我開授「歷史科教材教法」，使我能在這門課堂中以專業所得教學相長。而我能夠專心追求志業、長期致力研究，自然是拜所服務的東吳大學和歷史系之賜。本書得以完成，亦承科技部兩年期的專書寫作計畫之贊助，特此銘謝。

　　當然，不能忘記的還有：多少個日子以來，始終相伴不棄的學生好友，以及一起打拼辦活動、同甘共苦的學會好夥伴。這些任教於不同學校的歷史老師，個個優秀好學，充滿理想熱情。他們經常在我獨斷的「號令」下，二話不說，就無悔無償地跟著我投入各種精進歷史教學的活動，或盡心規劃教師研習與工作坊。沒有他們的相挺護持，就不會有「歷史教學學會」，我也難以走到今天。與這群學會夥伴的相遇相知，是我人生中一段神奇的浪漫經歷。

　　環顧當前歷史教育，實話說，很難令人滿意放心。不過，

這些年來我們並非空白虛無地「等待果陀」。套用康德的話：「我們生活在已經啟蒙的時代了嗎？」「不是，但我們確實生活在啟蒙的時代。」這，仍然是值得慶幸的。

林慈淑

2023 年 7 月 10 日

歷史如何教？

從閱讀到探究

第一章

從閱讀教育到歷史教學

　　二十一世紀以來，如何培養學生的閱讀能力成為臺灣教育界極為關注的議題，也是社會大眾普遍認可的教育目標。尤其近十年內，各種縱論閱讀理解、高效閱讀、閱讀素養等主題的專書論著，如雨後春筍般出版問世。[1]政府單位以及若干民間文教團體也相繼創辦閱讀理解雜誌或積極舉辦相關培力活動。凡此在在顯示，這真是一個閱讀至上的時代，而我們社會對於提升孩童閱讀程度的熱望與渴求顯得如此殷切。

　　然而，這些來自校內校外閱讀教育的具體成效如何？年輕

---

1 鄭圓鈴、許芳菊，《有效閱讀：閱讀理解，如何學、怎麼教？》（臺北：親子天下，2013）；許育健，《高效閱讀：閱讀理解問思教學》（臺北：幼獅出版，2015）；柯華葳，《教出閱讀力》（臺北：親子天下，2017）。黃國珍，《閱讀素養：黃國珍的閱讀理解課，從訊息到意義，帶你讀出深度思考力》（臺北：親子天下，2019）；陳昱霖、陳昭珍，〈國中閱讀素養及教學策略初探〉，《國文天地》，26:1（臺北，2010），頁113--128；葉芸婷，〈如何有效指導國中生從閱讀文本中成就寫作〉，《國民教育》，54:3（臺北，2014），頁100–103。以上僅列舉若干。

學子的閱讀力提升了嗎？學生閱讀的習慣改變了嗎？閱讀教學的困難與挑戰解決了嗎？如果沒有，問題為何？當各界濟之以不同策略，汲汲於快速成效時，深切地反思和省視亦有其必要。

若論最能代表這十幾年來臺灣閱讀教育發展的指標者，曾經轟動一時的 PISA 閱讀素養評量，應可雀屏中選，雖然如今它的熱潮已過。但也正因 PISA 這番潮起潮落的經歷，恰更適合作為觀察我們社會閱讀教育動態的入口。因為從中可以觀看：這些年來在培養學生閱讀能力方面，大家都在做什麼？主要的趨勢為何？有什麼癥結？當 2018 年 PISA 閱讀測試形態大翻轉時，為什麼在本地卻已波濤不再？

身為歷史教育研究者，筆者這些年也全力投身於歷史課堂（無論是大學或大學以下）的閱讀教學推展工作，自不能也不應漠視一般閱讀教育的進行狀況，知彼當更能知己。在現實種種裂縫中，或更能照見歷史閱讀與思考的珍貴價值及意義。

一、「閱讀歷程」是什麼？

近來閱讀風潮之起，應與 2006 年臺灣學生首度參加以十五歲學生為主的國際閱讀力測驗 PISA (Programme for International Student Assessment) 評比成績不佳，大有關係。[2]

---

2 PISA：國際學生能力評量計畫乃是「經濟合作暨發展組織」(OECD) 於 2000 年所推出，每 3 年舉辦的大規模跨國性調查，目的在於檢驗不同地區以及教育體制下的青少年是否具備進入成人社會所需的知識和技

　　猶記當時媒體披露，臺灣學生閱讀方面的排名未盡理想，輿論一片譁然。於是，相關主管機構單位由上而下、紛紛制訂各種推動閱讀的政策。譬如教育部規劃長達十餘年的「國民中小學學生閱讀素養實施計畫」，[3] 科技部也曾應景地公開徵求學者投入閱讀教育實務研究。[4] 不只官方力促，學術界各領域專家學者多有培養「閱讀素養」的呼籲論述，諸多文化、教學團體競相舉辦深化中小學學生閱讀習慣的活動，出版界則相繼推出閱讀教學的專論和雜誌。

　　這些蓬勃的動向彰顯了一件事：閱讀教育乃是勾勒二十一世紀初期臺灣教育風貌不可或缺的一筆，其對我們現行教育文化有一定的形塑之力。問題是，這麼多力量的集結投入，成效究竟如何？學生的閱讀素養提升了嗎？

　　自 2006 年臺灣加入 PISA 評量，至 2018 年共歷經五次測試。整體而言，十餘年來臺灣學生的數學、科學兩項成績始終名列前茅，且有進展，最弱的卻是閱讀素養。[5] 這五次評量成

能，此包括閱讀、數學和科學等三方面的評估。由於加入「國際學生能力評量計畫」的國家日多，2022 年已有八十多個國家加入，這項評比的重要性相對也提高了，其測驗結果往往牽動許多國家教育政策的走向。請參考相關網頁 OECD, "What is PISA?, " https://www.oecd.org/pisa/aboutpisa/, accessed March 23, 2021.

3 教育部：〈提升國民中小學學生閱讀素養實施計畫〉。https://www.tajh.tp.edu.tw/resource/openfid.php?id=1219, 擷取日期：2021 年 3 月 23 日。

4 例如 2014 年，行政院國家科學委員會科學教育發展處研擬：「數學教育及閱讀教育實務研究」之規劃，徵求學者申請參與研究。

　　績分別列名 16、23、8、23、17，此名次實在無法讓人欣慰地說：學生閱讀程度刻正穩定進步中。以 2018 年而論，臺灣學生閱讀素養排名 17，成績 503 分，的確高於 OECD 平均值 487 分，但比較亞洲幾個國家地區的表現：中國（排名 1）成績 555 分、新加坡（排名 2）549 分、澳門（排名 3）525 分、香港（排名 4）524 分、韓國（排名 9）514 分，臺灣學生的閱讀成績仍居於後。且據「臺灣 PISA 國家研究中心」的分析，我們學生在反應題（需以簡短文字回應問題）上的缺答率偏高，推敲受測者可能因為不熟悉這類題型而覺得困難，或者缺乏耐心閱讀長文而放棄作答。[6]無論如何，以上顯示我們中學生的閱讀素養有很大的加強空間。

　　不能不問，多年以來朝野各界無不想方設法，動用各種資源於學校和民間推動閱讀，何以成效不彰？這個問題重要卻也

---

5 王惠英，〈Pisa 最新評估出爐：臺灣學生的閱讀素養排名第 17，表現不佳有三大原因〉，https://futureparenting.cwgv.com.tw/family/content/index/16665, 擷取日期：2021 年 3 月 23 日。

6 洪碧霞，〈臺灣 PISA 2018 結果報告〉，http://pisa.nutn.edu.tw/, 擷取日期：2021 年 3 月 27 日。但由於「臺灣 PISA 國家研究中心」後由臺南大學轉至臺灣師範大學，原中心的網站皆已裁撤，2018 年的年度報告已經不存在。另參見洪碧霞主編，〈PISA 2018 臺灣學生的表現〉，《社會科學研究》，No.39，頁 1–3。https://cirn.moe.edu.tw/Upload/ckfile/files/81239–PISA%202018%E8%87%BA%E7%81%A3%E5%AD%B8%E7%94%9F%E7%9A%84%E8%A1%A8%E7%8F%BE%20(%E7%80%8F%E8%A6%BD%E6%AA%94).pdf, 擷取日期：2023 年 6 月 20 日。

牽涉複雜，非一言可盡。不過，如果縮小提問範圍，或能有個方便檢視的起點。那就是，目前閱讀教育的推展趨向為何？不妨從「閱讀歷程」一窺究竟。

談到培養閱讀力，大家耳熟能詳、且與 PISA 有直接淵源的即是語文和教育專家多曾鼓吹的「閱讀歷程」。[7]不過，令人驚奇的是，即使是在「閱讀歷程」風靡的時日中，關於它是什麼，說法多元不一。

（一）名詞相同、表述各異

最典型的是「三段論」的閱讀歷程，至少可以找到四種版本（行文中畫線部分為筆者所加，代表語意模糊難明）：

1. 版本 A

⑴**擷取與檢索**：尋找、選擇和收集文本的資訊。

⑵**統整與解釋**：文本內部的統整。

⑶**省思與評鑑**：文本以外知識、想法和價值的連結應用。

版本 A 來自 2014 年行政院國科會科學教育發展處，徵求各領域學者研究閱讀教育的規劃書。很明顯的，三項定義都失之過節。

---

7 華語文專家孫劍秋指出：閱讀歷程即是 PISA 閱讀評量的重心之一。孫劍秋，〈國際閱讀素養評量 (PISA) 計畫問答集 (Q&A)〉，http://anjcs. org/wordreading/wordreading5.pdf, 擷取日期：2023 年 6 月 18 日。

2.版本 B

(1)**擷取與檢索**：能依據問題，找出文中的訊息。

(2)**統整與解釋**：包含「廣泛理解」和「發展解釋」。前者指理解重要段落的意義，整合成一個主要概念，並推斷寫作目的。後者指能對所讀內容發展出更正確、完整的解釋，包括比較和對照訊息，並提出合理證據。

(3)**省思與評鑑**：包含省思與評鑑「文本的內容」與「文本的形式」兩項。前者指將所讀內容，連結自己的知識和經驗，經由判斷省思，對文本內容提出見解，甚至批判其中觀點，並提出自己評價的理由。後者指超然於文本之外，依特定目標和目的，客觀地考量結構安排、文類風格和語言表現手法。

版本 B 擷取自華語文專家於網路上針對 PISA 閱讀素養評量的簡報。[8]此一版本在「統整與解釋」的前後兩部分，定義無法連結、「統整」。

3.版本 C

(1)**擷取與檢索**：尋找重要的訊息。

(2)**統整與解釋**：「統整」為說出並組織主要概念以及相關概

---

8 孫劍秋，〈國際閱讀素養評量 (PISA) 計畫問答集 (Q&A)〉，http://anjcs. org/wordreading/wordreading5.pdf, 擷取日期：2023 年 6 月 18 日。

念。「解釋」是對主要與相關概念進行「表層訊息的解釋」(可善用因果、關係、觀點、排序、比較、詮釋字句等技巧)，接著進行「深層訊息的分析」(可善用分析寫作目的、技巧、效果、寓意等技巧)。

(3)**省思與評鑑**：對全文內容、形式提出合理看法，並提出支持看法的證據。

版本 C 擷取自任教於國文系學者所出版專書內的界定。[9]「省思與評鑑」的定義失之簡單而不明，且與第(2)項「統整與解釋」有重疊之虞。

4.版本 D

「閱讀理解」三個面向：

(1)**擷取訊息**：需能辨識出問題的一個或多個重要元素，但有時需要一個以上的資訊時，也需要文本結構和知識特徵的知識，例如：角色、地點、時間、場景……。

(2)**統整解釋**：讀者必須了解文本不同段落或各部分資料適切的關係，從未明事物建構意義的過程。這涉及證據的演繹與分析，在詞句的意涵中確認不明確或需要推論的關係。在進行解釋時，讀者正是在明確了解整篇文章或文本各部分的基本假設或意涵。

---

9 鄭圓鈴、許芳菊，《閱讀理解：有效閱讀，如何學、怎麼教？》，頁134。

⑶**省思評鑑**：將所讀的內容與自己原有的知識、想法和經驗相連結，經過判斷與省思過後，就文本內容提出自己的見解。運用自己既有的知識、想法和經驗評價本文，經過判斷與省思後，就文本形式（如：文本結構、風格、語體和品質）提出自己的觀點。

版本 D 來自某閱讀教育機構出版的閱讀理解系列。[10]「統整解釋」的文句說明模糊難明。

以上羅列了四個從官方到民間、學者的「閱讀歷程」。讀者當可發現，彼此不僅詳略度差異大，說法也有不同。例如版本 A 的官方版，簡單到不知所述重點。版本 C 的「省思與評鑑」也僅僅只有兩句話。版本 B 將「統整與解釋」視為對內容的把握和解釋，但在「省思與評鑑」部分，也同樣認為要「對文本內容提出見解」，那麼兩者差別為何？是後者運用了自己的知識和經驗，而前者沒有？總之，版本 B 雖然敘述較多，但文字表述並不清楚，即使來回看了數次，仍不知所云。版本 D 雖沒有使用「閱讀歷程」而改以「閱讀素養」或「閱讀理解」代之，但三段式的架構與其他版本無異，行文中也有頗多語意不清之處。

其實，不只三段式，坊間亦見五階段說的閱讀歷程，而且還用「瞎子摸象」的故事來譬喻五個閱讀策略：

● 擷取訊息：每個人摸到大象的各別部分、了解部分特徵。

---

10 品學堂編輯部，《閱讀理解 1～4 刊精選系列 vol.1》（臺北：品學堂，2017 年），頁 1。

- 廣泛理解：每人都分享各部分特徵，一群人就對大象形成廣泛的理解。
- 發展解釋：由先前對大象各部分關係和特徵的理解，逐漸使模糊的想像具體化，呈現出其外觀長相。
- 統整解釋：進一步從其行為中感受牠的溫馴，由此統整大象外在形體與內在個性，說明大象是巨大又溫馴的動物。
- 省思與評鑑：以身形大小和個性評鑑水牛和大象，省思大小的相對性，因此對兩者都有更完整和深刻的認知。[11]

上述的五個閱讀策略並未附帶說明，但以「瞎子摸象」比喻，應是取其生動活潑之效。只是，細看各項指示，恐怕大部分的讀者未必解惑，反而更生疑端。因為這些閱讀法類屬平常所見，大致就是由部分觀察，進而統合成整體的理解；從外在到內在特質的把握，再與其他事物進行對比和分析。如此一般性的閱讀法，實在很難與發展「統整解釋」、「省思與評鑑」等所謂「閱讀素養」串接。

（二）說法有別，趨向相同

以上不厭其煩地舉出關於「閱讀歷程」的各種說法（相信不只這些），目的在呈現迄今為止所見閱讀教育的某些景象。這

---

11 黃國珍，《閱讀素養：黃國珍的閱讀理解課，從訊息到意義，帶你讀出深度思考力》，頁 99–104。

些作者與論說對大眾和學校師生想必都有一定程度的影響力。但奇特的是，彼此在沿用「閱讀歷程」一詞時天差地遠，而且未見有任何學理的闡述與引證。另一方面，儘管眾說紛紜，它們仍表現出若干共通的預設。

　　第一，許多作者都將「閱讀歷程」視為「閱讀方法」。論者談到三個或五個內涵時，皆定義為閱讀所採行的策略，而且這套閱讀方法具有通用性質，適用於所有的閱讀行為。亦即在任何情況下，無論面對的是什麼文本資料，三段或五段閱讀法都是一律可以採行的步驟。

　　第二，上述以及坊間許多類似的主張，都或隱或明地表示，這些歷程代表了閱讀的進階程序。三段或五段隱含著由淺而深、由點到面，以及由文本內的認識到文本以外的連結應用。有論者說：「PISA 強調的語文能力，是藉由學生擷取文本內容的資訊，由文本依據進行推論或解釋，最後再依據統整及省思文本。」[12] 而直接肯定「閱讀歷程」這點的也時有所聞：「由淺入深，更是由表層、具體的層面，再進而深入理解文本內在、隱藏內涵的閱讀能力指標。」[13] 確實，如果將「閱讀歷程」視為閱讀法，那麼其中要項有先後階段之分，才好推廣。事實是，許多閱讀專家也據此諄諄教誨讀者／教師，運用這一前後有序的路徑，

---

12 孫劍秋、林孟君，〈談 PISA 閱讀素養評量對十二年國教閱讀教學的意涵〉，《北市大語文學報》，9 期（臺北，2012），頁 93。

13 莊德仁，《閱讀素養與中學歷史教材教法》（臺北：五南出版，2014），頁 45。

「按部就班」引導學生，培養閱讀技能。即使如上所見，許多界定往往模糊，不易明瞭其意。

第三，論者積極闡說「閱讀歷程」，向大眾引介這套「閱讀法」，多基於這是源自 PISA 的閱讀素養理念，認定此一國際性、大型的評量機制，必然有其道理、價值和重要性。所以，臺灣不但從 2006 年開始參與 PISA，往後大約十年，諸多學者也努力宣揚「閱讀歷程」，視之為與世界接軌、與國際社會對話的一個管道，當然，亦期待藉此提升閱讀教學的效能，推進年輕學子的閱讀力。

時至今日，「閱讀歷程」這個詞彙，對許多教師而言絕不陌生。常可見教學現場中，教師以其為原則，教導學生從「找關鍵字」開始，繼而尋出「主要概念」，接著摘要全文內容，然後利用既有知識進行評價，以及從事概念的遷移與運用。但是，「閱讀歷程」真的沒有問題嗎？

最令人不解的是，「閱讀歷程」既然傳承自 PISA 的閱讀素養評量，為什麼會出現三段論和五段說的變異？為什麼在要項內容上，各家說法差距如此之大？而且，「閱讀」之為思考，真的可以用截然切分的三階段來逐一進行嗎？

臺灣閱讀教學起步不算太久，學習他者，進而反思改善，這原是必要的一步。前提，吾人必得確切把握所借取的原旨原意，方能真正獲得啟發。如果只是任意附會、望文生義，那麼企望以 PISA 激勵、提升普遍的閱讀水平，終究只是鏡花水月，而喊得震天價響的「國際化」，也不過就是華麗的修辭而已。

　　換言之，有無可能，這套名為承自 PISA 的「閱讀歷程」，非能體現 PISA 的精髓要義？那些說法不一之處，或正是移植或引介過程中的誤讀誤解？

二、PISA 閱讀評量知多少？

　　當前臺灣閱讀教學的興起，確實起自「PISA 驚嚇」。[14]不過，追根究底，更大的推力恐怕是閱讀這件事已為舉世所重，PISA 評量的出現，毋寧是反映國際教育的總體趨勢。另一方面，如果 PISA 確可作為國際閱讀教育的表徵之一，我們對它的認識、接收是否充分合宜？

（一）PISA 的「閱讀層面」

　　一度流行的「閱讀歷程」，確實轉用自 2000 至 2015 年間PISA 閱讀素養的評量。若查找 OECD 發布的《PISA 2015 年草擬閱讀素養架構》，可知 PISA 素養評量最初的規劃為五項[15]，

---

14 德國學者發現，2001 年因學生閱讀測驗項目的成績低於國際平均值，在德國社會中產生了「PISA 驚嚇」(PISA-shock)。Carlos Kölbl and Lisa Konrad, "Historical Consciousness in Germany: Concepts, Implementation, Assessment," in *New Directions in Assessing Historical Thinking*. Edited by Kadriye Ercikan and Peter Seixas. (New York: Routledge, 2015), 17.

15 這五項是：檢索訊息、形成概略的理解、發展解釋、反思和評價文本

後因考慮研究和處理樣本之便，而將五項整併為三項：

- 擷取和檢索 (access and retrieve)
- 統整和詮釋 (integrate and interpret)
- 反思和評價 (reflect and evaluate)

這正是三段式「閱讀歷程」所本。問題是，該文件所載的目的、意義與內涵，都與時下所見全然不同。

第一，在 OECD 的公開說明內，從未稱這三項是閱讀「歷程」(processes)，而是名之為閱讀或認知「層面」(aspects)，乃為了「評量」基準而訂。文件中解釋這些層面是：「心智的策略、方法或目的，是讀者用以順利通向文本之內、外以及文本之間的方式。」換言之，PISA 將閱讀或認知層面視為「心智」的運作方向，是接受測試的讀者於閱讀時應有的心智動態。尤其該文特別註記，這些層面與「閱讀的方法（步驟）」(approaches to reading) 並不相同，因為實際上人們如何閱讀，取決於情境、目的與需求。條件不同，閱讀方法也會有異，所啟動的心智層面自也不一樣，而且不見得每一次面見文本時，都需同時、同等地運用三個心智功能。

的內容、反思和評價文本的形式。參見 OECD, "Pisa 2015 Draft Reading Literacy Framework, " https://www.oecd.org/pisa/pisaproducts/Draft%20PISA%202015%20Reading%20Framework%20.pdf, accessed June 12, 2021.

　　第二，或許預知會引發誤解，PISA 的文件還說明，由認知角度來說，這些層面之間似乎是具有某種層級性 (semi-hierarchy)，但事實上，它們彼此為「相互關聯」(interrelated)、「相互依賴」(interdependent) 的關係。若 PISA 針對某個層面測試，讀者有時也得依賴另外兩個層面的心智策略為輔，才能妥善回應。例如欲準確找出某個文本的關鍵訊息，那麼除非能對全篇要旨了然於心，否則不免張冠李戴，錯失重點。PISA 鄭重提示，這三個認知層面不是前後相續的進階關係，而是可以獨立、卻又相輔相成的連結。[16]

　　以上見諸 PISA 文件的兩點強調，對照臺灣的閱讀歷程示意，著實令人驚詫。擷取和檢索、統整和詮釋、反思和評價，在 PISA 閱讀測試中，乃來自評量所需，以及依據閱讀心性學理，所建構出的答題心智反應。但在臺灣，它們搖身一變成為教導學生如何閱讀的指引。再者，OECD 強調，這三個層面可以獨立測試，但彼此又多互相支援。然而坊間的相關閱讀理論中，三者卻成了由簡單到複雜的閱讀程序。

　　不只如此。從 PISA 評量的「閱讀層面」，轉為臺灣的「閱讀歷程」，三個項目的形式、名稱雖同，意義與目的卻千差萬別，內涵也幾乎變調。事實上，PISA 對三項閱讀層面的內涵敘述相當詳盡，並非市面上所見那般籠統簡略。

---

16 OECD, "Pisa 2015 Draft Reading Literacy Framework," https://www.oecd.org/pisa/pisaproducts/Draft%20PISA%202015%20Reading%20Framework%20.pdf, accessed June 12, 2021.

　　就「統整和解釋」這項而言，PISA 文件指出，所謂統整，意指讀者應將文本視為「整體」(as a whole) 來看，又需注意文本各部分之間的連貫性 (coherence)，並從整體角度賦予意義，如此便形成一種統括的理解和解釋。OECD 特別提醒，文本的旨意往往非表面所能見，而是深隱於字裡行間或字面之下，讀者必須反覆來回地揣摩、咀嚼文句段落，方得其髓。如此重要的精神旨意，可惜完全不在坊間閱讀專家的引述之列。

　　誤解最嚴重的恐怕是「反思和評價」。針對這項，如前所舉版本，經常可見的註解為：讀者將資料內容所述「連結文本以外的知識」，藉此進行聯想和評價，再加以遷移運用。例如網路上一篇有關 PISA 閱讀評量與閱讀素養文章如此說：「『省思與評鑑（此即 PISA 的「反思和評價」）』：係指在閱讀歷程中，讀者必須思考文本中所隱含的訊息，以便於連結文本訊息與個人的知識與經驗，其中，省思指的是讀者必須透過個人的知識與經驗進行比較或假設，而評鑑則指讀者必須提出個人的標準進行判斷。」[17]需注意的是，該文主張要先思考文本內含訊息，接著與個人的知識經驗進行連結，並且比較和假設，最後再提出個人自身的判斷。顯然，這一面對文本之道，重心放在「連結、比較、判斷」，是站在文本之外和之上俯瞰文本的方式。這卻大大違背了 PISA 以「理解」為宗旨的原意。

---

17 陳木金、許瑋珊，〈從 PISA 閱讀評量的國際比較探討閱讀素養教育的方向〉，《教師天地》，118 期（臺北，2011），頁 7。

　　根據《PISA 2015 年草擬閱讀素養架構》所示，「反思和評價」這個層面主要期待讀者能就測試文本說了什麼、意圖是什麼，提出解釋，比如「去描述和評論作者所採用的風格，並且辨識作者的目的與態度」。因此，這項評量的重點在於：檢測學生能否透過分析文本的表現形式和內容，進而察知作者的目的用意。而欲完成此項工作，讀者必得援引自己的一般和特定知識以及經驗，進行思考。該份文件同時表明，為了達到這一目標，讀者於對照文本和其他知識的過程中，需要熟悉「證據」擷取，以及使用論證、評估、比較和抽象推理等方面的能力。而所有這些能力，最終都是為了更深入地理解文本的旨趣。

　　基本上，PISA 的三項「認知層面」內蘊了重要的「文本」概念：文本有其整體性，從表現方式到內部書寫多半連成一氣，從而展示出某些意向。因此，解讀文本不只要把握表面字義和訊息，還要透過字詞使用、文句敘述風格，內外探查作者的觀點、目的。PISA 研究小組指出這三個層面環環相扣、相互支持，理由在此。

　　遺憾的是，以上這些重要的義理在中文轉譯的過程中完全被忽略、消去了，甚至顛倒其意。回看中文世界的「閱讀歷程」，脫除了「文本」的底蘊之後，其意義毋寧尋常而表淺。究竟在接收、轉介的環節中，發生了什麼？[18]這是否也與十餘年

18 關於本地對於 PISA 的理解誤差，或可留意的一點是，歷年來「PISA 國家研究中心」，無論從過去的臺南教育大學到近來轉至臺灣師範大學，中心的主持人及研究團隊主要都由統計、數學、教育等專業的研

來學生閱讀力沒有明顯進步而有些關係呢？或許，更根本的問題並非在於引進之際有無失落，而是失落的為什麼是那些「必要環節」(the missing link) 呢？是否那些被消失的環節涉及了人們不易掌握的文本概念？筆者無法針對這些疑問多作揣測，但不免嘆息，許多極力鼓吹如何教導「閱讀」的專家言說，卻在面對 OECD 的文件時，做了最壞的閱讀示範。

話說回來，「他山之石可以攻錯」並不等於全盤接受，而無視於其問題弱點。能洞察他者的缺失，也是借鑑之時所必要。PISA 評量期待檢測學生能否將文本視為整體，要求讀者注意內容之間的連貫，並透過考察文本的形式、表達風格，以掌握作者的目的意向。但此一理念是否切實體現於其試題設計上？畢竟理論和實務，往往是兩回事。事實是 PISA 所研擬的測試題目存在不少侷限。例如試卷中所有的題幹都是單一文本，提問方面，最多的是詢問文本所載訊息，相對的，很少出現「反思和評價」層面的設計，或讓學生「去描述和評論作者所使用的風格，並且辨認作者的目的與態度」。因此，看待 PISA 的樣本試題不宜只有肯定，[19]而缺乏分析、批判的視角。以下姑且舉

究者擔綱組成，未曾見到有任何鑽研哲學、人文學、歷史等對文本詮釋理論熟稔的學者被延攬入內。這不能不說是一個缺憾。

19 如張貴琳、黃秀霜、鄒慧英，〈從國際比較觀點探討臺灣學生 PISA 2006 閱讀素養表現特徵〉，《課程與教學季刊》，13：1（嘉義，2010），頁 21–46；孫劍秋、林孟君，〈談 PISA 閱讀素養評量對十二年國教閱讀教學的意涵〉，頁 85–98。

兩道題目為例。

（二）PISA 的測試問題

2009 年主測閱讀素養，其中有兩個題目的題幹頗有意思。第一例是來自伊索寓言的故事：

> R433「守財奴和他的金子」（《伊索寓言》）
>
> 有一個守財奴賣掉他所有的東西，買了一塊金子。他把金子埋在一座老牆旁邊的地洞裡，每天都要去看一下。守財奴的一個工人發現他常到那個地方去，決定監視他的行動。工人很快就發現藏寶的秘密，於是挖了金子並將它偷走。守財奴再來的時候，發現洞裡空空如也，於是撕扯著自己的頭髮嚎啕大哭。一個鄰居看到守財奴如此悲痛，知道原因後說：「別再難過了！去搬塊石頭，把它放在原來的洞，然後想像那金子仍在裡面，這樣做對你來說效果是差不多的。因為金子在的時候，其實你沒擁有它，因為你並沒讓它發揮一點作用。」

這個故事共設計三個問題，前兩題相當簡單，在此不論。第三題則假設了閱讀故事後的兩種反應：

A：「那鄰居真是討人嫌，他大可以用比石頭好一點的東西來代替金子。」

B：「不，不行。石頭在這故事中是很重要的。」

　　接著要求學生回答：「以上 B 會說什麼來支持他自己的觀點？」

　　上述被標記屬於「統整和詮釋」層面的題目，揣想設計者認為「石頭」這個關鍵詞，可以引導學生注意：石頭作為譬喻之用，表示金子若不好好利用，就如石頭那般沒有價值。在此，運用某個元素，觀察學生能否串連起文本其他內容，從而見出故事的「連貫性」和整體要旨，這的確是「統整和詮釋」期待學生具有的心智面向。但這個故事本身意義豐富，原可作為測試「反思和評價」之用，促使受測者「去描述和評論作者所採用的風格，並且辨識作者的目的與態度」。可惜 PISA 的三個題目中只有這一個題目觸及文本，不免太過「浪費」。

　　「守財奴和他的金子」出自古希臘的寓言，是特定時代下的一則道德勸誡，無論題旨或內容風格，都散發著濃厚的價值說教。作者意在宣揚：財富當用而不該守，此由題名「守財奴」這個具批評意涵的稱謂，以及內文中對於主人翁保守財產的譏刺、嘲諷筆法，可見一斑。可以說這個題目非常適合檢驗學生的「反思和評價」認知。譬如可以詢問學生：作者對於故事主人翁的態度如何？你的推論根據是什麼？作者想要諷刺的是哪種人？從題目和內容，作者想要傳達什麼重點、你又如何看出？作者對財富有什麼看法？……這些提問扣住文本的設計者，勢將引導學生看待文本時，從故事本身提升至背後說故事的人，並同時帶入論、證的訓練。

　　另外，這則道德故事表現出對於財富的單一主張，此與今

天多元價值的取向明顯不同。在消費至上的當代社會中，人的壽命增長，若能適當控制物慾、積存老本，還會博得人們的讚賞。所以，測試時也可從古今差別這點切入，詢問學生：在二十一世紀的社會中，你覺得一般人是否會同意這樣的觀點？為什麼？這樣的追問，意在激勵學生一方面既要神入作者的思索中，一方面也得對文本內容保持反思的態度，洞識古今人我之別。

總之，「守財奴和他的金子」本是一個寓意豐富又不難理解的文本，合宜的問題設計正可啟發學生關注書寫手法、文字風格、寓意要旨，從而面對作者的觀點、目的和態度。但 PISA 題目的設計不免簡單，錯失了帶領學生培養更深度思考的機會。

提問之難，還可從另一題看出：R48 的「遠距辦公」。該題幹包含兩種看法，並有兩個測試問題。

未來的方式

想像一下，「遠距辦公」是件多麼美好的事，在電信的高速公路上班，你所有的工作都是在電腦上或是藉著電話完成！你不再需要讓你的身軀擠塞在擁擠的公車或火車上，也不必浪費好幾個小時在上班的往返路途上。你可以在任何你想工作的地方工作——想想，所有的工作機會也將因此而開啟！（怡君）

即將形成的災難

縮短通勤的時數和減少通勤的體力耗損，很明顯的是一

個好主意。但是，這樣的目標應該藉由改善大眾運輸，或確保工作地點是在居家附近來達成。遠距辦公會是每個人未來部分生活方式的假想，只會導致人們變得越來越專注於自身。難道我們還要更進一步惡化我們的社會歸屬感嗎？（志明）

問題 1：「未來的方式」和「即將形成的災難」之間有什麼關係？（統整和詮釋）

A 它們使用不同的論點達到相同的一般結論。

B 它們以相同的文體書寫，但針對的是完全不同的議題。

C 它們表達相同的一般看法，但是形成不同的結論。

D 它們在相同的議題上表達對立的看法。

問題 2：哪一種工作很難遠距辦公？請為你的答案提供一個理由。（反思和評價）

　　先談問題 2，其設定為「反思和評價」層面，但凡多少了解前述 PISA 閱讀評量理論者，應該都可看出，其與「反思和評價」的立意距離多遠。至於問題 1 則是聚焦於兩種看法的比較，正確答案為 D：「它們在相同的議題上表達對立的看法。」但這個正確答案真的正確嗎？

　　此處至少有兩大疑點：第一，文中的兩段意見可以簡單地歸納為「對立的」看法嗎？第二，面對同個課題不同的主張，我們期待學生學習和理解的，僅僅是兩者「對立」，這般形式化

的簡單結論嗎？

　　乍看之下，說法一和二似乎各自支持、反對「遠距辦公」，然仔細端詳，兩人的側重之處根本不同。說法一針對的是時間縮減和工作地點便利，說法二更在意遠距辦公將使社會互動和歸屬感日漸稀薄。兩種看法不過是在同個議題下就不同面向的利弊而論。甚至，說法二清楚表明：承認遠距辦公有縮短上班時間和抒解通勤之苦等好處，但認為藉由其他方式也可產生同樣的效果。說法二更擔憂的是遠距辦公帶來的人際疏離。

　　如此看來，兩種說法並非真的對立、衝突或不相容，而是在同個議題下，各就自己在意的部分進行抒發。同時，深入檢視兩方之見，彼此未必不能取得共識。觀諸 PISA 的提問並未能讓學生真正掌握兩則意見的要義及關係，反倒可能助長表淺化的閱讀，甚至是輕率地用「對立」來論斷「不同」。

　　PISA 這道題目或許有意呼應人們面對「多元觀點」的時代課題。在資訊源源不絕、訊息充斥爆量的今日，學生確實會困處於一件事情各說各話或數種看法針鋒相對之中。然而，「知道」多種「說法」——如 PISA 之問，就是具有「多元觀點」認知嗎？就能解決無所適從的困擾嗎？當歷史老師在課堂中，列舉了亞歷山大的正反評價、文藝復興的不同歷史意義、法國大革命起因的不同觀點……時，是否就算盡職地展示了歷史的「多元解釋」特質？是否簡單地判定這些觀點彼此衝突，即可化解學生的難題？恐怕未必！教師如未能繼續帶領學生探討那些觀點如何陳說論述、它們的歧異落在哪裡？……再多說法也

不過加重背誦記憶的負擔而已。猶有甚者，學生可能因此更加手足無措，不知如何面對多元引發的紊亂，因而衍生公婆各自有理、與我何干的消極相對論，或更為嚴重的虛無心態。

具備多元觀點的認知，並非只簡單地判別某些作者的立場是相同或對立就足矣，而是需要有能力去分析文本作者在特定觀點的架構下，如何抉擇資料、論辯證據、鋪陳闡述並建立敘述。唯有培養這樣的探析考察力，學生始能辨明並淡定面對：眼前看法不一，究竟是談論重點不同，或是來自不一樣視角，或是使用不同的資料，或是對資料詮釋相異所致。透過這些梳理，學生因而能初步探知哪種解釋更具說服力，哪個說法漏洞較多。這樣的解讀訓練期望學習者認識：即便是「多元觀點」並立，也並非每種觀點的價值皆均等、都同樣值得留意採信；解釋經常有高下優劣之分。

「守財奴和他的金子」、「遠距辦公」這兩題測試設計，題幹選材甚佳，但提問卻顯得單薄，缺乏張力，難以符應 PISA 標榜的閱讀素養測量理念。無怪乎有學者評論：「並未以生產超越文本內容的新知識為主訴求，只能屬於閱讀素養較初階的基本功，偏向語文素養的技能。」[20]

---

20 何宗懿，〈閱讀者提問請教文本：試論 PISA 閱讀素養架構進階之道〉，《教育研究與發展期刊》，11：2（新北，2015），頁 1–32。PISA 進入臺灣以來，學術和教育界多半以引介的方式居多，少有以審視批判的角度視之。此文屬於難得。作者根據高達美的詮釋學，指出閱讀要能產生新知識，必須以提問為中心、進行有目的性的閱讀，而 PISA 閱讀

　　重點是，PISA 並未原地踏步、裹足不前。在運轉近二十年之後，2018 年它在時代浪潮的催迫下，進行了全面改造，從測試基準到試題方向與提問設計，展現出前所未有的形貌。可惜，這番巨變已不再引起社會的關注和討論。當 PISA 銳意求新，卻也是我們幾乎遺忘了它之時。

三、PISA 大翻轉：閱讀測試新趨向

　　始於 2000 年的 PISA，其實只評比三個項目：閱讀、科學、數學。當今之世，科學、數學與國家尖端科技的發展密切相關，其重要性無需多言。但是，「閱讀素養」(reading literacy) 竟能與這兩個重點科目鼎足而立，值得留意。

（一）閱讀的個人與社會意義

　　閱讀的重要，其實不難揣知。在人人不離手機平板、一切影像數位化的時代，一方面人們對閱讀「書本」越來越感陌生，相對的，瀏覽「訊息」卻成了日常。另一方面，今天大眾需要具備高超的閱讀能力，卻又比任何時代可能來得重要迫切。紛沓而來的媒材訊息、文宣廣告、網路論述，令人目不暇給，使得閱讀無時不在、無時不需。但如何在眾說紛紜之中，不受牽制迷惑、明辨慎思、審慎抉擇，已是現代人亟需修持的功課之

素養的架構，缺乏以提問為出發點的面向，是一大疏漏。

一。而「讀懂」訊息，以及掌握各種文本背後的要旨大意，更成了公民必備的基本能力。料想這正是閱讀素養列入 PISA 三大評量項目的重要緣由。其 2015 年的文件資料中早已明示：

> 我們生活於一個快速變遷的世界，在這個世界中，書寫材料的數量和形式不斷地增加，同時，越來越多的人被要求：能以新的、間或更複雜的方式來使用這些材料。

閱讀能力並不只牽涉個人面對世界以及能力增長問題，還關係著國家的經濟脈動：

> 閱讀素養不僅對個人，同時對整體經濟來說，都是重要的。……在現代社會中，人力資本——在一個經濟體系下個人知道什麼和能做什麼的總和——可能是最重要的資本形式。……若干研究中，有幾位加拿大經濟學家分析了素養程度和經濟表現之間的長期連結。他們發現，一個國家人民的素養平均程度，比起教育成就，會是更好的經濟成長指標。[21]

這段話點出，個人的閱讀素養甚至牽動著總體經濟的躍進，某

---

21 以上引文譯自 OECD, "Pisa 2015 Draft Reading Literacy Framework," https://www.oecd.org/pisa/pisaproducts/Draft%20PISA%202015%20Reading%20Framework%20.pdf, accessed June 12, 2021.

些研究顯示，公民的閱讀素養程度，比起傳統的教育水平，更能作為當今經濟發展的指標。由此可見，無論是個人需要或國家經濟表現，都與公民的閱讀素養密切相關。料想，世界各國以及 OECD 近年來不遺餘力地推動閱讀教育，莫不是基於這樣的認識與態勢。同時，這也說明為何迄今參與 PISA 評量的國家已經多達八十國左右。

　　閱讀既與個人成長和社會發展息息相關，自也需要與時俱進，呼應時代的需求。畢竟閱讀形態與目的，會隨著物質和文化環境的不同而改變，而相關的評量機制亦不能故步自封，成了束縛學生閱讀力的阻礙。

　　其實，PISA 尋求改變有跡可尋。《PISA 2015 年草擬閱讀素養架構》內就如此說道：「現今大家普遍接受的一點是：我們對於『閱讀素養』的理解隨著社會和文化的變遷而轉換。二十年前，因應個人成長、經濟參與和公民特性所需要的閱讀素養技巧，與今日不同，而很可能，在未來的二十年時間裡，仍會繼續改變。」這段話預示了 PISA 將會不斷隨著時代之輪自我修正和精進。果不其然，2018 年，這個國際閱讀素養評量以全新面貌堂堂登場。

　　另一方面，如同許多事物的命運那般，PISA 近幾年來在臺灣社會已不再激起任何火花。2018 年臺灣學生的閱讀素養測試，成績未見明顯起色，也僅有少數媒體報導，大眾似已波瀾不驚、反應疲軟。此與 2006 年時各方同聲共鳴的情況，不可同日而語。而最重要的是，這一年 PISA 的閱讀素養評量出現了

重大翻轉，呈現全新的面貌。此一變革，說是脫胎換骨也不為過。令人惋惜的是，朝野上下對此不見任何反應。官方的「臺灣 PISA 國家研究中心」與教育部共同舉辦的記者會中，也只行禮如儀地報告學生的表現，卻隻字未提任何有關這次閱讀測試的革命性變化，遑論其中蘊含的重要意義。

（二）三個「認知歷程」

每三年一次的 PISA 都會設定重點測試項目。2009 年評量重心是閱讀素養，相隔約十年之後，2018 年再次以閱讀為測試主軸。那麼這次的測試究竟有何新意之處、如何可說脫胎換骨？

首先可見的明顯改變是，行之有年的閱讀或認知「層面」，更改為「認知歷程」(cognitive processes)，統屬的項目名稱也一併而動，所載內涵亦大不相同。根據 OECD 於 2019 發布的〈PISA 2018 評量和分析架構〉 ("PISA 2018 Assessment and Analytical Framework") 第二章所述，新的閱讀「認知歷程」，分三個部分：

- 「找出訊息所在」**(Locating information)**
- 「理解」**(Understanding)**
- 「評價與反思」**(Evaluating and reflecting)**

對照之前的「閱讀層面」：擷取和檢索、統整和詮釋、反思和評價，即見這番改變之大，甚至第三個歷程還將反思、評價

的順序倒轉。當然更重要的是這三個認知歷程究竟指什麼。

　　以下為筆者嘗試摘譯每個歷程的子項及其重要意涵（若干文字的畫線部分為筆者所加，意在提醒讀者留意）[22]：

1.歷程一：找出訊息所在

⑴從一份文本探查和檢索訊息

瀏覽單一文本，以便檢索與目標相符的訊息，此主要指一些文字、段落或數值。

⑵尋找和選擇相關的文本

讀者需從許多可用的文本中選擇最重要、相關的、正確的或可信的文本。讀者依據其對文本質性的評估，進行選擇。在眾多文本中選擇某份文本的能力，乃是閱讀素養的一部分。

2.歷程二：理解

⑴呈現字面訊息

理解文句和簡短段落的字面意義，此包含在一段文句中尋找能與問題配合的標的訊息。

⑵統整和產生推論

---

22 OCED, "Pisa 2018 Reading Framework," PISA 2018 Assessment and Analytical Framework (Apirl 2019): 33–38. https://www.oecd-ilibrary.org/deliver/b25efab8-en.pdf?itemId=%2Fcontent%2Fpublication%2Fb25efab8-en&mimeType=pdf, accessed June 29, 2021.

整合各文句甚至一整段訊息，以產生不同形態的推論：
從簡單的對一些重複字詞的連結性推論，到較複雜的連
貫性推論（例如空間、時間、因果或論辯之間的關聯）。
此外，這項評量要求辨識出某個段落內含的主要概念，
也許是去做個總結，或者給那段文字下個標題。

3. 歷程三：評價和反思

(1) 評估質性和可信度

評價一份文本中的訊息是否為有效、嶄新、準確、以及／
或不含偏見等等。讀者必須辨明和考量訊息的來源，例如
作者是否表達適切、是否熟知議題，以及態度是否寬和。

(2) 反思內容和形式

能夠評價文本的寫作形式，以及內容和形式如何構成並
展示作者的目的與觀點。這項反思也包含提取學生自身
的知識以及文本以外的看法和態度，以便與文本的訊息
聯繫起來。在評價的測試中，會要求讀者檢視自身的經
歷或知識，去比較、對照，或者假定不同的視角與觀點。

(3) 查探和處理衝突

當文本彼此衝突時，讀者需要清楚衝突所在，並尋求方
法解決。讀者得確定那些不一致的主張，與各自使用的
資料有何關係，並評估那些主張的合理性，以及／或者
資料的可信度。

以上這三個認知歷程所包含的內容，顯然比起 2018 年之前

的評量指標複雜許多。儘管若干看法先前已見，例如歷程三的「反思內容和形式」，但在這次變動中益被凸顯，也有更為清楚細緻的說明。至於新的評量標準的加入，如歷程一「尋找和選擇相關的文本」、歷程三「查探和處理衝突」，更具新意。當然，這份新的評量基準並非沒有任何可議之處，例如歷程三的第一項「評估質性和可信度」。所謂評價一份文本的訊息是否「不含偏見」，不知判定「偏見」的標準為何？這顯然只有極少數類似實用手冊或內容屬於科學驗證之類的文本才適用，因為大多數的文本都含有修辭筆法和潛在的社會目的；考察寓意豐富的文本有否「偏見」，絕非重點。

瑕不掩瑜，2018 年 PISA 的閱讀素養評量確實邁入了一個新的里程碑。而且總體來看，其有三點特色，幾乎為以往所未見。

（三）三大評量特色

綜觀 2018 年 PISA 新的閱讀素養評量規劃和認知歷程，不難讀出幾項特別的重點：

其一，新的閱讀評量標準以三個「認知歷程」取代原來的「認知層面」。OECD 說明：「『認知歷程』一詞與閱讀心理學研究所用的專業用語一致，而且更適用於描述讀者的技能和流暢度。」不只如此，「歷程」(processes) 為複數，意指閱讀時讀者運用的歷程多元而並進。其相關理念如下：「以認知為基礎 (Cognitively-based) 的閱讀理論強調：理解是建構來的、閱讀時的理解歷程是多樣的，以及它們之間是交互作用的性質。」引

文中幾個關鍵用詞值得注意：建構、多樣、交互作用。見諸
PISA 的正式報告內，屢屢引用、附註許多認知心理學和閱讀理
論專家之研究，確證所謂理解並非由外在灌輸方式而來，而是
讀者經由自身建構所得。同時，讀者閱讀時會因應不同的情況
採取不同的心智取徑，譬如三個認知歷程。當然，這些歷程又
多有交集、相互為用。例如反思文本的寫作內容與形式，不可
能不先把握文本的主要概念；欲確認哪個文本的訊息最為相關，
也得先精準地理解該文本的軸心觀念，才有可能。三個歷程乃
相互支援，並非可以全然割裂孤立。

　　其二，強調「目的導向」、帶著目標與問題而閱讀的模式。
仔細瀏覽三大歷程的敘述：「檢索與目的相關的訊息」、「選擇最
重要、相關的……文本」、「尋找能與問題配合的標的訊息」等
語，在在揭示閱讀並非漫無目的地檢取文本的「重要內容」，而
是以解決疑惑和回應問題所啟動的探索之路。試看 2018 PISA
進行「實地測驗」（field trial）時的一段解說：

　　　　閱讀是一個目的導向（purpose-driven）的活動，亦即閱讀
　　　　來自讀者想要完成一項特定目標，例如為了填寫一份表
　　　　單而去檢索訊息，或為了參與同儕的討論而欲充分理解
　　　　某個課題。然而，在許多傳統的閱讀評量中，所謂「目
　　　　標」，僅僅是去回答關於文本的若干個別問題，接著就轉
　　　　到下一個文本。相對於傳統閱讀評量的虛空造作
　　　　（artificial），2018 年所發展的閱讀素養單元是以情境

(scenario) 為基礎的。每個單元始於一個虛擬情境，敘明
閱讀該單元內的單一或多個文本的總體目標。因此，讀
者既獲知脈絡、也有了目的，這幫助他或她去決定如何
搜索、理解和統整訊息的方式。[23]

這段文字劃分出兩類閱讀評量。一是「傳統」評量，其試題多
類屬無目的性的閱讀，並回答與內容相關的各式提問。PISA 研
究小組認為這種設計不切實際、脫離現實。另一種是新型態的
評量，朝向目的導向閱讀，設計者必須架構和鋪陳好某種情境，
包括：虛擬某個情節或擬定核心問題，作為探究動機和起始。
接著提供一則或若干則互有關連的文本及相應的小問題，引導
讀者釐清、判斷、推論，並回應核心問題。譬如 PISA 的樣本
試題中，「復活節島」的情境設定是：歷史課學生要去聽某教授
談復活節島的演講，教師要求學生事先查閱相關知識：

想像一下本地圖書館下週將舉辦一個講座，該講座將由
鄰近大學的一位教授主講，她會談及自己在太平洋復活
節島上的田野工作，該島位於智利以西 3200 公里。你的
歷史課將會參加這場講座，你的老師要求你先研究一下
復活節島的歷史，以便參加講座前對它有所認識。

23 ETS, "PISA 2018 Released Field Trial New Reading Items," Version 2
(January 2019): 5. https://www.oecd.org/pisa/test/PISA-2018-Released-
New-REA-Items.pdf, accessed June 29, 2021.

> 你閱讀的第一個來源是這位教授在復活節島上生活時所
> 撰寫的部落格文章。

另如「牛奶」一題則起於三位學生不解某家咖啡店老闆為何停售牛奶，欲查知牛奶是否對健康有害。

　　其後在 2019 年所發布的〈PISA 2018 評量和分析架構〉這份正式報告內，OECD 又言簡意賅地重申：

> 最近的閱讀理論強調這個事實：閱讀並非發生於真空之
> 中。的確，在人們日常生活中的閱讀，大多數都受到特
> 定的目的和目標所驅使。閱讀為一種認知技能，包含了
> 一組特定的閱讀歷程，那是有能力的讀者為了完成目的，
> 接觸文本時所用。[24]

這席新的閱讀論述，證明 PISA 的閱讀評量力圖跟上時代的腳步。當各種形式的閱聽產品不斷問世，獲取知識確實不能再靠著漫無目的、毫無章法地瞎貓碰到死老鼠那般，而是需要設定明確目標，針對問題、有方向地搜索研讀、辨疑和建構。

　　其三，體現了比以往更貼近「文本」的閱讀要求。PISA 新

---

24 OCED, "Pisa 2018 Reading Framework," PISA 2018 Assessment and Analytical Framework (Apirl 2019): 44. https://www.oecd–ilibrary.org/deliver/b25efab8–en.pdf?itemId=%2Fcontent%2Fpublication%2Fb25efab8–en&mimeType=pdf, accessed June 29, 2021.

的「認知歷程」所界定的「閱讀」，更側重探問文本隱含的觀點，並且跳脫以往只有單一論點、單一文本的試題侷限，要求讀者在多文本之間比對察看、交互參照 (corroboration)，並思索論點與證據的契合度。試看其樣本試題中的相關提問：

「本文（從農場到乳品市場公司）的主要目的是什麼？」

「文中科學家提到哪些內容是（學者）賈德‧戴蒙同意的？」

「兩篇文章的作者對於牛奶在日常飲食中扮演的角色持不同的看法。兩位作者不同意的主要癥結點是什麼？」

「里波和亨特舉出了哪個證據，用以支持他們解釋復活節島上大樹消失不見的理論？」

「閱讀過三則資料後，你認為是什麼原因導致復活節島上大樹消失不見？請提供資料中的明確訊息來支持你的答案。」

以上問題，無一不是要求作答者檢閱文本所述，並在不同的文本間來回比較，辨析看法的異同，權衡其中輕重，以及列舉出合理的證據以為回應。

總的來看，2018 年再出發的 PISA 閱讀評量推出了新的基準，那是對於「閱讀」這事的重新看待和勾勒。其中蘊含的新觀念和深意值得各界警惕。一葉知秋，如果這多少反映了整個閱讀教學的新趨勢，吾人也該反思：長久以來的閱讀教育有無必要調整步伐、重新開始？如果臺灣中學生未來仍會繼續參與 PISA 測試，那麼教育當局和現場教師豈能無視於這一評量更新，且在教學上改弦易轍？否則，學生表現不佳，當在預期之內。

儘管當前臺灣，PISA 風潮已冷，卻正是靜心檢視以往閱讀

教育的大好機會。當舉世都如此看重閱讀的效用，我們更沒有漠視的理由與資本。然而，提升全民的閱讀能力，不能只求學生練習模擬試題，而必須借助於教育之力，在課堂中融入閱讀教學，培養學生閱讀思考，才是正本清源之道。

那麼，該如何從事？學校哪些科目該負其責？不妨回頭再次檢視 PISA 新的評量理念，簡要的說，其昭示所謂「閱讀」，需要體現兩個相互關聯的面向：第一，閱讀奠基於「文本」認知，亦即資料乃是承載著特定目的和觀點的文本。第二，培養閱讀，必須從問題／目的出發，啟動證據概念和推論能力，才可能產生知識成果。也就是說，文本閱讀和證據推論，此二要素是任何高談閱讀教育者所不能輕易忽略的。那麼毫無疑問，歷史這個科目在學生閱讀能力的培養上絕不能缺席，甚至應該扮演比現在所見更為重要的角色。因為，文本閱讀和證據推論正是歷史理解的基礎，是數十年來英美歷史教育研究者眼中念茲在茲、致力推展的歷史教學核心。

四、歷史教學核心：「文本閱讀」與「證據推論」

不能否認，以往談到閱讀教育時，大眾心目中理所當然地認為那是語文科的專責要職。有個例子可以當成此一成見的佐證。這些年來，每年七月的大學入學考試（2022 年改為分科考試），歷史科經常出現一種題型：讓學生透過判讀一段或多段資

料並作答的「史料題」。儘管這幾年較少聽聞，仍不時有教師學生於考試結束後發出質疑：這是考國文、考閱讀測驗，不是考歷史！此評論毋寧是不證自明地認定閱讀培養是國文科的特權，與學習歷史無關無涉。殊不知，歷史教育於提升文本閱讀能力之利，相較於其他科目，有過之而無不及。最重要的是，閱讀本該是學習歷史的第一步。

（一）歷史學的獨特思考

　　長久以來，關於歷史有個難以破除的迷思：學歷史就是知曉並且記住林林總總、無可置疑的史事。學校教室中的教學模式，確實多半符合這樣的印象。然而，這絕對不是歷史教育最好的寫照或該有的典範。甚至那種模式與歷史學科的知識建構特質，根本背道而馳。

　　歷史研究過去，但過去已遠，只留下斷爛朝報或故紙遺跡，史家必得依賴解讀資料，差可捕捉前塵往事的幾許光影。這一方面顯示，歷史研究無法脫離資料而立，因此如何處理資料，乃是這個學科無可迴避的課題。另一方面，往者已矣，預示了歷史知識的「不確定性」，因為歷史據以建立的資料、證據總是零星不全，而任何詮釋又都含有人為因素。於是，歷史研究有如一次又一次、不斷進行的論辯過程：與過去留下的材料論辯、與其他史家同儕論辯，更與自己既有的各種價值觀點論辯。

　　可以想見，學歷史者或歷史學家對於資料必多具有高度的敏感和覺察力。而在面對建構過去的困難上，研究歷史自需儲

備強大的辯證能力。然而，受到長久盛行的迷思所累——歷史只是過去之事，這個學科的思辨特性幾乎不被看見。美國有些學者因此潛心研究歷史學家的思考屬性。例如 1997 年時，幾位認知心理學專家比較了歷史學研究生和心理學研究生，共同閱讀不熟習的歷史文件時，有何區別。該項研究揭示，心理所的學生主要是進行事實性的理解，而歷史所學生相對的，卻首重「詮釋和證據」；他們洞悉不同資料有不同的解釋力及限制，故得謹慎評估和建立論證。[25]

　　2011 年時，又有研究者試圖考察歷史學家、數學家、化學家閱讀的思考特質。這一研究針對每個學科分別找了兩位專業學者、兩位該專業的師資培育專家、兩位高中教師，進行測試。結果此研究同樣發現，歷史學家閱讀文本的模式有其獨特之處。研究者說，三個領域的學者處理資料時多少會查問作者、或瞭解時空背景，但運用這些方法的強度不同、方式不同，目的也不一。例如歷史學者詢問作者和思考時空脈絡，為的是瞭解作者的視角，屬於詮釋性目的。化學家主要為了判定文本是否值得閱讀：如果是年代較早的文本，便是舊說，代表觀念較落伍，則無須多加關注。至於數學家，他們很少會追問作者與時空，不認為這些因素有何重要，而更專注於文本字面所載。此外，關於三個學科人員在運用批判反思的閱讀法這點，數學家聚焦

---

25 J. F. Rouet, M. Favart, M. A. Britt and C. A. Perfetti, "Studying and Using Multiple Documents in History: Effects of Discipline Expertise," *Cognition and Instruction*, 15:1 (1997): 85–106.

於找出文本中的錯誤和內在矛盾，化學家重在尋求文本所述與文本以外的科學證據能否相符。歷史學家的批判反思則表現在考量文本觀點與相關脈絡之間的關係，一旦兩者出現落差，必會思考其中意義。最後，歷史學家於閱讀過程中，會持續進行批判反思，數學家主要在涉及量化數據的材料上才運用批判力，而化學家只有在面對熟知的文本內容知識時，才會表現反思的態度。[26]

　　以上的研究甚為有趣。儘管參與測試者有限，相關的研究也仍極少，無法全然涵蓋三個學科的思想取向，但若參照其他有關研究，仍可以確信：歷史學科因為研究對象的特殊性，對於原始材料、各類文本的論述總小心審慎，也更會留意文本、脈絡、證據等之間的相互關係，從而在面對資料時具有較深度和複雜的理解。然而這樣的學科特質幾乎不為人知。癥結之一或許是，形塑人們觀看歷史的最重要階段：中學課堂中，歷史的珍貴價值沒有被體現凸顯，反倒給學生——未來的公民留下不好的歷史印象。這是學術歷史與學校歷史兩相背離的結果。

　　令人慨嘆的是，教室中所學的「歷史」與研究室所探討的「歷史」存在斷層，此一景象幾乎唯歷史科獨有，而且在世界各地普遍可見。試想學生學習數學時必須實際演算，生物科必須觀察解剖，英文科必須聽說讀寫，國文科必須創作，音樂科

---

26 C.Shanahan, T.Shanahan and C.Misischia, "Analysis of Expert Readers in Three Disciplines: History, Mathematics, and Chemistry," *Journal of Literacy Research*, 43:4 (2011): 422–423.

必須練唱……。學習這些科目時，學童都得藉由實作體察所屬學科的知識構成。唯獨在歷史課堂，學生經常只需坐待教師娓娓道出史家研究出的各類事實，然後努力將之一一刻入記憶之中，再接受考試的檢驗。這大概是許多學生共有的「歷史經驗」。

　　為何學歷史如此例外？不可否認，這個科目經常與愛國主義或貫徹特定政治、社會目的綁在一起，圈限了教學時自由揮灑的空間。無論如何，學校教育造就了一代又一代的年輕學子心中關於歷史的刻板印象，那些印象根深蒂固，難以根除。

　　當然，面對上述舉世皆然的「歷史現象」，關切歷史教育之士並非冷然無感。自二十世紀後半開始，從英國到美國以及世界各地，眾多歷史教育研究者，孜孜矻矻投身於改革歷史教育的理論建樹或實務推展，努力對抗並扭轉歷史教學與歷史學兩相隔絕的沉痾。這些學者振臂高呼學校歷史必須回應歷史學的知識性質；學習歷史不能只是記憶事實，也必須學習歷史的思考方式，理解歷史知識形成的過程。這一股欲將歷史教學導向學科正軌的跨國努力，自英國首發以來，許多國家踵繼其後，並接續開創出各具特色的理論與主張。

　　探討歷史該教什麼、如何教的問題，總是與每個人在「歷史學」這個大的共同體中看重什麼、關注哪個層面，深深牽連。而此一視角又不可避免地纏繞著文化脈絡和在地經驗。正是這些因素的凝聚，發展出英國、德國、美國等不同的歷史教育之路。例如關於教導「歷史思考」這個課題而言，英國提出了相對於文藝復興、教會、封建制度等「實質概念」的「第二層次

概念」(the second-order conception)，力主這是歷史之為「學科」、觀看世界的方式 (a way of seeing)，是教學不可忽略的要素。德國的歷史教育研究者側重「歷史意識」(historical consciousness) 的探討，強調學生獲得歷史知識和探究方法，要緊的是如何在過去、現在和未來的時間流變中找到自我定位。美國這個「民族大熔爐」之地，培養基本的閱讀力本是公民教育的主要訴求，至 1990 年代，其歷史教育研究也因緣際會地從「閱讀」切入，堅信文本閱讀在增強學生歷史思考上不可或缺。其他如加拿大、荷蘭、澳洲的相關探究也各有千秋。[27]放眼這些來自不同視野的聚焦，可以說，今天歷史教育的學術研究，不再如多年前的寂寥零落，而是呈現繽紛多元的景色。

　　培養「歷史思考」的確有多重途徑。不過，筆者認為，從教與學的這方來看，學生欲理解歷史、從事初步的歷史探究，最根本的是具備文本閱讀和證據推論的認識與能力。它們是學習歷史必要的紮根打底功夫。因為所有其他歷史思考的精進，

---

27 Stéphane Lévesque and Penney Clark, "Historical Thinking: Definitions and Educational Applications," in *The Wiley International Handbook of History Teaching and Learning*. Edited by Scott Alan Metzger and Lauren McArthur Harris. (Hoboken: John Wiley & Sons, Inc., 2018), 119–148. 這兩位加拿大學者認為當今歷史教育研究有四股重要的趨勢：英國、德國、加拿大、美國。不過，值得注意的，加拿大歷史教育研究揭櫫的「歷史思考」與英國頗有相承之處，當然該國學者主張歷史應該教導「倫理」課題，也具有獨特性。

無論是時序、因果、變遷、神入、意義或倫理面向等培養，都必須依賴資料和探究，而貫穿其間的關鍵即是文本閱讀和證據推論。至於對這兩大元素的要旨、意義與實踐，著力最深的則推美國和英國歷史教學界。

（二）歷史教學的兩個基本方向

英國自 1970 年代率先吹響歷史教改的號角。他們宣揚教導歷史時，傳授史事和培養思考能力兩者必須並重，不可偏廢。當時的改革者入眼所在，歷史是一個學科，與其他學科同樣，都屬知識形式，而不是資訊貯存庫。[28]為了落實教導學生歷史思考的主張，歷史教改之士大力推展「做中學」(doing history)，鼓勵教師帶領學生閱讀資料、回應問題、建構歷史知識，而證據在「第二層次的概念」中的重要性，特別受到矚目。當時一位擔任歷史科的皇家督學曾如此說道：「歷史最關切的是證據和時間，而證據是鑲嵌在時間之壁上，當學生使用證據時，他們就學習到歷史方法。」[29]又如 1970 年代肩負歷史教改重任的「學校歷史科計畫」(The Schools History Project) 委員會所推出的教學實驗研究：「歷史科 13–16」，標舉了四個歷史學科概念：證據、時間中的變化與延續、因果關係和動機、時代錯置

---

28 請參考拙作。林慈淑，《歷史要教什麼？英、美歷史教育的爭議》（臺北：臺灣學生書局，2010），第一、三章。

29 R. Wake, "History as a Separate Discipline: The Case," Teaching *History*, 1:3 (May 1970): 55.

(anachronism)，證據名列第一，由此見出改革者心中之特重。

　　當然，證據概念及其教學有相當複雜的一面，教師如不察極易失焦甚至誤導。英國在這條路上顛簸迂迴數十年，從觀念建構釐清到實務研究方面累積的成果豐碩，足資參考。但凡關注培養學生建立證據意識者，都不能棄英國學者的努力而不論。

　　另一方面，教師運用資料、活化教學，除了得加強學生證據推論的能力外，更基本的訓練是能夠閱讀並理解資料。但面對旨意複雜的各種歷史材料時，學生能否勝任無礙？他們能夠掌握資料的微言大義嗎？試想歷史的文獻材料大多來自遙遠年代，除了晦澀難讀外，其語言用詞和背後的時代意涵，對歷史研究者來說尚且構成挑戰，遑論年幼懵懂的學生。但閱讀又可說是學生貼近歷史的第一步。所幸，這方面的研究突破有賴美國認知心理學家與歷史教學的跨域合作。

　　1990 年代，美國一些學者以認知心理學的角度切入學生如何學習歷史的各個問題。其中研究成果卓著且影響深遠的，即是史丹佛大學的溫伯格 (Sam Wineburg)。臺灣教育界對溫伯格應該不會太陌生。2016 年他與另兩位作者合寫的《像史家一般閱讀：在課堂裡教歷史閱讀素養》（*Reading Like a Historian：Teaching Literacy in Middle and High School History Classrooms*，以下簡稱《像史家一般閱讀》），在臺翻譯出版。[30]

---

30 S. Wineburg, Daisy Martin and Chauncey Monte-Sano, *Reading like a Historian: Teaching Literacy in Middle and High School History Classrooms* (New York: Teacher College Press, 2011), v-vi. Sam

該書一上市便引發購買熱潮，短短幾個月內多次再刷，實為歷史學界難得一見的景象。其後，溫伯格另一本更早出版、堪稱他的學思代表作：《歷史思考大未來：勾勒歷史教學的藍圖》中文版，[31]也於 2020 年問世。這兩本書收納了溫伯格多年潛心歷史教育，尤其是歷史閱讀方面的心血結晶。

　　溫伯格認為閱讀是學習之鑰，不只為了獲得新訊息，更是鍛鍊新思考以及認識各學科的重要門徑。他力主閱讀的培養必須回到學科專業的脈絡下進行。而眾學科之中，溫伯格特別推崇歷史學科的閱讀。在他看來，歷史的專業閱讀，除了重視引證論理之外，尤其能夠展示文本閱讀的視野，亦即掌握文本的潛在觀點和意向，深邃而全面地考察資料的內蘊和義理。他相信，歷史專業閱讀不只為歷史課堂上師生應該仿效的要項，更是身處資訊叢林迷障的現代公民，欲求突圍的必要訓練。溫伯格經由實驗研究，所揭露的「溯源」(sourcing) 和「脈絡化」(contextualization) 這兩個歷史閱讀之法，已是國際歷史教育學

Wineburg, Daisy Martin and Chauncey Monte-Sano, 宋家復譯，《像史家一般閱讀：在課堂裡教歷史閱讀素養》（臺北：國立臺灣大學出版中心，2016）。2016 年，國家教育研究院依據《像史家一般閱讀》內的教學設計，推行一項兩年期教案研發計畫：「以歷史素養為本的教學設計與實施計畫」，由原書翻譯者宋家復帶領若干教師研發類似教案，且於計畫結束後出版教案集。參見詹美華、宋家復主編，《歷史閱讀素養：教學設計之理念與實際》（臺北：國家教育研究院，2018）。

31 溫伯格著，林慈淑、蕭憶梅、蔡蔚群、劉唐芬等譯，《歷史思考大未來：勾勒歷史教學的藍圖》（臺北：三民書局，2020）。

界所共認的重要建樹。

綜觀英國歷史教改之士如李彼得 (Peter Lee) 等提倡第二層次概念教學並研發證據概念的意義，到美國史丹佛大學溫伯格推動歷史專業閱讀，可以大致勾畫出歷史教育領域大半個世紀的發展軌跡。[32]這些歷史教研學者共同揭示：教歷史，不應只重事實傳授，還需教予學生歷史思考與論證方法。但欲培養思考與論證，又該如何進行？無庸置疑，「歷史閱讀」──包含文本閱讀和證據推論──乃是最好的中介。

不可否認，現今仍有些人甚至包括歷史教學者，忽略研習歷史與增強閱讀力的密切關係。回顧歷史的歷史，很長一段時間，學歷史者必備的功夫，不是「解讀文本」，而是「尋找資料」。「上窮碧落下黃泉，動手動腳找東西（材料）」這句名言，形容的便是史學工作者為了做好研究、到處查找原始材料的千辛萬苦。這背後存著一份信心：只要找到好材料，重現過去，定然指日可待。然而，遺憾的是，這樣的情景和信念基本上已經一去不返了。

時至今日，學好歷史最需具備的條件，或者說，學歷史最

---

32 這方面的回顧和整理可參考溫伯格著，林慈淑、蕭憶梅、蔡蔚群、劉唐芬等譯，《歷史思考大未來：勾勒歷史教學的藍圖》，頁 41–94；Abby Reisman and Sarah McGrew, "Reading in History Education: Text, Sources, and Evidence," in *The Wiley International Handbook of History Teaching and Learning*. Edited by Scott Allan Metzger and Lauren McArthur Harris. (Hoboken: John Wiley & Sons, Inc., 2018), 529–550.

能直接獲得的能力，非閱讀莫屬。因為歷史學發展至今，許多資料的收集、保存、建檔，甚至數位化處理，都已到了相當成熟的階段。研究歷史，再不必如前輩史家那般四處奔走，蒐羅抄寫史料。與此同時，許多領域範疇至今都已累積相當豐碩的研究成果。除了原始材料外，那些史學論著，也是治史者必得光顧費心的一環。換言之，資料的取得不再是大問題，真正的問題是能否具備獨特的眼光能力，讀出眼前資料的微言大義，從中提出重要甚至有突破性的問題。閱讀文本、賦予資料脈絡意義，才是現今學習歷史最大的挑戰，也是最能展示學歷史的價值所在。

所以，當各界紛紛起而呼籲培育年輕學子閱讀能力之際，不應忽略歷史閱讀有其超群之處。以 PISA 閱讀評量來說，儘管這幾年來推陳出新，建立了較具深度的測試指標，但其畢竟是為評量而設，不能直接挪為教學所用；考試與教學兩個領域雖有交集卻不等同，考試的侷限始終存在。不妨看看新的 PISA 評量所傳遞的文本概念。其第三個歷程「評價和反思」，有段文字表明讀者必須：「能夠評價文本的寫作形式，以及內容和形式如何構成並展示作者的目的與觀點」。這段話差可探出 PISA 要求的閱讀底線：從文本內容及其表現風格，探知作者的目的見解。然而，文本概念不止於此，還有更為複雜豐厚、精微深奧的一面，此即溫伯格所說「脈絡化」的 (contextualized) 理解。

任何資料都有「文本性」，也都是文本。文本的內容觀點及表現書寫，既與作者的動機、時機相干，也與所出的社會文化

緊緊相扣。因此，文本不能單單被視為個人的、個別的，它其實也是社會的。歷史閱讀的脈絡化取向，既由內而外，也由外而內，來回連結，俾建構其中的複雜意涵，以獲得深層的認識。換句話說，歷史的專業閱讀能夠幫助讀者，藉由文本，洞燭其背後的「人」及其所在世界，又能反過來透過那個世界，洞見文本更多更完整的意義。這是 PISA 測試評量所無法企及的缺憾，卻正是歷史學和歷史教學的獨擅勝場。

可惜迄今為止，歷史專業閱讀的精髓，文本閱讀與證據探究的義理多不為人知。即使歷史課堂中，單向傳授和背誦事實仍是現今教學的主調。不可否認，就如探問學生的 PISA 閱讀成績為何始終卻步不前，這其中實牽連著從上到下有關體制、政策、觀念、集體文化等種種面向的難解之題。不過長期與第一線教師接觸與觀察，筆者認為歷史教學欲求改變，普及歷史學與歷史教學的認知是為當務之急，唯坊間學界相關的引介闡述如此有限。這或許是至今歷史教育水平難以拉高的原因之一。

歷史如何教？如何引導學生閱讀文本、幫助學生增強證據探究的能力？這當中涉及了更多的問題：什麼是文本、文本閱讀？如何教導文本閱讀？證據概念是什麼？怎樣教導證據推論？證據與探究有何關係？學術的探究與學校的探究有什麼區別？如何在中學帶領學生探究實作？這些問題至為重要，但牽連複雜，一言難盡。本書後續章節正是針對這一系列問題，嘗試提出若干看法、提供淺見。

第二章

什麼是「文本」？

多年來，在無數的教師研習場合中，筆者每每嘗試詢問與會老師：什麼是「文本」？「文本」與「資料」有何差別？過去多言「資料」，如今為何更鍾情「文本」一詞？「文本解讀」喊得震天價響，那究竟所指為何？每當拋出這一連串的疑問後，在場者泰半瞠目結舌（許多老師可能從未想過這些問題）或沉默以對，也有誤以為「文本」和「資料」分指不同的史料類型者。這樣的誤解，也出現在我所教授的專業課堂中。

如果說，站在閱讀教育工作第一線的教師對文本和證據概念猶覺陌生，則很難指望歷史教學或閱讀教育會有突破的進展。話說回來，這又未必是教師的責任，更應該是教育界乃至歷史學界的問題。因為翻閱現有的中文文獻，針對文本的源流與演變，進行討論與概說者實在少之又少。

當然，坊間眾多教學用書於指導教師如何在課堂中引領學生閱讀文本時，常見提供的方法如：

　　當學生在閱讀過程中欲了解有關文本的相關問題時，或

> 自己試著回答問題時，便可運用提問、畫重點、找出主
> 軸概念、自我檢視、澄清概念等策略……。[1]

教師提問、學生畫重點和找關鍵字詞，平心而論，這些「策略」
是一般的閱讀模式，與「文本閱讀」有何關係？事實上，新舊
語詞的取代，從來不是偶然或無意義，往往包含著若干深層觀
念的變革。因此，「文本」的出現、「解讀文本」的鋒頭逐漸勝
過「閱讀資料」，必然蘊含有關閱讀這個行為的嶄新思考和不同
的實踐方式。

　　必須正視，「文本」確實成了流行的語彙，甚至很多時候取
代了過去常見的「資料」。眾多倡導語文教學改革、力言教導閱
讀素養的聲音中，也常三句不離「文本」，[2]然而，人們為何寧
願使用「文本」而捨「資料」？這兩個新舊詞義間，究竟有何差
別？新舊取代之間，又意味著什麼？吾人在使用「文本」之餘，
總得知其所以然，探知這些問題背後所起的變化。

　　事實上，1960、1970 年代「文本」概念初初崛起，此中所
蘊含的語言和詮釋方面的精義，可說是二十世紀以來，法、英、

---

1 孫劍秋、林孟君，〈從臺灣中學生 PISA 閱讀素養的表現談精進學生閱
　讀素養的教學策略〉，《中等教育》，64：3（臺北，2013），頁 35-51。
2 如葉芸婷，〈如何有效指導國中生從閱讀文本中成就寫作〉，《國民教
　育》，54:3（臺北，2014），頁 100-103；陳昱霖、陳昭珍，〈國中閱讀
　素養及教學策略初探〉，《國文天地》，26:1（臺北，2010），頁 113-
　128。

德、美等國若干學者戮力反思所在。[3] 這股後來被廣泛稱為「語言學轉向」的風潮貫穿了知識界到文化圈的脈動，[4] 不但產生了新的詮釋模式，更突破各個學科的固有藩籬；許多與文化研究相關的學科或領域深受衝擊。當然，歷史學甚至歷史教學同樣為之撼動。[5]

　　本章將分從法國、英國、美國若干學者入手，回溯他們如何由反思「資料」中，逐步締造「文本」的兩大面向：語言和論述、作者和脈絡。在這些學者的思索論辯下，文本得以獲得今日之風貌。

---

3 Martin Jay, "Should Intellectual History Take a Linguistic Turn? Reflection on the Habermas-Gadamer Debate," in *Modern European Intellectual History: Reappraisals & New Perspectives.* Edited by Dominick LaCappra and Steven L. Daplan. (London: Cornell University Press Ltd., 1982), 87–89.

4 Richard Rorty, ed., *The Linguistic Turn* (Chicago: University of Chicago Press, 1967), 1–39.

5 Martha Howell and Walter Prevenier, *From Reliable Sources: An Introduction to Historical Methods* (New York: Cornell University Press, 2001), 107; Richard J. Evans, "Prologue: What is History? – Now," in *What is History Now?*. Edited by David Cannadine. (New York: Palgrave Macmillan Ltd, 2002), 4–11.

一、「資料」有什麼問題？

　　歷史學探究的是過去，但過去已經消逝，史家只能依賴過去留下的斷簡殘篇，尋求證據比對參照，從中捕捉過去的點滴光影，建構往日種種圖像。因此，那些來自或遠或近時空下各種經意、不經意被遺留下的素材，對歷史學的重要性自不待言，但歷來史家對它們的指稱和界定與時而變。

　　雖然至今為止，「資料」(sources) 一詞與歷史幾如孿生兄弟那般，如影隨形，但這並非自始即然。在十九世紀中葉至二十世紀初，也就是歷史學正當躋身「學科」之列的時期，歷史研究者對於如何稱呼那些據以推知過去的材料，口徑並未一致，而是多元多樣。例如十九世紀末，兩位著名的法國學者朗格瓦 (Charles-Victor Langlois) 和塞諾博 (Charles Seignobos) 在 1897 年出版《歷史研究引介》(*Introduction to the Study of History*) 一書內，主張歷史是非直接觀察的科學，需藉助前人所留下的「遺跡」(traces)。[6] 兩位法國學者在此屬意以「遺跡」來涵蓋歷史學家獲取過去事實的舊時文件。

　　約當同時的德國歷史家朵伊森 (J. G. Droysen)，則將歷史的憑據概稱為「材料」(materials)，並從中進一步區分，一種是沒

---

6 Michael Stanford, 劉世安譯 ,《歷史研究導論》 (*A Companion to the Study of History*)（臺北：麥田出版，2001），頁 119。

有意圖而留下的，稱為歷史「遺跡」，一種是有意圖地去記述某些事情，稱為「文獻」。[7] 在朵伊森看來，「遺跡」比「文獻」材料更有價值。不過，二十世紀初期提倡「新史學」的美國史家羅賓遜 (J. H. Robinson) 曾主張：歷史家所知道的歷史事實，只能根據不完全的遺跡而來，而所有提供給歷史家推想的材料，大部分是心理作用的遺跡，不是事實本身。[8] 羅賓遜旨在提醒，遺跡殘缺不全，更何況其中多來自人的主觀鑿痕，由此據以建立的「歷史事實」，豈能不謹慎視之。他同樣使用了遺跡一詞。

　　以上法、德、美幾位學者之說可以窺知，早期史家稱其研究基材並不齊一，除了「遺跡」較受青睞之外，檔案、文獻、材料之稱也時有所見。換言之，資料與歷史的親密結盟尚未成形。然而，不消多時，這些稱謂似乎漸趨統一，「資料」這個語詞的鋒頭漸漸蓋過了其他，成為歷史學家用來統稱研究所依賴的各種素材。[9] 比如 1946 年柯靈烏 (Robin G. Collingwood) 的《歷史的觀念》(*The Idea of History*)，書中討論「資料」時，將

---

7 J. G. Droysen, 胡昌智譯，《歷史知識的理論》（臺北：聯經出版，1987），頁 23–24。

8 詹姆斯·哈威·羅賓遜著，齊思和等譯，《新史學》（北京：商務印書館，1989），頁 35；James Harvey Robinson, *The New History: Essays Illustrating the Modern Historical Outlook* (New York: The Free Press, 1965), 45.

9 過去在中文世界中經常把 sources 翻譯為「史料」，由於這翻譯似乎隱含一個基本假設：任何資料都是歷史用以研究過去的材料，本文因此採用意義較為廣泛的「資料」(sources)。

之分為 「書寫資料」 (written sources) 和 「非書寫資料」
(unwritten sources) 。[10]而 1950 年荷蘭史家芮尼爾 (Gustaaf J.
Renier) 在其史學方法論著：《歷史：目的與方法》(*History, Its
Purposes and Method*) 內，則非常惋惜也不以為然地說：「……
這乃是一個事實，整個歷史世界都在使用『資料』這個詞彙，
而且也將會繼續如此使用。」[11]

總之，大約二十世紀中葉，「資料」 在歷史學中的地位底
定，成為所有材料性質的統稱。此後任何論及歷史者，必不能
迴避「資料」之名及其問題。如何處理「資料」，也成了數十年
來許多史學方法、理論專書的重要課題。例如陶許 (John Tosh)
那本多次再版的《追求歷史：目的、方法和歷史研究的新方向》
(*The Pursuit of History：Aims, Methods and New Directions in the
Study of History*) 一書，第三章專論如何「使用資料」。[12]同樣是
英國的學者伊文斯 (R. Evans) 為回應後現代思潮而寫的 《為史
學辯護》(*In Defense of History*) 大作中，第四章取名為「資料與
論述」(Sources and Discourse)。而美國兩位學者侯威爾 (Martha
Howell)、裴佛尼爾 (Walter Prevenier) 合寫的史學方法之論：《始

---

10 Robin G. Collingwood, *The Idea of History* (Oxford: Oxford University
　　Press, 1956), 278–279.

11 Gustaaf J. Renier, *History, Its Purpose and Method* (New York: Harper &
　　Row, 1965), 98.

12 John Tosh, *The Pursuit of History: Aims, Methods and New Directions in
　　the Study of History* (London: Longman, 1984), 53–71.

於可信的資料：史學方法導論》 (*From Reliable Sources: An Introduction to Historical Methods*)，更以「資料：我們關於過去知識的基礎」一章作為全書開頭，並開宗明義先解釋「什麼是資料？」：「資料是過去所留下的成品。它們要麼是遺物 (relics)，我們可能也稱為『遺跡』，要麼是過去目擊者的證言。」[13]除此之外，書市坊間還可看到許多為了教學或探究方便取用，收羅各種領域課題的「原始資料」(Primary Sources) 彙編、選集。

為什麼「資料」會脫穎而出，成為歷史學的最佳拍檔？這個問題似乎沒有見過專門討論，筆者僅能推測一二。原因之一是，歷史學在二十世紀前後，為建立學科的「專業性」，符合科學主義的知識標準，史家必須致力於證明歷史知識的效用和信度。於是，書寫歷史時，言有所本、論而有據，成為學者的圭臬，而說明資料／來源——即 sources 之意，漸為歷史呈現的必要因素。

另一個影響同樣來自史學的發展。二十世紀以來，史學領域擴大，除了政治史，各種社會史沛沛而興，並陸續在歷史的版圖中占據要位，這種改變連帶地撼動了對研究材料的認定。曾經，只有官方的檔案紀錄、文獻文件，才被認可為值得信任且有價值的依據，但隨著歷史園地的開拓，許多過去被排除在

---

13 Martha Howell and Walter Prevenier, *From Reliable Sources: An Introduction to Historical Methods* (Ithaca and London: Cornell University Press, 2001), 17.

採證之外的私文書、各類民間以及個人收藏的留存，都一一被引入歷史研究的殿堂之中。甚至，不只事件當時的遺留，後來學者的相關論著也被視為是研究過去的重要憑藉。歷史材料的種類越來越廣，材料屬性也越發歧異。此種變化之下，「資料」作為林林總總、各形各色取材的總稱，不失為方便之語。當然，用詞的統一，也衍生了求同而略異之憾。由是，處理「資料」之名下，究竟包含哪些異質的素材，以及如何將之妥當地分門別類以利於辨識，成了史學的新問題。

與此同時，資料這個概括性稱呼卻亦逐漸受到質疑。「資料」一方連結於歷史家，一方又導向「知識」，是當前研究者基於解決問題以及建構歷史的取材。資料之於歷史學者，猶如建築工匠手中的那些一磚一瓦，為構築歷史事實知識之用。換句話說，「資料」對應的是「今天」使用者的目的，側重的是其成就今人的可用價值。問題在於，許多「資料」遠自往昔而來，它們有屬於自己被創造當時的意義，並非為了回答現在人心中的疑問而生。在史家手下那些井然有序的種種素材原是出自昨日世界，而且多半零散孤立，並不相屬。但在「資料」這個詞彙下，上述性質逐漸被人忽略遺忘了。更有甚者，人們往往以為只要符合今世所需，便可對資料任意處置，甚且斷章取義。正是這些情況，使得主張捨棄「資料」，改用「遺跡」一詞，以彰顯遺跡與過去相繫者，大有人在。

文化史家柏克 (Peter Burke) 為持此看法者之一。他於《圖像證史》 (*Eyewitnessing: The Uses of Images as Historical*

Evidence) 這本書內直接挑明資料會產生誤解：

> 傳統上，史家都把他們的文件稱做「資料」。這個暗喻鮮
> 明卻也有所誤導，此暗示了有關過去的記述不會受到中
> 介者所污染，中介者包括早期的史家，還有安排這些文
> 件的檔案管理者，以及記下的史官和留下其話語的見證
> 者。[14]

柏克指出：「資料」常讓人有種錯覺，以為它們是直通過去的捷
徑，是過去的純然反映，卻忽視其為人造的特性。而且這些來
自過去的文物在長期留存過程中，總不可避免地受到層層人為
的介入與影響。他因此主張，把「資料」改換成「遺跡」更為
合宜，而且「遺跡」包含意義頗廣，可以含括各種傳承自過去
的文字、文物、建築、圖像甚至影音材料。

　　主張使用「遺跡」代替「資料」者還如《歷史的再思考》
(*Rethinking History*) 的作者詹京斯 (Keith Jenkins)。他在該書中
多次避用「資料」，而稱「遺跡」。其屬意遺跡的理由是：學界
總將資料分為一手（原始）、二手，言下之意，一手最貼近實
況、最為真確，以為便可以得到真實而深刻的真知識，而這是
天大的誤解。「這種認知使得原始資料得到優先地位，並且盲目

---

14 Peter Burke, *Eyewitnessing: The Uses of Images as Historical Evidence*
　　(New York: Cornell University Press, 2001), 13.

崇拜文獻檔案，而扭曲了整個製造歷史的工作過程。」[15]詹京斯因此認為不如用「遺跡」，提醒人們，那些所謂「原始」或「一手」資料，同樣是過去的人所留存。

無論柏克或詹京斯，他們所以青睞「遺跡」，旨在警示：歷史家所使用的各種材料，隸屬於過去，不能隨意為今人曲解濫用。不過，「遺跡」終究沒能撼動「資料」在歷史學上的獨尊地位。真正給「資料」帶來挑戰的是晚近異軍突起的「文本」。而放大視野來看，上述檢視資料之聲，應也是在「文本」觀念勃興下所發。

二、「文本」之興

從字源來看，「文本」(text) 原為拉丁文 texere，含有「編織」之意。此字雖然起源早，但除了在《聖經》學使用外，甚少見於一般的論著中。因此，嚴格說來，「文本」在學術界成為關注焦點的歷史，並不算長。

以歷史學而言，二十世紀中葉，柯靈烏的史學名著《歷史的觀念》中，雖有兩三處將「資料」與「文本」混用，[16]但並無其他更多著墨。又如 1961 年，卡爾 (Edward H. Carr) 在劍橋大學舉行系列公開演講、後來彙編成《何謂歷史？》(*What is*

---

15 凱斯·詹京斯，《歷史的再思考》(臺北：麥田出版，1996)，頁 123；
　　K. Jenkins, *Rethinking History* (London: Routledge, 1991), 48–49.

16 Robin G. Collingwood, *The Idea of History*, 278–279.

History?) 這本經典史學理論內，不但少談資料，也未有隻字片語提到文本。還有一個例證：社會史家勞倫斯・史東 (Lawrence Stone) 曾於受訪中憶及，他年輕時（約當二十世紀中葉）大家都稱文獻而非文本。[17] 至少，就目前所見，在 1960 年代，文本一詞仍極少出現，對多數史家來說，這個詞彙概念仍屬陌生。

然而，情況至 1970 年代有了變化。請看法國文學理論家羅蘭巴特 (Roland Barthes) 於 1971 年，撰寫的〈從作品到文本〉("From Work to Text") 一文中如何描述文本。他說：近來在「作品」之外，出現了一個「新的物事」(a new object)，其打破了學科的傳統分類，挑戰了「作品」的概念。羅蘭巴特接著指出，文本一詞「雖正時髦」，卻也招來不少疑慮，爭議頗多，故需為文闡明。[18] 在這段敘述中，羅蘭巴特提供了極其重要的訊息：在 1970 年代初，「文本」尚是一個新品，初露頭角，關於其定位、意義也迭有爭議。他因而表明心跡，欲以此文闡釋討論文本的意涵。

〈從作品到文本〉這篇文章還有一個值得參考之處：巴特試圖給文本下了定義。他從比較「文本」與「作品」的差異切入：

---

17 Lawrence Stone and Gabrielle M. Spiegel, "History and Post-Modernism," *Past & Present*, no. 135 (1992), 189.

18 Roland Barthes, "From Work to Text," *Image, Music, Text*, sel. and trans. Stephen Heath (London: Fontana Press, 1997), 155.

> 作品是一塊實體，會在書群中占有一席空間（例如圖書
> 館），文本是方法論的領域……作品可被看見（在書店、
> 目錄、考試綱要中），而文本是一個展示 (demonstration)
> 的過程，根據某些規則（或對抗某些規則）而言說
> (speech)。作品可以拿在手上，文本則緊繫於語言，只存
> 在論述的運作中。[19]

這段引文不長，卻很簡潔地道出文本的重要特性。巴特說，作品是可見可拿，會占據空間，而文本是指作品如何構成的依據，亦即文本如何根據某些方法或途徑展示與述說。至於文本的呈現，主要依賴語言，藉由語言進行論述的工作。

巴特點明文本的主要特徵：那就是關乎任何作品如何運用「語言」，進行論述與自我展示的方式。但文本不只侷限於內部構成，還包含外部的效應。所以巴特又說：

> 當一個作品以其內含的象徵性質 (symbolic nature) 而被
> 想像、理解、接收，那就是文本。[20]

這句話強調，作品之為文本，還因其具有象徵性，且所蘊藉的意涵會散發出去，被觀者以不同的方式接受，產生一定的影響。

---

19 Roland Barthes, "From Work to Text," 156–157.

20 Roland Barthes, "From Work to Text," 158–159.

於是，敏覺讀者如何想像、認識和接收，也是看待文本的特別視角。

以上巴特精簡地勾勒出作品之為文本的內構與外擴要素，提供讀者初步理解。當然，巴特此時所稱文本僅止於文字表達的作品，而非如後來普及化的「文本」，意義上涵蓋了所有類型的資料。

無論如何，1971 年時，在巴特眼中，文本還只初露頭角，概念猶新，需要更多的打磨構造。但不過十來年，至 1980 年代，這股觀念風潮已然壯大成一股難以抵擋的威力，直扣各學科和研究領域大門，包括歷史學。在此，有個少為人知、卻饒有意思的小故事，可以窺出這樣的態勢。

知名的歷史理論學者海登・懷特 (Hayden White) 於 1982 年時，受邀為拉卡頗 (Dominick LaCapra) 和卡普蘭 (Steven L. Kaplan) 這兩位思想史家合編的著名論文集《現代歐洲思想史：新評價與新視角》(*Modern European Intellectual History: Reappraisals and New Perspectives*) 撰寫總結文〈思想史的方法與意識型態：以亨利・亞當斯為例〉("Method and Ideology in Intellectual History: The Case of Henry Adams")。這篇文章收於該論文集最後。

懷特於文章初始，便鄭重地表白，他從這本論文集，讀出一股想要重新思考思想史基本問題的熱切，也就是重新去審視關於詮釋的概念與策略。他接著指出，目前一波來自哲學、文學批評和語言學領域的研究，促生了看待歷史詮釋學的新方式。

他說，這是一種注視文本的新視角，也就是「將文本劃屬『論述』(discourses)（此對當前這個世代的思想史家而言是一個新的語詞）範圍，並將文本與論述連結於脈絡 (contexts) 之下。」[21] 懷特由此斷定：看來，新的歷史解釋模式「正在移向舞臺的中心」(appear to be moving to the center of the scene)。[22]

1980 年代初的懷特敏銳嗅到，嶄新的詮釋模式正在發展中。那是一種將文本置於「論述」下的觀看方式，並著重於從脈絡來思考文本之論述。有趣的是，數年後，懷特對自己的斷定作了修正。上述文章後來收入懷特自己於 1987 年出版的專書《形式的內容：敘述的論述和歷史的呈現》(*The Content of the Form: Narrative Discourse and Historical Representation*) 內，除了文字略加潤飾外，也改篇名為〈文本中的脈絡：思想史的方法與意識〉("The Context in the Text: Method and Ideology in Intellectual History")。單是篇名加上了文本、脈絡之詞，便可見出懷特目光所企。而最值得注意的，懷特於修整文稿之際，將先前提到的：新的詮釋文本模式「正在移向舞臺的中心」，直接改為：「已經移至舞臺的中心」(appear to have moved to the

---

21 Hayden White, "Method and Ideology in Intellectual History: The Case of Henry Adams." in *Modern European Intellectual History: Reappraisals and New Perspectives*. Edited by Dominick LaCapra and Steven L. Kaplan. (Ithaca and London: Cornell University Press, 1982), 280–281.

22 Hayden White, "Method and Ideology in Intellectual History: The Case of Henry Adams," 280.

center of the scene)。

　　前後數年，懷特目睹了文本詮釋從邊陲地位迅速搖身一變成為中心。他的觀察無疑是1980年代文本概念快速發展的見證。當然，不只懷特，彰顯文本的影響日漸深入的還有許多事例。例如懷特允諾撰寫總論的《近代歐洲思想史：新評價與新視角》這本思想史經典，其編輯之一的拉卡頗，於1985年一篇文章中，表達了他對若干歷史學者處理文件方式之不以為然：

> 歷史家常常只是就內容分析的層次，僅把文本視為一些報導事實的資料。[23]
>
> 文件是增補或修改「實況」(reality) 的文本，而非僅僅是透露「實況」之若干事實的資料。[24]

這兩段話的重點是，拉卡頗援用「文本」觀點批評若干歷史學者視資料為單純事實的匯集，同時點明文本並非實況的直接映像。拉卡頗談到文本的態度與方式如此自然而熟稔。

　　懷特的前後觀察以及拉卡頗的發言，再再揭示：看待資料的新方法論快速地蔚成主流，勢已難擋。誠如文化史家林恩・亨特 (Lynn Hunt)1989年在名為〈歷史、文化和文本〉的文章內承認，今天歷史學者不能不面對：「言辭不只是反映社會與政

---

23 Dominick LaCapra, *History and Criticism* (London: Cornell University Press, 1985), 15.

24 Dominick LaCapra, *History and Criticism*, 38.

治實體，它們也是轉化實在的工具。」[25]這股強大的閱讀變革，一如羅蘭巴特所預料，衝破了各學科的藩籬，許多學門的研究都先後受其震盪，餘波難平。那麼從巴特到懷特，其間還有哪些學者殫精竭慮地剖析資料、構築文本，從而推動了這一浪潮？

　　回頭去看，〈從作品到文本〉彷若一則預示，一個宣告：「文本」的時代即將來臨。巴特當然不是踽踽獨行者。在他的周遭還有許多的學術同儕正致力於從不同方向去審視人們的言說和寫作。例如與他同被歸為「結構主義」或「後結構主義」(post-structuralism)、「解構主義」(deconstructionism) 的德希達 (Jacques Derrida)、傅柯 (Michel Foucault) 等。他們的學說各有所重，但都不約而同地為「文本」貢獻出不同的義理。

三、從語言到論述

　　今日，歷史學所周知的「文本」其實有段概念轉折的過程。一方面，文本是不同領域的學者持續地錘鍊打磨而成，另一方面，文本也是歷史學面對這股跨科趨向，歷經衝擊、接收、轉化的調適結果。在這節內，為方便理解起見，將從語言、語言與實在、論述這三個相互牽連又與文本不可分離的面向切入，

---

25 Lynn Hunt, "Introduction: History, Culture, and Text" in *The New Cultural History*. Edited by Lynn Hunt. (Berkeley: University of California Press, 1989), 17; 林恩‧亨特著，江政寬譯，《新文化史》（臺北：麥田出版，2002），頁 41。

略述法國哲學家的窮究及洞見。

(一) 語 言

文本的關鍵是「語言」。但語言有什麼問題呢?人們使用語言、進行表達,或描述或表意,似乎最自然不過,有何需要深究?上述羅蘭巴特曾提到,語言的演示是「根據某些規則(或對抗某些規則)」而來,所指為何?

其實,早在二十世紀初期,已有語言學者如瑞士語言學家索緒爾 (Ferdinand de Saussure) 探勘語言的運作機制,並反轉了人與語言的關係。不過,直到二十世紀中葉,他的理論才被法國學者「發現」和發揚光大。[26]其中,羅蘭巴特是引介、推動索緒爾語言結構主義研究的大將之一。

羅蘭巴特在 1964 年發表的〈符號學原理〉為轉介索緒爾的代表之作。[27]這篇文章開頭一段話不失為瞭解語言結構主義者

---

[26] 頗多學者指出,同時期美國語言學家皮爾思 (Charles Sanders Peirce) 在符號學 (semiotics) 的研究上同等重要,但顯然法國知識界更注意的是索緒爾。Martha Howell and Walter Prevenier, *From Reliable Sources: An Introduction to Historical Methods*, 103. 而根據馬丁‧杰 (Martin Jay) 的考察,是梅洛龐蒂 (Maurice Merleau-Ponty) 於 1950 年代「發現」了索緒爾。Martin Jay, "Should Intellectual History Take a Linguistic Turn? Reflections on the Habermas-Gadamer Debate," in *Modern European Intellectual History: Reappraisals and New Perspectives*. Edited by Dominick LaCapra and Steven L. Kaplan. (Ithaca and London: Cornell University Press, 1982), 88.

基本觀點的門徑：

> 語言結構既是一種社會機構，又是一種價值系統。……
> 語言結構是語言的社會性部分，個人絕不可能單獨地創
> 造它或改變它。它基本上是一種集體性的契約，只要人
> 們想進行語言交流，就必須完全受其支配。[28]

引文中羅蘭巴特說明：文本所繫的語言自有其結構，是一套套
獨立自足的系統。同時，語言先於個人而存在，它是超乎個人
意志而具有社會性、集體性，個人並無法改變或更動既有的語
言體系。

　　此一思路著眼於語言的獨立運作、自成體系，其中散發著
濃濃的「結構主義」氣味：在事物和文本之前原已存在某種（語
言）邏輯和秩序，其他事物都是這套邏輯秩序的附帶現象。反
過來說，語言符號有其既定的組織原則，在個人使用前已然形
成，此意指人並非是自主地運用（或支配）語言、表達意義，
恰恰相反，是語言這個背景「讓」個人能說什麼。換言之，是
語言架構了經驗、知識，不是經驗、知識催生語言。

　　其次，巴特強調，語言是集體意識的成品，也是社會文化
的產物，包含了特定的價值意向。這也隱隱點出，語言文字的

---

27 羅蘭巴特，〈符號學原理〉，收入氏著，李幼蒸譯，《寫作的零度：結構
　主義文學理論文選》（臺北：桂冠出版，1991），頁 130–212。

28 羅蘭巴特，〈符號學原理〉，頁 136–137。

意涵並非古今、內外通用，也非放諸四海皆準。語言形塑於特定的社會價值，從而構成一套凌駕於個人之上的系統。

無疑，上述觀點與常識中以為語言是依附於個人，是工具性的、甚至中立的看法，大相逕庭。其悖反一般認定：語言只是描述內在或外在的媒介，是傳達個人思想情感或者外在現實的利器。同時，這樣的語言觀點指向了一個可能的結論：個人對語言乃至語言構築的文本並無絕對主導權，因為語言架構凌駕於個人意志之上。於是乎，人的思考、乃至情感，都有其限制，只能落在既有的語言框架下。

（二）文本與實在

如果語言系統的成形與運作有其獨立性，這似乎意味著語言與外在的對應連結，也成了有待商榷的問題。此點確實是另一位法國學者德希達致力探討所在。

德希達極為關注符號 (sign) 之再現問題，他力主「言說基本上是一個再現的秩序」，[29]但被呈現之物與其再現之間，存在著永遠無法跨越的差異。[30]德希達創造了著名的「延異」(différance) 說。他指出，延異不是一個名詞也非觀念，[31]所以

---

29 Jacques Derrida, *Speech and Phenomena and Other Essays on Husserl's Theory of Sign*, trans. David B. Allison (Evanston: Northwestern University Press, 1973), 50–51.

30 Jacques Derrida, *Speech and Phenomena and Other Essays on Husserl's Theory of Sign*, 52.

無法明確界定。那是一種動態的變異現象，從存有到各種呈現
(presentation) 之間不斷進行、持續的過程中，必會產生「延
異」，此包含時間上的延宕和空間隔絕所生的異化。[32]

德希達認為，人們為了表示存有，必定採用符號，而無論
是口語、書寫、貨幣的、政治性的符號，延異都一再發生，因
而阻隔人們對事物本身的把握、觸摸、面見、直覺之時機。[33]
最終，符號的顯現代表了曾經的存有，其實已然缺席、不在，
也就是說，是符號取代了存有。

德希達披露符號再現，不可遏止地會產生意義的無盡延宕
和歧異，以此他更進而斷言，延異實為言說、書寫共同的常態。
他說：「書寫遊戲，其實已經受到延異干擾，既無存有，也無真
理。」換言之，符號、文本，從生成到擴散，因其延異的必然，
以及意義不斷地外溢出去，根本無法對焦任何外在事物。凡欲
從書寫和文本中獲得「最後真理」與「固定意義」者，不過是
緣木求魚。德希達說：「我們怎能想像文本之外還有什麼
呢？」[34]細思這些，不難感受到德希達對文本的高度懷疑：書

---

31 Jacques Derrida, *Speech and Phenomena and Other Essays on Husserl's Theory of Sign*, 130, 132, 140.

32 陳榮華，〈從語言的中介性論高達美的意義理論——兼論本質主義與反本質主義〉，《臺大文史哲學報》，66 期（臺北，2007），頁 159–162。

33 Jacques Derrida, *Speech and Phenomena and Other Essays on Husserl's Theory of Sign*, 138.

34 Jacques Derrida, *Speech and Phenomena and Other Essays on Husserl's*

寫作為一種呈現，不可能和存有劃上等號。正是基於這樣的洞察，他才會有那句震撼人心的名言：「文本之外，別無他物」。亦即一切所示，並非實存，都是文本，也只有文本，而文本從不等於外在／真實。

德希達切斷文本與外部的直接連結，或在提醒，不能直接將各種文本視同實存。他還從另一個角度剖析：任何文本中，「呈顯」(presence) 和「缺席」(absence) 都是交錯並存。[35]那些來自遙遠的「遺跡」，並非是過去的實在，而是實在的「假象」(simulacrum)。他強調，「遺跡」總與「消除」亦步亦趨，「消除」促成了「遺跡」的存在。所以遺跡既是過去的紀念碑，卻也是幻影；既是被人追尋的留痕，卻也展示了被消除的歷程；既是活的，又是死的，說它是活的，因為它總是以其被留下的銘文去仿造生命 (life) 本身。[36]

如果文本既是呈現，也同時是排除、消失，文本的意義便飄移不定，從呈現到詮釋也必定出現延異。如此一來，理解、解讀如何可能？德希達倒沒有否定解讀文本的可能性，他提倡一種回歸文本內部、講究細閱精讀的「批判性閱讀法」，[37]或又

Theory of Sign, 158.

35 Jacques Derrida, "Structure, Sign, Play in the Discourse of the Human Sciences," in *A Postmodern Reader*. Edited by Joseph Natol and Linda Hutcheon. (Albany: State University of New York Press, 1993), 240.

36 Jacques Derrida, *Speech and Phenomena and Other Essays on Husserls Theory of Sign*, 156–157.

稱「解構」閱讀法。[38]此種閱讀法不能僅僅擷取文字表面所述，而是採取解構策略，在字裡行間，甚至是不起眼處，來來回回追蹤和琢磨那些呈現與消失相雜的點點痕跡，從中尋找文本如何既自我界定、又指涉他者，哪些是強調標明、哪些被壓抑和消除。[39]這種解讀方式並不把資料視為映照真實的明鏡，解讀文本的目的在於洞識文本中，意義如何經由凸顯與壓抑而被創造和建構，以及由此所欲呈現和標榜的訊息為何。此種解讀法對於文化研究和許多人文社會科學的影響極大。

　　總地來看，德希達的主張如同對固有意義論的一大重擊。[40]回溯十九世紀中葉以來，「資料會說話」的認知主導了許多歷史學家看待文件檔案的方式：文字被設想為書寫者發揮所思所想、描繪個人經驗的憑藉，或是作者援以摹刻真實世界的依據。當然，多數史家承認，文獻可能有瑕疵也有造假之虞，資料之中也的確有想像、主觀或偏見，但基本上，文字與外在現實的對應關係從未被全盤否定。至於透過考訂資料、從中追求客觀

37 黃進興，〈「文本」與「真實」的概念：試論德希達對傳統史學的衝擊〉，《新史學》，13：3（臺北，2002），頁 55。

38 喬伊絲‧艾坡比、林恩‧亨特、瑪格麗特‧傑考，薛絢譯，《歷史的真相》（臺北：正中書局，1996），頁 200。

39 Terry Eagleton, 吳新發譯，《文學理論導讀》（臺北：書林出版，1993），頁 169 ； Terry Eagleton, *Literary Theory: An Introduction* (Oxford: Basil Blackwell Ltd., 1988), 133.

40 黃進興，〈「文本」與「真實」的概念：試論德希達對傳統史學的衝擊〉，頁 43–59。

實在的過去，更是成為許多歷史人心中的「高貴夢想」。然而歷經法國思想家的深挖考掘，語言原來有其規律，形構自社會而非個人；任何的符號呈顯，延異不斷發生，文本的意義難以固著、絕難追尋。這些主張不啻撼動了人們對於資料的看法。

再者，無論羅蘭巴特或德希達都暗示了：從符號構成、文本書寫到文本意義，皆在作者的意志之外，由此否決了作者對文本意旨具有絕對的主張權利。羅蘭巴特曾在 1968 年發表〈作者已死〉(The Death of the Author) 一文，[41] 解消作者對於文本意義的特許權 (authority)。他宣稱，讀者、評論者亦擁有詮釋權力，閱讀是另一種書寫。「文本」之意不再以作者為尊，不是固著於一，而是開放多元。

無疑，這些論說中呼之欲出、且令人極度不安的結果是：作為體驗和認知的主體 (subject)——個人並非想像中那般具有絕對的自由自主。個人主義原是西方近代文明引以為傲的概念基礎，如今這個基礎似乎面臨了巨大的挑戰，甚且正在動搖之中。質疑的力道並未止於此。另一位「後結構主義」者、同時也被視為「後現代主義」核心人物的傅柯，從文本的「論述」性質入手，進行細緻考察。他不但提供思考「文本」的另一向度，將社會箝制力的作用更加極大化，也因此進一步瓦解了作者的主體性。

---

41 Roland Bathes, "The Death of The Author", in *Image, Music, Text,* sel. and trans. Stephen Heath (London: Fontana Press, 1997), 142–148.

（三）論　述

　　傅柯對文化理論和歷史詮釋影響深遠，甚至還博得「傅柯運動」(Foucauldian Movement) 之名。[42]此處僅就傅柯有關「文本」的思考而論。發表於 1969 年的 《知識考古學》 (*The Archaeology of Knowledge*) 無疑是傅柯代表作之一。該書第二章標題：「論述的規律性」已可窺其宏旨：論述 (discourse) 總是遵循著某些規律而行，但這些規律並非來自「作者」意志。他認為那些構成「論述」的「陳述」(statement)：「沒有任何陳述是普遍、自由、中立、獨立的……陳述總都是屬於一系列和某個整體，……是某個陳述網絡中的一部分。」[43]

　　換言之，陳述並不自由，不是可以天馬行空，反得屈從某些物質以及非物質條件，因為這些束縛形成難以違抗的框架。至於這些物質或非物質條件如何而來？傅柯解釋說：「論述的實務 (discursive practice)……是一個匿名的、歷史性的規律組成。這些規律取決於由時間和空間所架構的特定時期，以及特定的社會、經濟、地理或語言面向，這些乃是闡述功能得以進行的

---

42 Miri Rubin, "What is Cultural History Now?," In *What is History Now?*, Edited by David Cannadine. (New York: Palgrave Macmillan Ltd, 2002), 84.

43 Michel Foucault, *The Archaeology of Knowledge and The Discourse on Language*, trans. Alan M. Sheridan Smith (Great Britain: Tavistock Publication Ltd., 1972), 93.

條件。」[44]可見，論述受到了所處時空的各種文化環境條件的
羈絆，而只能在這樣的「現實」下開展。傅柯以「論述構成」
(discursive formation) 來稱呼那些對論述形成的宰制性力量，此
力量並組成了權力與知識的支配關係。

以上傅柯描繪陳述，分析論述進行時所依從的條件，揭露
了闡述功能得以運作的既定和有限範圍，以及表現這些範圍的
方式等等，其目的在於揭示論述「身不由己」的特質。正因論
述受到箝制，以致「說出的永遠不是全部，……說出來的相對
而言是較少的。」[45]他把這種特質稱為「稀少原則」(principle
of rarefaction)。在此，傅柯與其他結構主義者同樣聲稱：語言
表述與實存世界之間有極大的落差，因為在約束—規律之下的
論述，必然「先天」缺損。文本、論述的缺漏，厥為常態。

傅柯眼中的論述，他指的是組構知識的那些言說、思想和
行為系統，無時不受制於歷史文化的拘囿，以這點而論，他與
歷史學家似乎站於同一個陣線上，強調「背景」的因素。但其
實，他雖注意到時空背景的強大力量，卻對促成論述的諸種歷
史條件興趣缺缺。傅柯研究和探索不同環境與文化下論述的可
能與不可能性，並非意在從事現象的因果解釋。這段話或可表
明他的心跡：「我們的工作不在於讓這些環繞陳述的緘默發生，

---

44 Michel Foucault, *The Archaeology of Knowledge and The Discourse on Language*, 117.

45 Michel Foucault, *The Archaeology of Knowledge and The Discourse on Language*, 118–119.

也不是要找回所有……至今仍沉默或被迫沉默的聲音。同樣不是去研究那些……防堵特殊表達、壓制特殊闡述的各種阻礙，而是要標示一個受到限制的呈現系統。」[46] 顯然，他不僅不欲追溯因果，也不是要如歷史學家那般，挖掘被壓制、隱匿的聲音，以拼湊更完整的現實。傅柯的論述分析工作停駐於那些「已說出來的事物」之研究，他「試圖探究的是陳述／論述中那些裂縫、虛空、缺漏、限制、割離是如何被安排與分派。」[47]

不只如此，當歷史學家為理解各種類型的「說話」材料，而致力於推敲發話者、作者的思維動機，傅柯並不認同這樣的取徑。他說：「我想指出的是幾千年以來，由成千上萬的人說出無數的事物，不僅僅是按照思維的邏輯或僅僅由於當下境遇的作用而出現的……它們乃是根據一些特殊的規律性產生出來的。」[48] 換言之，個人思維、即時境遇並非文本生產的僅有來源，主導架構和布局的是那更強大而無可脫逃的形塑力量，亦即論述構成。這樣的前提預示了傅柯對待資料文本的方式不同於一般：

---

46 Michel Foucault, *The Archaeology of Knowledge and The Discourse on Language*, 119.

47 Michel Foucault, *The Archaeology of Knowledge and The Discourse on Language*, 93.

48 Michel Foucault, *The Archaeology of Knowledge and The Discourse on Language*, 129.

如果存在著被說之物 (Things said) ，……我們就不應在
所說之物本身，或說出它們的人身上，去尋找直接理由，
而該著眼於論述系統，因為它規定了什麼可說，什麼不
可說。[49]

在此，他明白宣示：該要費心思量的，是那具有主宰性的論述
系統。毫無疑問，這是傅柯對傳統詮釋模式的一大反動。他將
考察的眼光從個別的人、時、地移向了具有普遍支配性的論述
系統。傅柯自詡開啟了一個突破傳統的研究取向，將關注的焦
點轉而「……落在那些被述說與未被說出的分界上，在這些陳
述所以能浮現，而其他陳述被排除的遇合之點上」。[50]傅柯此處
所言浮現與排除，恰與德希達的呈顯與消除之說兩相唱和，但
更聚焦於促使這些發生的強制力量。傅柯許多著作如《性史》
(*History of Sexuality*)、《規訓與懲戒：監獄的誕生》(*Discipline
and Punish: The Birth of Prison*)，都意在探究西方歷史中，受到
特定論述系統支配下，若干言說中的禁錮與呈現。

　　「論述構成」之說幾乎剔除了作者的作用。如果陳述主體，
亦即主宰陳述可說與不可說的主力不在「個人」，作者的意義與
存在幾乎成了可有可無。難怪一些學者認為傅柯之說真正宣告

---

49 Michel Foucault, *The Archaeology of Knowledge and The Discourse on
Language*, 129.

50 Michel Foucault, *The Archaeology of Knowledge and The Discourse on
Language*, 91.

了「作者已死」。

　　不可否認，傅柯的確開闢出一條不同以往的通往文本論述的取徑。他揭露的文本另一面向，讓治史者不能不更注意，那存在個人之上、以及圈圍著人們言思的巨大網羅。傅柯的這段話說得明白：

> 各式各樣的作品、各處流傳的書籍，所有這類處於相同論述構成下的文本，這許多作者，他們彼此認識或不認識，相互批評、貶低、攻防，而又在不知不覺間相遇，並在一個他們所從屬的網絡中，如此決然地將各自獨特的論述，交錯相雜。而他們既看不清這個網絡的整體，也無法識得它的寬廣。[51]

的確，思考文本的「作者」，不能只單單聚焦於形式上的那一、二位生產者，而忽略環乎其上、看不見的文化力道。另一方面，在傅柯的筆下，坊間各種文本儘管爭妍鬥豔、對峙殺伐，實際上卻都歸屬同樣的論述構成，共同服從於它們無能洞知的那張大網。這些看似遂行自由意志的作者，有如一個個棋子，都是在一張隱形的棋盤框架中，按照限定的功能和原則步步前進而已。如此說來，論述系統籠罩於頂，個別作者幾如傀儡，只能

---

51 Michel Foucault, *The Archaeology of Knowledge and The Discourse on Language*, 126.

茫（盲）然行動和反應，那麼人的差異與獨立性似也蕩然無存了嗎？

　　或如許多論者所說，傅柯等法國學者欲藉由解剖語言與論述，戳破近代西方文明引以為豪的「個人主義」神話，揭示所謂個體自由自主之本質乃被建構而來。他們意欲表明，個人的表達和思想其實都受到歷史文化中的語言符號和論述構成所制。這些洞見突破著實帶來深刻的反思，但其中極端的「去作者化」主張幾近否定個人的動能，不免令人不安，並引發質疑：每一個體如何面對、理解、回應橫亙於上的論述構成，難道全然無異？文本產生的過程中，作者是否一無用處？

　　在羅蘭巴特、德希達、傅柯等針對文本和閱讀殫精竭慮的同時，不乏英、美語言哲學家及思想史學者致力於探勘文本解讀之道。他們的論點和法國後結構主義既有相通之處（或因歸屬共同的論述構成下），也有明顯歧異。[52]最重要的，這些英美學者重新找回了作者，也梳理文本的情境性和時代脈絡之意義，這些思考對於今天歷史學詮釋資料文本的方式影響至大。

四、從作者到脈絡

　　法國思想家在文本問題上開啟了新的篇章，但也留下了亟

---

52 Martin Jay, "Should Intellectual History Take a Linguistic Turn? Reflections on the Habermas-Gadamer Debate," 87–88.

待解決的難題。與此同時，若干英、美學者則從言說的行動力、
作者的意圖力量、文本的情境性與脈絡這幾方面，繼續探索、
雕琢文本之義。

（一）言說行動

　　二十世紀學術界有所謂「語言轉向」，指的是眾多不同背景
的學者不約而同地將眼光調轉至人們所使用的文字語言，力圖
破解語言之謎。不獨法國的結構主義者，二次世界大戰前後，
英國也有一批語言分析學家，針對日常語言功能提出新解。代
表者之一是牛津哲學家奧斯丁 (John L. Austin)，他建立了著名
的言說行動理論 (Speech act theory)。

　　奧斯丁主張話語和陳述未必只有描述的功能，有些句子「就
是實施一種行為，或者是實施行為的一部分。」[53] 他的書名《如
何以言行事》(*How to Do Things with Words*) 正欲表明，話語具
有動能，可以「做事情」，比如結婚宣告。奧斯丁稱這類話語屬
於「施行式」(performative)。不只如此，約同時期的另一位語
言學家賽爾 (John R. Searle) 同樣在其專書《言說行動》(*Speech
Acts*) 內，宣稱語言文字不止於說出事情，也可決定和從事。在

---

53 John L. Austin, 楊玉成、趙京超譯，《如何以言行事》（北京：商務印書
　館，2013），頁 8；Terry Eagleton, 《文學理論導讀》，頁 148–149。關
　於奧斯丁的理論亦可參考梁裕康，〈語言、歷史、哲學——論 Quentin
　Skinner 之政治思想方法論〉，《政治科學論叢》，28 期（臺北，2006），
　頁 94–95。

賽爾看來，言說本質上更是行動，語言為「一種社會實踐」。[54]

　　以上兩位學者異口同聲，都賦予語言文字「行動性」，具有引導現實之力。他們特別強調語言含有重構現實的企圖，是帶著實踐性質的行動方案。「言說行動理論」無疑重塑了文本與現實的一種新關係。事實上，依據一般常識性的看法，言語和文字只是表達自我或者「靜態」、「描述」外在的工具，而表達或呈現的「成品」，也就是現實事件的某種映照。但奧斯丁與賽爾翻轉了這種定見，看出語言與文字具有施作力；言說不僅僅會牽動現在，甚至會改變現在。

　　如果，文字可以實踐行動，那麼在理解文字時，是否不能全然撤開作者不論？後結構主義者對作者的存在多持消極看法，或如傅柯，為扭轉傳統以來僅僅把書寫者動機當作解開文本意義的唯一之鑰，遂繞過作者，而去凝望個人背後更宏大的論述規律性或某些結構要素。但「誰在說話」真的無關緊要嗎？如果文字是帶著實現某種想望而生，理解文本時的確不能排除作者的存在。這點英國兩位語言學者並未進一步著墨。但當他們洞察語言文字的實踐力量時，卻隱隱為作者預留了可能的位置。

　　說到作者，思想史家尤其無法迴避。在面對一部部經典「文本」時，作者在那些字句扉頁之間如何竭心盡力、爬梳耕耘，思想史學者豈能視而不見？那麼，如何重新界定作者，又可以

---

54 Martin Jay, "Should Intellectual History Take a Linguistic Turn? Reflections on the Habermas-Gadamer Debate," 88.

不落入傅柯等人所詬病的那種簡單的解釋模式，亦即只狹隘聚焦於作者個人所思上？被歸為劍橋學派的思想史家昆丁‧史金納 (Quentin Skinner) 對這個課題展現了深邃的思考。[55]

（二）作者意圖

　　當結構主義、後結構主義在法國思想界以及文本解構上發光發熱之際，在劍橋鑽研政治思想的史金納，則走出另一條看待文本之道。當然，史金納著作等身，橫跨歷史和政治學界，特別是關於馬基維利的研究名聞遐邇。此處僅就他對文本的若干學理而發。

　　史金納並不諱言他對法國某些知識觀點的質疑。他曾評論羅蘭巴特以及傅柯 「作者已死」 的宣稱 ，是 「誇大其詞」 (exaggerated)。他承認，人們想要溝通時，不免受制於既有語言的習慣，但即使如此，他堅信：「語言是限制，也是一種資源 (a resource)，……我們不能簡單地摒棄作者這個範疇。」[56]只此一段話，便呈現史金納與法國哲人的區別所在。在不否認語言有制約性的前提下，他看見語言的另一個特點：是使用者所可憑藉的資源。他明白宣告，絕不能隨便地把作者一腳踢開。極

---

55 李宏圖，〈觀念史研究的回歸——觀念史研究範式演進的考察〉，《史學集刊》，1 期（吉林，2018），頁 29–39。

56 Quentin Skinner, "Interpretation and the Understanding of Speech Acts," *Visions of Politics Vol. 1: Regarding Method* (Cambridge: Cambridge University Press, 2002), 117.

其明顯，在個人、作者相對於語言、論述架構這天平兩端中，史金納將砝碼移向個人、加重了作者此一邊；他試圖調整結構主義思路下過度傾向語言和外在的決定力，以回復作者的地位。

史金納的思考深受奧斯丁的啟發，卻又能在言說行動論的基礎上進一步闡揚深化，並由此帶出他所稱的「意圖」：

> 要理解任何嚴肅的言論，我們不僅需要掌握說什麼的意涵，還要同時掌握言論被提出的意圖力量 (intended force)。亦即，我們需要掌握的不只是人們所說的話語，還有他們在說話中 「做了什麼」（*doing* 原文為斜體字）。[57]

「意圖力量」以及說話中「做了什麼」，這些語詞表述了相似之意。史金納界定的意圖，不只是存於作者心中的想望，而是具有驅動性的力量，能藉由文本和話語產生實質作用。意圖將作者重新拉回了文本的範疇內，成為史金納閱讀時的查問起點，也是他與法國解構主義者互別苗頭之處。

談到「意圖」，不免讓人想起尋常所說的「動機」，兩者有何分別？史金納確曾特意澄清。他主張兩者並不相同，動機多是指作品之外的因素（按：如升官發財），這些因素屬於附帶性

---

57 Quentin Skinner, "Meaning and Understanding in the History of Ideas," *History and Theory* 8:1 (1969): 82.

的 (contingent)，不太會左右作品的構成。而意圖專指作者欲透過發言去「做些什麼」，因此會牽動文本的內部生成。換言之，意圖屬於文本的一部分，理解文本時不能略而不談。[58]史金納意在點明：作者的意圖於文本書寫與解讀都是必要的一環。

　　問題是，作者的意圖如何對文本書寫帶來影響？史金納在〈思想史中的意義與理解〉這篇文章當中，進一步演繹意圖的力量：

> 探究這些文本時，我們因此需要面對的問題是：它們的作者於撰寫當下，心中設想為特定的讀者而寫，並在實際上藉由發表特定言論所嘗試的溝通。[59]

值得注意的，上文顯示，「意圖」非指作者單方的想要表達什麼，而是會將閱讀對象納入書寫的考慮之中，而後藉著說出寫出，進行「溝通」。史金納提醒，文本從來不是「自說自話」，

---

58 Quentin Skinner, "Motives, Intentions and Interpretation," *Visions of Politics Vol. 1: Regarding Method* (Cambridge: Cambridge University Press), 97–100.

59 這段引文出自〈思想史中的意義與理解〉，發表於 1969 年，2002 年收入史金納的作品集內。該文雖有經過精簡修整，但這段引文的原意幾乎完整地保留下來。Quentin Skinner, "Meaning and Understanding in the History of Ideas," 86–87. 原文刊載於 "Meaning and Understanding in the History of Ideas," *History and Theory* 8:1 (1969), 48–49.

作者會衡酌「讀者是誰？」從而使用特定的言論，從事論述，實踐目的。於此，史金納再次挑戰了傳統之見，也就是那種以為文字言語只是單純「表達」、單向「傳遞」的看法。他揭示的文本，其實是作者與讀者之間來來回回的「溝通」互動。

　　切莫誤會，史金納凸顯作者是文本得以問世的一大關鍵，並不意味他天真地要走回把文本固著於作者個人私有 (proprietary) 的老路上。[60]他坦承，任何作者都不能無拘無束、自由奔放地遂行意圖。事實上除了需要顧及受眾之外，作者發表的「特定言論」還大有蹊蹺。此所以史金納接著說：「**對我而言，最具啟發的工作方式是必須一開始就試著標定，在特定言論所出的那個特定時刻中，習慣上施行溝通時能容許的根本範圍。**」[61]所謂發話的「特定時刻」，以及人們溝通時自覺或不自覺地落在某種被容許的尺度和範圍內，指的便是說話當下的「情境」，以及言語之上更廣泛的脈絡。如此說來，作者的意圖其實

---

60 這是拉卡頗曾對史金納的批評，Dominich LaCapra, "Rethinking Intellectual History and Reading Texts," in *Modern European Intellectual History: Reappraisals and Perspectives*. Edited by Dominich LaCapra and Steven L. Kaplan. (Ithaca and London: Cornell University Press, 1982), 57–58. 另可參考中譯：王加豐、王文婧、包中等譯，《現代歐洲思想史：新評價與新視角》（北京：人民出版社，2014），頁 41–44。但因此書用詞與表述方式與臺灣習慣略有不同，以下相關引文都為筆者自行翻譯。

61 Quentin Skinner, "Meaning and Understanding in the History of Ideas," 86–87.

包羅複雜，不單是作者、讀者，還牽連著情境與脈絡。就某個層面來說，史金納與巴特、傅柯其實遙相呼應。

（三）情境與脈絡

在史金納的界定中，意圖不僅僅關乎作者「要做什麼」，還交融著彼時的人們「能說什麼」的不言而喻。因為一場對話或說服得以順遂展開，作者和閱聽者必然處於共同的語言表述層次上，如此「交談」的網絡始能建立。此所以史金納呼籲，研究者必得 「……去追查特定言論與更廣的語言脈絡 (linguistic context) 之間的關係，作為解讀該作者意圖的方法。」

但如果個人的語言使用必然被所謂更廣的「語言脈絡」所圈圍，那麼語言脈絡又是生自何處？答案呼之欲出：所有的語言系統無不座落於特定的社會文化園地上。以下這段話可以完整呈現史金納對於語言、意圖、社會之間關係的思考：

> 如此，當研究重心放在基本的語言上，那麼適切的方法論就是聚焦於找回作者的意圖，以及研究該文本的社會脈絡 (social context) 所有相關的事實，因為那是產生該文本的語言組織的一部分。社會脈絡所以重要，在於它是個根本架構，會決定習慣上能被認可、原則上容許某人所想傳達的那些意義。[62]

---

62 Quentin Skinner, "Meaning and Understanding in the History of Ideas,"

史金納明確表示，解讀作者意圖，並非只流連於表面上作者在想什麼，而是要回溯作者如此想的背後那更寬闊的布景，也就是形塑語言組織和限定意義的種種社會文化趨向。

　　總的來說，史金納主張任何說話者或書寫者能達到言說行動的目的，必得合乎同時期人們說話的方式及規則限度，也必然是落處於彼時的社會風習與價值思考框架內。史金納甚至說出：「任何陳述無可避免的都是特定條件下、特定意圖的體現，並且是為解決特定問題而發言。因此，陳述本身有其專屬的脈絡，想要超越那些脈絡，那是太天真了。」[63]

　　不能不承認，以上之言讓人直接憶起傅柯的「論述構成」：它「規定了能說什麼、不能說什麼」。史金納與法國學者之間顯然既有交鋒，也有相通。或許，這正可當成某種自我見證，這些法國、英國的知識分子處於相同的時代氛圍下，故而殊途同歸，盡皆關注語言的社會、文化性，都欲闡明語言對個人的牽制作用。當然，也不能抹去他們的同中之異。傅柯專注於文本背後那沉重壓頂的「論述構成」，史金納卻把眼光轉回當下，從「誰在說話？」「對誰說話？」切入，進而追溯「如何說話？」的條件情境。

　　在歐美知識界中，響應文本之論的，自然不僅止於英國學者。美國若干思想史家也在 1980 年代反思法國學者的文本觀

87

63 Quentin Skinner, "Meaning and Understanding in the History of Ideas," 88.

點。尤其是傅柯和德希達與美國學界關係匪淺，他們都在美國度過了人生最後一段時光。

　　傅柯於 1980 至 1984 年間旅居美國，並曾在加州、紐約講學和舉行多次講演，直到 1984 年去世前才回到法國。而德希達與美國學界淵源更是久遠。自 1970 年代起，他就經常受邀前往美國許多知名大學例如約翰霍普金斯、耶魯、紐約等大學訪問和演說。從 1986 年後，他並長期任教於加州大學爾灣分校 (Irvine)，直到 2004 年去世前不久。兩位學術巨擘對於當時美國的文化形貌必定有所影響。想來或正因此，文本觀念效應擴大，1980 年代的傅柯才能見識「新的詮釋模式」快速地「移至舞臺的中心」。

（四）文本都具「文件性」和「作品性」

　　隨著法國解構主義理論在美國的風行，類似英國史金納的反思亦緊接而起。例如因《東方主義》(Orientalism) 一書名噪一時的薩依德 (Edward Said)，即曾直言不諱地批評歐洲來的文本概念狹隘偏限。他在 1983 年針對文本解讀與文學評論問題而寫的《世界‧文本‧批評者》(The World, The Text, and The Critic) 之「敘論」中，指斥美國文學理論在 1970 年代晚期竟退縮到「文本」的迷宮裡；許多人援引德希達和傅柯為伴，而將文本性 (textuality) 孤立、隔絕於文本所由生的環境條件、事件過程之外，使得文本與人的思想作為全然無關。[64]薩依德拒絕法國解構主義將文本與人、事、情境時空完全斷開的取向，顯

然和史金納有志一同,深信文本出於「人」,並且屬於特定的生
成環境。

其實,從書名《世界・文本・批評者》即可推知薩依德的
理念:文本必須置於歷史和此時此刻之中,其書中也不斷重申
這個前提:

> 我的看法是,文本是世俗性的 (worldly),某種程度上可
> 算是事件……,屬於社會世界和人類生活的一部分,當
> 然也屬於它們所處的歷史時刻 ,且要在歷史時刻中解
> 讀。[65]
> ……現世性、隨境性,文本作為一種事件,有其感官上
> 的特定性以及歷史的偶然性,這都包含在文本中,是文
> 本在傳送並創造意義時不可割離的部分。這意味著,文
> 本有其特定的情境,此對詮釋者和詮釋都產生限制。[66]

這些文句反覆強調,文本是發生於特定時空下的「事件」,具有

---

64 Edward Said, *The World The Text and The Critics* (Massachusetts: Harvard University Press, 1983), 3. 薩依德著,薛絢譯,《世界・文本・批評者》(臺北:立緒文化,2009),頁 13。

65 Edward Said, *The World The Text and The Critics*, 4. 薩依德著,薛絢譯,《世界・文本・批評者》,頁 14。

66 Edward Said, *The World The Text and The Critics*, 39. 薩依德著,薛絢譯,《世界・文本・批評者》,頁 62。

歷史性。因此，任何詮釋都不可恣意而為，無限上綱，而是得回歸文本產生的當下。他或許想藉此反擊德希達所主張，以為任何讀者都可以任意「書寫」解讀，隨性詮釋，卻不理會文本自有的身世來源。

　　薩依德之外，專門研究思想史的拉卡頗，亦在 1980 年代初期針對文本分析進行探討。就「什麼是文本」這個課題，拉卡頗提出一個簡潔的說明：「語言在某種情境之下被使用的方式。而語言和情境之間的關係，明顯是由彼此牽連又時時競爭，既緊張又相互為用的兩種趨勢所構成。」[67]這番話再次呼應其他學者所示：語言和情境密切相依，彼此相扣合又時而拉距對立，那是一種動態的你來我往的關係。令人好奇的，拉卡頗在此使用「情境」一詞來說明語言以外的因素，所指為何？

　　事實上，拉卡頗與史金納的脈絡觀點可謂不謀而合。他將情境梳理出長期的傳統、具體的時間這兩個層面。顯然，前者即是時間積澱已久的社會文化層面，而後者就是當下特定的時刻。不過，拉卡頗更欲彰顯，文本與這兩個層面之間的相互為用。他敏銳看出，長期的傳統、具體的時間和文本三者間，不能用延續或者斷裂關係來劃定：

　　　　也不可以簡單地把文本視為長期傳統或具體時間的例

---

67 Dominik LaCapra, "Rethinking Intellectual History and Reading Texts," 49.

證。……文本應看成是長期傳統和具體時間交叉的「地點」，它對雙方的變異都有影響。但文本不是固定的或作為一個獨立自主的交叉點而存在，它處在完全相關的網絡中。這種網絡就是解釋中最困難的論題之一：脈絡。[68]

拉卡頗獨樹一格之處在於描繪文本與脈絡——長期傳統和具體時間——之間的動態牽連。文本與脈絡，可說是一個連動、不斷「對話」的網絡，而非某一方是另一方的例證或倒影。由是，文本自有能動性，與當下的境況和廣泛的文化趨勢時時交會，彼此構作。文本因此絕不單純，其實包含著複雜而豐富多元的層次，在拉卡頗眼中，這正是解讀資料的關鍵與最難之處。

有關解讀文本，拉卡頗的討論也值得一探。他認為文本多半兼具兩種特性，一為文件性 (documentary)，一為「作品性」(worklike)。文件性指文本在字面和事實層面上能夠對應並傳遞若干經驗與現實的訊息。作品性則是對經驗現實的加減與改造，此部分的特色是批判的、也是轉化的，既是解構、又是重建。基於此兩重特性，看待文本時，便不可忽略其在某種意義上可能既重複了經驗現實，卻又同時將此前不存在的東西帶入文本之中。[69]

---

68 Dominik LaCapra, "Rethinking Intellectual History and Reading Texts," 48.

69 Dominik LaCapra, "Rethinking Intellectual History and Reading Texts," 52–53.

　　拉卡頗為了說明所有的資料都具有文本的這兩面性，特舉證說，一般我們常把俄國小說《卡拉馬助夫兄弟們》歸類為作品，而一份稅單、一份遺囑、一份調查表則屬於文件。但即使是小說類的作品，因其來自某個歷史時空，也必然會以不同的程度刻著它所屬世界的點點滴滴，此即文件性。同理，被劃歸為文件者也多會兼有作品特徵。如任何調查表必有其「歷史性」(historicity)，總會受到某些社會政治風潮所趨或是某種權力關係的影響，而於展示和呈現時出現偏向側重，那是對現實的增減，[70]此或正是德希達和傅柯所說，符號代表了缺席，文本總是先天缺損。

　　按照拉卡頗之意，各種資料都兼具文件與作品的兩面性，也都是文本。在此視角下，任何資料或作品，無論文字類、文物類、圖像類、影音類或甚至概念，無一不是文本，既能反映部分的現實，也有改動現實的趨力。如此似乎符應了德希達的箴言：文本之外，別無他物。

　　綜合以上略述，在二十世紀的「語言轉向」浪潮中，法、英、美思想家先後投入文字與語言的追根究底。他們在同樣的論述課題內，駁詰對壘，亦互相呼應。他們既拆解了「資料」，也建構了「文本」。在這波跨國的知識激盪中，勾勒出的文本，不再專屬創造者個人；文本所用語言文字乃至表述方式，都依

---

70 Dominik LaCapra, "Rethinking Intellectual History and Reading Texts," 53.

存於更寬廣的社會文化脈絡。但另一方面，文本作者並非毫無作用，他的意圖包含了對讀者受眾的考量、欲藉由這樣的溝通實踐社會目的，其中夾雜著作者對眼前情勢的權衡以及不自覺的回應。資料文本可說是由作者其人、當下其事和時空文化重重交錯，所編織出來的故事。

五、歷史與「文本」的碰撞

1960 年代以來，歐美眾多學者以語言分析為取徑，重新思考也不斷深究各種表述和書寫的底蘊，從而賦予「文本」新的面目與概念。這些建構改變了一般對文本的認知，也帶起一種新的閱讀方式。然其不只動搖了傳統的文學批評理論，許多與文化研究相關的學科或領域如人類學、社會學、藝術史、宗教學等都先後受到衝擊，當然歷史學也無能迴避這波震盪。[71]

（一）歷史的危機年代

歷史與文本相會並非一帆風順，而是個蹣跚卻步的過程。鑽研歷史理論的梅吉爾 (Allen Megill) 曾於 1987 年，運用 *SSCI* 和 *A & HCI* 的資料庫，以傅柯為主題，查考一般歷史學家如何看待傅柯以及他所代表的新詮釋模式。[72] 通過索引資料的統計，

---

[71] Martha Howell and Walter Prevenier, *From Reliable Sources: An Introduction to Historical Methods*, 107.

[72] Allen Megill, "The Reception of Foucault by Historians," *Journal of The*

梅吉爾歸納出 1980 年代之前，即便傅柯的重要著作都已問世，而且若干作品讓他聲名日隆，但他幾乎不曾得到歷史學家的青睞與關注。直至 1980 年代後，一些歷史學家才逐漸正視傅柯於歷史探究上不可忽視的影響，也才願意將他納入歷史知識的地景內討論評價。[73]梅吉爾同時注意到，最早將傅柯當一回事的是科學史家和思想史家。而 1970 年代曾經為文評論傅柯的那一、二位歷史學者，其中之一即是海登・懷特。

　　梅吉爾勾勒歷史學界對待傅柯之樣態，多少反映了一般史家最初面對解構主義的冷峻犀利時，並非竭誠歡迎，而是消極甚至憂懼排拒。海登・懷特就是屬於這樣的一個例子。儘管如前所述，懷特在 1980 年代曾經如先知般提醒學界，必須正視已成主流的文本解釋新模式，但其實在 1970 年代傅柯、德希達的學說飄洋過海而來時，他曾多次批評而非肯定。

　　懷特在 1976 年的〈當代文學理論中的荒謬時刻〉（"The Absurdist Moment in Contemporary Literary Theory"）一文內，從文學理論出發，將傅柯、德希達、巴特等人貼上「荒謬批評主義」（Absurdist criticism）的標籤，直言他們並非志在推動評論界的改革，而根本是要攻擊整個批評的工作。他說，荒謬評論者針對常態批評主義的最脆弱處下手，亦即語言。在舊式的常態批評觀念裡，語言並非問題，只是寓含文字訊息的中介，批

History of Ideas, 48:1 (1987): 117–141.

73 Allen Megill, "The Reception of Foucault by Historians," 132.

評之目的乃在運用各種方式穿透這些中介，以獲得訊息和意義。然而傅柯、德希達等人卻認定語言本身就是問題，正因此，荒謬評論者每每無限期地流連於文本表面，只默想語言所隱藏或發散意義的力量，卻相對地抗拒解讀和轉譯，最終將「理解」這個工作引入無止盡的符號遊戲之魅惑中。[74]

　　而在 1979 年的 〈傅柯的論述：反人文主義的史學〉(Foucault's Discourse: The Historiography of Anti-Humanism) 這篇文章內，懷特則將傅柯歸入拉崗 (Lacan)、李維斯陀 (Lévi-Strasuss)、羅蘭巴特等他稱為末世論 (eschatological) 結構主義者之類。他認為，這類反科學派經常陷入山頭主義的危險境地。這些人憑其特有的論說風格和預言式的語調，以及擁有非專業、外行人所不知的秘密智慧，而成為崇拜者和追隨信眾眼中的大師 (guru)，地位至高。[75]

　　觀諸上述，1970 年代的懷特面對解構主義批評理論時，疑慮和警戒溢於言表。[76]直至 1980 年代，他才開始承認「新的詮

---

74 Hayden White "The Absurdist Moment in Contemporary Literary Theory," *Contemporary Literature* 17:3 (1976): 378–403.

75 Hayden White, "Foucault Decoded: Notes From Underground," *History and Theory* 12:1 (1973): 53; Hayden White, "Foucault's Discourse: The Historiography of Anti-Humanism," in *The Content of the Form*, (JHU: Johns Hopkins University Press, 1990), 134.

76 懷特在 1980 年代某次受訪時特別強調並申明，他並沒有反對、批評後結構主義，他只是用一種「特別」的反轉方式，傳達後結構主義之思想。這究竟是否為事後的修補之說，有待考疑。參考 Ewa Domanska

釋模式」已經成形，而且逐漸成為主流。然而，懷特的反應並非唯一，他的前後態度殆是許多歷史學家遇見「後現代主義」思潮時的寫照。

不難想像，那些孜孜不倦經年浸淫文獻之中的治史者，目睹這股思潮的顛覆性力量排山倒海而來，彷若要將這門學科依恃的資料解釋根基全都連根拔起，而感惶惶不安。譬如老牌的政治史家希梅法絲 (Gertrude Himmelfarb) 於 1989 年某篇文章內示警，近年來無論是舊歷史或新歷史（社會史、生活史、心態史）都已被新歷史中之最新者：解構主義所滲入。[77]此一危機說，倒非希梅法絲特別敏感，事實上那是 1980 年代後期至 1990 年代，普遍瀰漫於美國歷史學界的意識心態。甚至許多學者回顧時，都曾承認、提及這是一段堪稱為「史學危機」的時期。[78]不只如此，這段「危機」時期還曾爆發數起歷史詮釋論戰，其中廣為人知的是，納塔莉・戴維斯 (Natalie Davis) 出版於 1983 年那本 《馬丹・蓋赫返鄉記》 (*The Return of Martin*

編，彭剛譯，《邂逅：後現代主義之後的歷史哲學》（北京：北京大學出版社，2007）。

77 Gertrude Himmelfarb, "Some Reflections on the New History," *The American Historical Review* 94:3 (Oxford: Oxford University Press, 1989), 667.

78 許多學者都提到這次「史學危機」，例如彼得・柏克亦曾於受訪時提及。參見 Maria Lúcia Pallares-Burke, 羅云廷譯，〈彼得・柏克〉，陳建守主編，戴麗娟、謝柏暉等譯，《史家的誕生：探訪西方史學殿堂的十扇窗》（臺北：時英出版社，2008），頁 181。

Guerre) 所引發的爭議。[79]

　　《馬丹‧蓋赫返鄉記》的故事來自 1560 年代法國西南鄉村一樁冒名頂替的案件。主角馬丹和其妻貝彤黛十幾歲便互許終生，幾年後兩人結親並生有一子，不過夫妻生活並不愉快。馬丹在二十歲出頭時，偷了父親的錢離家出走，從此下落不明。八年之後，馬丹歸來，家族與村人有的熱烈歡迎，也有人懷疑他是假冒者。無論如何，返鄉後的馬丹努力投入工作，獲得村人的肯定，並與貝彤黛過著平順的家庭生活。然而四年之後，由於財產糾紛，原本相安無事的狀態被打破了。馬丹的叔叔控告此人並非他真正的姪子，而是騙子。馬丹因此被捕，且召開了兩次審判會。但因為相信者與懷疑者各執一詞，案情陷入膠著。最後，真正的馬丹跛著一條腿，現身於法庭，真相終於大白，假冒者因此被判了絞刑。

　　在這個撲朔迷離的事件中，最讓人難以解釋的是貝彤黛。身為妻子，她究竟知不知道歸來者是假冒？如果知道，為何隱瞞？此案件留下的資料甚少，雖有法庭記載，但當時的審判記錄卻已佚失。在資料殘缺不全又訊息稀薄之下，戴維斯透過其他的法律記錄，運用附近村莊的相關材料作為佐證，寫出了這本膾炙人口的小書。書中不但建構了當時村民的日常、人際與經濟生活，也對貝彤黛的心理提出合理又細緻的描述。

---

79 Natalie Zemon Davis, 江政寬譯，《馬丹‧蓋赫返鄉記》（臺北：聯經出版，2000）。

　　《馬丹‧蓋赫返鄉記》後來拍成了電影，同時也是許多課堂的指定讀物，包括筆者也曾將其列為學生課堂的討論文本。只不過，這本書曾在出版數年後，引來一場史家之間的激烈爭論。[80]同樣是研究歐洲近代史有成、且以《青花瓷的故事》和《從景德鎮到 Wedgwood 瓷器》兩本書而在華文世界裡素有名氣的羅伯‧芬雷 (Robert Finlay)，於 1988 年《美國歷史評論》上發表長文，抨擊戴維斯。[81]他直指戴維斯在缺乏實質的證據下，任想像馳騁，凌駕資料所言，過度解釋了貝彤黛的心態和性格。這根本已經逾越詮釋的界線，淪為虛構。芬雷於文章最後語氣至重地說：「……推測，無論是建立在直覺上，或者汲取自人類學和文學批評理論，都該在資料轄地 (the sovereignty of the sources) 和文件法庭 (the tribunal of the documents) 之前，退卻而去。」[82]

　　戴維斯並未示弱，她於下一期的《美國歷史評論》強力回應，提出了比原書更多資料來護衛自己的觀點。她自承，除了

---

80 關於這個論戰可參考 Bruce VanSledright, "Confronting History's Interpretative Paradox While Teaching Fifth Graders to Investigate the Past," *American Educational Research Journal* 39:4 (Winter 2002): 1089–1090. 莎拉‧瑪札 (Sarah Maza) 著，陳建元譯，《想想歷史》，（臺北：時報出版，2018），頁 381–386。

81 Robert Finlay, "The Refashioning of Martie Guerre," *The American Historical Review* 93:3 (June 1988): 553–571.

82 Robert Finley, "The Refashioning of Martie Guerre," 571.

想知道「發生什麼事」之外，還有另外目的，而且是最重要的目的：「將故事置於十六世紀法國農村生活和法律所呈現的價值觀和習慣之下，以利於瞭解這個故事的核心元素，同時，也藉著這個故事回頭評注這些價值習慣──也就是把一則神話轉成歷史。」[83]

戴維斯認為芬雷對她的苛評源自於兩人在「心智習慣、認知模式和道德調性」等觀念的不同有關。她說：「我處處看到的是複雜、模稜兩可。我可以在掌握得更好之前，勉強接受推測性的知識和暫時真理。我的道德判斷納入了利害考量、日常生活和英雄式理想主義的分析。而芬雷看事情是清楚和簡單的直線。他企求絕對的真理，那是從表層的和明顯的字義所建立的清晰。他從強烈的對和錯來進行道德判斷。」[84]

展讀上述，其實可以大致推知這場爭議的癥結：這是兩種面對資料、文本解讀，乃至什麼是「歷史」的不同態度。莎拉‧瑪札 (Sarah Maza) 的評論可謂切中要點：「在一位歷史學家看來是不慎地陷入了『虛構』，對另一位史家來說則是作出了神入和負責任的想像。」[85]

文本和詮釋的新觀點引發若干史家的焦慮，點燃了學者之間的論戰，並使得 1990 年代的歷史學界瀰漫著危機感。英國史

---

[83] Natalie Zemon Davis, "On the Lame," *The American Historical Review* 93:3 (Oxford: Oxford University Press, 1988), 573.

[84] Natalie Zemon Davis, "On the Lame," 574.

[85] 莎拉‧瑪札，陳建元譯，《想想歷史》，頁 386。

家伊文斯 (R. Evans) 在 2002 年《今日，何謂歷史？》(*What is History Now?*) 這本論文集的序中，[86] 也特意回憶這場史學危機。伊文斯指出，1961 年卡爾那本知名的論文集《何謂歷史？》內所闡揚的論點：歷史學家應該運用理論，去發現和解釋歷史的模式與常規，以便於瞭解現在和形塑未來等等，卻在四十年之後的今天，遇到前所未有的挑戰。卡爾護持的那個「知識世界」至 1990 年代面臨「深重危機」，表現在年輕一輩的歷史家不僅對客觀的解釋過去投下問號，甚至根本質疑今人能否確知任何過去。因為當代若干治史者採用語言學理論，以為歷史依賴文本建立有關過去的知識，但文本不過是文字的任意集結。至於閱讀，那都是讀者或者史家以己意加諸於文本的過程。換言之，史家所寫都是人為造作，而非客觀再現。[87]

　　伊文斯站在英國史學傳統上鳥瞰，見識了二十世紀中葉卡爾提出、並曾風靡多時的歷史知識論，卻在 1990 年代遭受致命的衝擊。另一位史學理論研究者柏科侯飛 (Robert F. Berkhofer, Jr.) 則更精簡地分析，究竟這波巨浪帶來的根本威脅為何。柏

---

86 2001 年，英國歷史研究協會 (Institute of Historical Research) 與劍橋大學三一學院合作，為紀念卡爾四十年前亦即 1961 年在劍橋講座彙編論文集所提出的歷史大哉問：「什麼是歷史」四十週年，特意舉辦了為期兩天的研討會，邀集學門內十位歷史不同領域的知名學者，試圖藉由同樣的問題，反照歷史學科四十年來的演變和景況。隔年會議論文集問世，名為《今日，何謂歷史？》。

87 Richard J. Evans, "Prologue: What is History, Now?," 6–7.

科侯飛認為，結構主義和後結構主義挑戰了傳統以來歷史「被看待」、「被實踐的」方式，這包括質疑：真理發現和知識獲得的可能性、個人作為代理人和主體具有的獨立和一統性、語言中的意義是否穩定……等問題。[88]簡單的說，歷史學正夾處於兩種意義的困局中：歷史是實際的過去，以及歷史是現代的呈現。依柏科侯飛所見，當前所有對語言的認知，似乎與前一個意義漸行漸遠。[89]

看來，這場「危機」解構的不只是資料以及閱讀資料的方式，更是歷史學。[90]如果像曼斯洛等若干「後現代主義者」所說：歷史並非研究時間中的變遷本身，而是研究由其他歷史家從工作中所產生的訊息 (information)，[91]無怪乎許多史家眼中，這個學科正陷於傳統顛覆的危險之中。正是處在那樣急迫的情勢下，伊文斯挺身而出，為護衛歷史命脈而寫下《為史學辯護》一書。

以上，簡單回顧歷史學和文本概念相遇的若干片段。即使如此，仍不難看出，文本觀念及其所繫的知識論，在二十世紀

---

88 Robert F. Berkhofer Jr., *Beyond the Great Story: History as Text and Discourse* (Massachusetts: Harvard University Press, 1997), 2.

89 Robert F. Berkhofer Jr., *Beyond the Great Story: History as Text and Discourse*, 3.

90 1997 年史家曼斯洛 (Alun Munslow) 寫了名為《解構歷史》一書。參見 Alun Munslow, *Deconstructing History* (New York: Routledge, 1997).

91 Alun Munslow, *Deconstructing History*, 2.

最後的那些年，曾如狂風暴雨般，帶給歷史學多少驚濤駭浪。

（二）歷史已非百年身

　　正是「兩岸猿聲啼不住，輕舟已過萬重山」。歷史是否安在？伊文斯在二十一世紀之初緬懷之餘，如此宣告：「歷史學界的危機感過去了，而它出現過的爭論亦告死寂。」只是，他接著說：「凡走過必留下痕跡。……歷史學家與後現代主義的仗打完了，但他們走出戰場時已非原來之身。」[92]同樣的，另一位史家瑪札也相信：「在今日的歷史學界中，圍繞著後現代主義的爭論幾乎消失了。一方面，1980、1990 年代的創新視角和方法（文化建構主義、對文本和敘述的關注）已經成為大多數史學家的第二天性。」[93]

　　歷史依舊健在，但解構主義或後現代主義在歷史學的方方面面的確留下不可磨滅的印記，其中要者即是文本概念。何以見得？伊文斯和瑪札為何斷言歷史學已非舊時身，對文本的關注已成當然？不妨看看與卡爾的名著遙相呼應的這本書：《今日，何謂歷史？》，或可找到兩位學者的憑證，也藉此探知現今歷史的幾許面貌。

　　《今日，何謂歷史？》顯然遙望的是四十年前英國史家卡爾那同名著作，而具有某種繼往開來的意味。畢竟四十年過去

---

92 Richard J. Evans, "Prologue: What is History, Now?," 36–37.

93 莎拉‧瑪札，陳建元譯，《想想歷史》，頁 386。

了，學術風雲遞嬗變色，卡爾提出的大哉問，當然還緊緊縈繞於每一位史家的心頭，但確實已有重新省視意義之必要。其實，從這本書的形態，就可看出今昔之別。不同於卡爾的個人專著，《今日，何謂歷史？》由七位學者共同打造。他們分從不同方向，縱論「今日」何謂：社會史、政治史、宗教史、文化史、性別史、思想史、帝國史等。「一個『歷史』、多家分號」，單單這點便已反映 1960 年代以來，史學日趨分化裂解，卻又呈現多元多樣的特質。相對的，唯一、大寫、固態的「歷史」，已經一去不返（如果曾經有的話）。倫敦大學的菲力·費爾南德斯－阿梅斯托 (Felipe Fernández-Amesto) 於該書的跋說道，在「何謂歷史」加上了「今日」，正標明並承認：「歷史學的本質是流動的。」[94]

　　更重要的的一點是，瀏覽全書，文本概念貫穿於所有篇章、深入每個研究動態中。無論是政治行為和辭令、宗教圖畫和煉獄觀念、俗民祭拜儀式和節日，或者規訓妻子指南與性別語言、階層制度與社會想像……等等，這些不同種類的遺留如今都被學者視為文本，既被解讀也被解構。也就是說，「文本性的領域延伸到傳統認定的『文本』之外，而把所有文化活動都視為文本。」[95]當文本不再單指語言文字的表述，其範疇擴展且指向所有的文化表現，也意味著新的詮釋方式成為歷史研究的日常。

---

94 David Cannadine 編，梁永安譯，《今日，何謂歷史？》（臺北：立緒文化，2008），頁 315。

95 David Cannadine 編，梁永安譯，《今日，何謂歷史？》，頁 264。

同時，該論文集中處處可見學者說明，各領域如何透過文本、脈絡化的解讀資料，突破探勘的障礙和侷限，加深人們對於過往的理解層次。歷史研究的地貌與界域也變得更加遼闊豐厚。

　　總而言之，《今日，何謂歷史？》提供了見證：文本概念固然曾在歷史學界引發風暴，只是危機終究過去了。而歷史學科面對資料、面對過去的姿態卻已大不相同。話說回來，如果文本帶動了歷史研究模式的改變，與歷史學密切相關的歷史教育豈能不動如山？事實是，當歷史學處在文本概念的衝擊之際，文本亦正一步步地進入歷史教育園地，最終，並也重建了歷史教學的輪廓和內涵。

第三章

史家一般如何閱讀？

史丹佛大學認知心理學與歷史教育學者溫伯格 (Sam Wineburg) 在 1980 年代，就讀布朗大學歷史系一年級時，[1] 修了宗教史這門課。該任教老師首次上課時丟出一枚震撼彈。那位教師拿著《聖經・創世記》第一章，詢問大家：「這份文本在**做什麼**？」這個問題頓時震驚全場。溫伯格回憶，當時百來個學生包括他自己，都被這個問題嚇得手足無措。後來若干學生以摘取內容大意來回應時，教師竟激動的捶桌警示：「是『做』，不是『說』。這份文本在**做什麼**？」[2]

溫伯格這段求學時代的故事，道出了文本概念的「革命性質」，因為當時的大學生都還不識文本是為何物。「文本在『做』

---

1 溫伯格是歷史本科畢業，臺灣有些學著可能有所誤解。吳政哲、吳翎君、莊德仁、陳惠芬、陳豐祥主編，《素養導向系列叢書：中學歷史教材教法》（臺北：五南出版，2021），頁 215。

2 這個故事見於溫伯格著，林慈淑、蕭憶梅、蔡蔚群、劉唐芬等譯，《歷史思考大未來：勾勒歷史教學的藍圖》（臺北：三民書局，2020），頁 5–6。

什麼？」這名宗教史教授給學生的「震撼教育」，指向了文本具有行動力、實踐力的屬性，而這也意味著 1980 年代開始，文本觀點逐漸從哲學、語言學進入歷史學園地，並深深地影響歷史學者看待文本、處理資料的方式，如前章所見。不只如此，文本概念最終還走向歷史教育，撼動了許多歷史老師的教學常規。

　　文本究竟怎麼撼動歷史教學？文本概念如何與歷史教學接軌？教師如何教導學生認識文本、學習歷史閱讀？無可否認，今天談到這類問題，國際歷史教育學界應該都不會否認溫伯格在這方面的建樹。他提倡培養學生「像史家一般的閱讀」，可算聲名遠播，即使在臺灣，也是許多歷史教師耳熟能詳之語。溫伯格大學畢業後，曾至中學教過歷史，後來才轉向教育心理學深造，並自認是心理學家。[3]不過，他並未忘情於歷史，反倒運用認知心理學的探究模式，探索歷史教育——尤其是歷史閱讀的精義。或因跨學科背景，溫伯格對歷史教學有其獨到之見。因此，本章很大一部分是要討論溫伯格的閱讀理論，檢視他提出的閱讀方法有何重要、是何意義。當然，焦點即是他提出的「溯源」和「脈絡化」這兩個歷史專業的閱讀法。下文中將揭示這樣的閱讀取徑，有何深意和要義。

　　然而，就如解讀所有歷史現象，「閱讀溫伯格」時，於欣賞

---

3 筆者曾於 2018 年初夏於史丹佛大學拜訪溫伯格時，他告知，大學畢業後至中學教歷史，雖然教學成績不錯，卻始終無法明白學生究竟如何學歷史，因此轉讀心理學研究。他說：「我是一個心理學家，我探究的是認知和思考，尤其關注歷史思考」。

他思想蘊涵的獨樹一幟之餘，也得將之視為文本：他的學思歷程無疑是這三十多年來，某些更廣闊教育風潮的具體而微和回應。歸納起來，他至少展現二十世紀後期幾個重要文化趨向：

第一，溫伯格的專業養成，深受後現代、語言轉向等風潮的薰陶。事實上，他的歷史教育專著內，經常引證羅蘭巴特 (Roland Barthes)、明克 (Louis O. Mink)、拉卡頗 (Dominick LaCapra)、哈蘭 (David Harlan) 等思想家之語。換言之，溫伯格之大力推展以文本閱讀為基礎的歷史教學，其來有自。

第二，他與英國 1970 年代啟動的歷史教育改革運動有一脈相連的關係。[4] 英國最早反思歷史教育，主張教導歷史必須奠定在歷史之為學科的基礎上，帶領學生認識史家探究歷史時所賴以思考的觀念工具。這種教學觀點影響了後來各國的歷史教研者，而在溫伯格的理論中也總能辨識出幾許英國歷史教改的氣韻。

第三，溫伯格具現了 1980 年代，認知心理學興起於美國教育界的這一重要發展。其實在同個時期，除了認知心理學的探究橫掃教育圈之外，尚有各種新的教育理論亦生機勃勃。同樣值得注意的，那也是美國的歷史教育顫顫巍巍、處於困境又亟需尋求生機的年代。這些都是討論溫伯格的閱讀觀點，不可忽略的環境脈絡。

本章前半主要就第三點部分，深入剖析，追溯「文本解讀」

---

4 關於英國歷史教育改革及其理念，可參考拙作：林慈淑，《歷史，要教什麼？英、美歷史教育的爭議》（臺北：臺灣學生書局，2010）。

如何在美國教育的整體環境下落地生根，探討有哪些重要的事態，交織搏聚，為閱讀與歷史教學的突破鋪墊出有利的氛圍。讀者或許會疑惑：美國與我們有何干係？為何細說這些？因美國歷史教育在二十世紀末遭遇的若干困境，與我今日所見臺灣狀況相仿，雖然原因不盡相同，但環顧他者有助於回視自身。

再者，教師有效教導歷史閱讀和探究，當不只把資料發給學生而已，還涉及整體「歷史教育」的認知為何。除了要能夠隨時更新對歷史學的認識外，教師更得從教學端理解學科的價值所在、教學的新取向、學生受教的時代意義等。這些課題都曾一一出現在美國歷史教育的進程中，且激發了突破性的思考，適足以吾輩多加省察。

一、「文本」意義的再梳理

從 1970 年代以來，「文本」觀點出現，並逐漸成為「資料」之外更加風行的代名詞，有其緣由。「資料」(sources) 原意為書寫時引用的來源，為的是表明言而有據。而「文本」(texts) 一詞，歷經許多學者先後闡釋界定，強調文本內容及其呈現，鑲嵌著外在層層脈絡，也展示著內外交織的相互為用。文本一詞的流行在於其更能凸顯任何材料的複雜構成以及蘊藉豐富。總結來說，文本大抵包含著兩個意涵如下：

其一，所有的資料都可稱為「文本」。「文本」有自己的生命故事，而不是讓研究者可以任意切割斷取的資訊拼盤。文本

自身獨特的生命歷程，包括如何被產出，到如何被留存、解讀、運用。就生成經歷來說，文本的語言運用、書寫筆法、展示風格、表達與論述，皆與其產生的人地與時空緊扣相連。因而，從形式到內裡，文本夾雜了作者彼時的意圖或目的，這些意圖又糾葛著作者所處當下情境與社會網絡，並且映照著更廣闊的社會文化脈動。職是之故，條理這些構成文本的多元要素，以及各要素或脈絡之間的交相影響，乃是理解文本時必要的過程。

其二，文本既有其複雜的「生產履歷」，那便意味，文本未必是外部世界的真實描寫，無法直接和真實對應掛勾。即使是那些看似模擬現實為目的的文本，也是對現實的改動和增減。簡單來說，各式資料並非事實本身，而是對事實的闡述。

甚至，文本不僅不是現實的映現，也未必只是作者單純表達我思我見的媒介。許多文本具有論述性質，帶有行動力和實踐性，含藏著改變現狀、創造新現實的趨力。那些文本大都貫穿著作者的意志和期望，無論是明示或隱藏；作者運用修辭與論述方法，企圖發揮影響和支配力，改變現實的走向。觀諸現今許多「同溫層」平臺內散發的訊息，經常帶有這類的色彩。無論如何，文本的行動觀點大大反轉一般視資料為靜態、被動反映的看法。

無疑，前述「文本」概念必會開啟新的閱讀取向，一如海登・懷特在 1980 年代初期所稱：一種新的詮釋模式。「文本」概念下，所有的資料都是「人」為的、而且幾乎都來自某些意念與觀點的排列組合。因此，面對文本，必不能只是抓取表面

資訊 (information)，更需要關注作品或資料中所用字詞、語句、行文、風格、表達方式，並時時體察作者個人、讀者（對象）、當下境遇、時代風尚等脈絡。讀者投入這般的思考中，既能深刻地看透文本，也能同時觀照到環繞文本的那個世界。

　　當然，文本作者的意圖或內在想望經常隱晦不明，所以閱讀文本時，必得深入挖掘、反覆推敲那些暗藏在表層流動下的意緒。讀者或可循著若干提問漸趨貼近：文本「說什麼？」、「何時、何地說？」、「為什麼說？」還有「說給誰聽？」、「如何說？」這些提問引導讀者將文本連結於某些脈絡，由此探求文本內外互動的痕跡和時隱時現的文化經緯，並反過來掌握其中蘊含的微言大義。

　　偶有學生問起，「文本」時相伴隨著「脈絡」，這與「背景」(background) 何異？確實，考察資料「背景」，幾乎是老生常談。過去，歷史學家面對文書類的資料時，為測知其內容是否「可用」（亦即：能夠「說明」過去的程度），研究者也多會詢問資料的出處，如作者、生產或出版時間、地點、用途、性質，藉此「背景」探查，好為資料定性和判定價值。例如文件屬於原始材料或二手著作，是當事者的證言或當代人的記載，是舊說或新論……等等，以便初估資料作者在某個議題上的立足點。「背景」的另一個用法是，欲剖析任何歷史現象、事件的來龍去脈，歷史學家會先著手勾勒政治、社會、經濟等等的外緣發展，這些背景追查即是從事所謂的「因果解釋」。那麼這些「背景」，與文本概念中的「脈絡」，究竟有何不同？

　　首先可注意的是，一般探查「背景」，多視其為獨立於「文本」（無論是資料或者現象）之外、之上的力量，極少拷問這些力量如何對文本內容、形態產生影響。比如歷史教師介紹馬丁路德「九十五條論綱」時，多連帶地會揭露作者、時代、出處等訊息，好讓學生知道該資料對贖罪券的立場。接著為證明該立場，教師一般會從「九十五條論綱」資料內框出若干關鍵文句，展示那樣的看法。所謂資料教學大抵至此結束。

　　上述閱讀模式下，所謂「背景」，真的就如同資料身後的帷幕，與理解文本的精微內蘊，關係不大。也就是說，學生並不能經由「背景」連結「九十五條論綱」的種種書寫，甚至質問作者為什麼要寫、為什麼這樣寫、帶著什麼心態與顧慮而寫？

　　反觀「脈絡」所要求的闡釋方式大不相同。脈絡強調那些外在接踵而至的事件或發生的現象，與文本的構成屬於有機關係。舉凡當事者個人的處境、當下的情境事況或者時代文化，無不深嵌於文本的肌理之中。所以，解讀「九十五條論綱」時，絕不能撇開時年「三十四歲」的路德，在信仰上曾經歷過怎樣的苦思沉潛、對神學已有怎樣的體悟，還有他當時在教會體系中的位階任職、他居住在什麼地方、他在什麼機緣下提筆撰寫、他身為教士面對組織與教宗的複雜心態、大眾對贖罪券的看法、彼時書寫的常規……等。這些脈絡或多或少、有意或不經意之間揉進了路德的文字與表述中，從而形塑出某些特殊的文風，或語句間隱隱散發的猶疑、顧慮和玄機。

　　只有納入脈絡的閱讀，才能真正進入文本的那方天地，神

入作者所在的世界。唯其如此，方能洞識 1517 年的馬丁路德當時能說什麼，還有不能說什麼的曲折微妙。由是，脈絡促生文本，也規範了文本的表現。這即是傅柯 (Michel Foucault) 所揭示的權力—知識說的要旨，也是史金納 (Quentin Skinner) 所強調：社會、文化脈絡會形成一種習而不察的制約力量，無形中節制了人們怎麼說、說什麼。

不只如此，閱讀文本時，透過脈絡化的剖析，理解文本說了什麼之餘，也不能忽略另一面：文本「沒說的是什麼？」如法國後結構主義者的提醒，在特定時空下，語言文句往往具有象徵含義，有限定性，同時也具有排他意義。因此，解讀（或解構）文本，還得留心作者遣詞用句可能有意識或無意識地做出容納／排除、接受／捨棄、區分自我／他者的選擇。換言之，我們需要留意文本發出哪些聲響，也要「傾聽」文本沒有說出的沉默之聲。

總而言之，文本概念承認閱讀是一件非常複雜困難的工作，因為文本是由作者、情境、時代中的各種聲音共同譜出的樂章。閱讀和理解，需得仔細聆聽一字一句之間此起彼落的聲響，同時也不能放過那些隱藏在篇章角落的窸窣之音。

以上文本觀點於二十世紀結束前，儘管緩慢，仍逐步從學院走入學校之中，最終成為美國歷史教育界共認的核心目標之一。證諸近年眾多以「歷史閱讀素養」(historical literacy) 或培養讀寫能力為題的著述如雨後春筍出現，鏤刻出美國歷史教育的獨特風情。但值得注意的，這股至今依舊活潑旺盛的教學趨

勢，除了拜文本詮釋理論之賜外，還歸功於同時期其他思潮的推波助瀾，是這些力量的匯聚，促使閱讀成為歷史教學向前躍進的基石，同時也堆疊出文本閱讀教學的基礎。

二、教育與教學的新視野

歷史教育是文化現象，不可能孤立自存。歷史教學的改變，毋寧是許多面向轉變的一個徵象。

1980 年代的美國除了文本觀點的日益傳布，還有教育學新理論的萌發。二次世界大戰之後，美國教育學主流是「行為主義」。「行為主義」理論假設各科目之間的知識結構基本上是相似的，教育研究的重心多半落在探討一般的教學行為和技巧如何改善上。[5] 不過，1980 年代開始，被稱為「認知革命」(The Cognitive Revolution) 的新趨勢堂皇登場，衝撞了教育學的既有典範。

（一）認知取向的教育新觀點

這股新興的心理學大軍關懷人們如何致知的問題，主張知識和思考乃是學科限定、「學科特有」(discipline specific)。亦即，每個學科都有其知識結構與專有概念，不同學科代表用不同鏡片 (lenses) 觀看世界、理解世界。其次，「學習」並非是老

---

5 溫伯格著，林慈淑、蕭憶梅、蔡蔚群、劉唐芬等譯，《歷史思考大未來：勾勒歷史教學的藍圖》，頁 83–84。

師將學科知識盡可能傳遞／灌輸給學生，而是意指學習者主動地建構。[6]這樣的教育理念，可從哈佛大學心理學家賈德納 (Howard Gardner) 的論說中，窺得一二。

　　被公認為「認知革命」旗手的賈德納，臺灣教育界對他應不會覺得陌生，他素以「多元智能」(multiple intelligences) 理論聞名。1999 年時，賈德納提出五大「心智」能力，排名第一的即是「學科化的心智」(Disciplined mind) 能力。他之所以如此看重學科化的心智能力，其實意在抗衡教育界流行的「跨領域」之說。這種流行看法與行為主義思考互為表裡，往往高呼去除「學科本位」，否定學科思維的價值，偏好一體化的通用法則。但賈德納逆流而行，主張當代人欲擁有多元智能，至少得先嫻熟某一個學科的思考方式，才有可能。[7]他在同一年，出版專書《學科化的心智》（中文書名譯為《學習的紀律》應為誤解），[8]大力闡揚學習各「學科」的價值：

---

6 Mathew T. Downey and Kelly A. Long, *Teaching For Historical Literacy* (New York and London: Routledge, 2016), 5–6. 溫伯格著，林慈淑、蕭憶梅、蔡蔚群、劉唐芬等譯，《歷史思考大未來：勾勒歷史教學的藍圖》，頁 74–75。

7 臺灣的教育改革，從二十一世紀九年一貫教改到今天 108 新課綱的頒布，往往隱含、瀰漫著某種貶抑學科、認定學科知識偏狹又過於抽象無用的想法，賈德納的觀點無疑是對這種成見的一種警示。

8 霍華·卡德納著，魯燕萍譯，《學習的紀律》（臺北：臺灣商務，2000 年）。

很適合繼續在高中也許還有學院內教導學科思考。學科
往往代表人類有系統的思考世界上各種問題的最高成
就，也是具備跨領域工作能力必要的準備。[9]
學科本質主要不是在教科書的詞彙集、附錄和國家課程
標準概要，以及經常可見每週考試裡的事實和觀念。學
科本質存在於該領域專業者所發展出的思考方式。藉此
思考方式，學生可以從特定的、非直觀的角度，瞭解這
個世界。[10]

賈德納再三重複：學科代表了人類有系統地、歷經數世紀以來
費心思考各種問題的最高成就，也是當代人得以從事跨領域工
作的必要基礎。在他看來，各個學科藉由獨特的提問和觀看世
界的角度，從而引領人們理解這個世界。亦即人們可以從不同
學科獲取不同的凝視點，或者思考不同的問題，並獲得各種解
釋和處理問題之道。那些特有的思考視角，指引著學習者在詭
譎多變的世界中，尋出一條通往秩序和意義的路徑。此所以學
校課程需要安排各個科目，教導不同學科的要旨標的。

　　放眼今日，強調跨域跨科之調時而吹響，但不能忽略的是，
學術界也始終有股前後呼應的聲浪，要求正視學科的價值。即
使在教育學傳統中，賈德納也不是第一人。早在 1960 年代，即

9 Howard Gardner, *The Disciplined Mind* (London: Penguin Books Ltd., 2000), 53–54.

10 Howard Gardner, *The Disciplined Mind*, 155.

有美國教育哲學家布魯納 (Jerome Bruner) 的倡導。布魯納抱持「學科結構」為中心的學習理論，後來影響了英國歷史教育研究之士。英格蘭歷史教改者的核心思想即是：歷史不是一個「知識體」(a body of knowledge)，而是一種「知識形式」(a form of knowledge)，一種凝視過去的方式，有其獨特的眼界、闡釋邏輯和探究方法。反觀美國因為「社會學習」這個綜合性課程長久存在，布魯納的學說似不易受到青睞。

賈德納無疑是踏著前人腳步而來。他面對二十世紀末的新形勢——「跨領域」、跨學科之說風靡盛行，更強力地凸顯學科思考的必要，主張今時今日，學生唯有透過學習某些知識專業及其概念，才能有洞悉世事以及觀照世局的能力。這顯示學科絕非如一般所想，躲在象牙塔內囈語空談，而是裨益於現實人生的有用指引。與此同時，賈德納也重新定義「學習」。賈德納表明：「學校的課程應該超越事實的複誦，而且要教導學生不同學科中所使用的思考方式。」[11]

顯然，認知心理學捲起的教育新思潮，試圖扭轉教室中的學習慣性，賦予學習者更主動積極的角色。在這些心理學者看來，有效的教育、深入的理解，並非等於要學習者背誦出多少老師傳達的事實，而在於能否掌握各知識領域的基本要理和組織理念。

---

11 Howard Gardner, 陳瓊森、汪益譯，《超越教化的心靈》（臺北：遠流出版，2003），頁 187。

　　以認知觀點出發的學習理論，肯定學習者的主動性、支持學習者掌握更多構成知識的思考，這一方面自會挑戰許多人腦中關於「學習」之陳見，亦即以為學生只有在備足基礎知識之後，才有能力思考。殊不知，知識訊息絕非憑空自存，而是由學科獨有的基準或觀念鷹架所建構而來。觀念和知識如水之於魚，互不可缺。學習自不可能只死記特定的知識，卻不去洞悉架構這些知識的思考原則。因此，新的學習觀必也連帶推進教師對於教學的重新檢視。

　　不可否認，新的教育理念能否發揮實際效益，尚需仰賴其他條件配合。其中的靈魂力量非教師莫屬。教師居於學科和學生之間，是將學科精要轉介給學生的樞紐。因此「教師如何想、如何教？」事關重大，在在牽動著教育理想的落實與否。影響所及，有關教師認知和教學模式的研究，應運而起。

（二）教師教學的新觀念

　　具認知心理學背景的史丹佛大學教育學者蘇爾曼 (Lee Shulman) 在 1980 年代提出了新的教師教學主張。他專注於教師的教學研究，但不是像過往的研究者，只在意如何經營班級、設計活動、分配時間、發派作業、考評優劣，而更欲探知教師在課程中教什麼內容、提什麼問題、提供什麼解釋，以及那些解釋從何而來？如何決定教什麼？用什麼方式呈現？如何提問？如何處理學生的誤解？[12]奠基於細緻的觀察和探究，蘇爾曼乃於教師教學的課題上得出具有新意的結論。

　　蘇爾曼揭示的重要觀點之一是：「擁有知識」和「善於教學」是兩回事，但兩者的區別往往受到漠視，這在大學層級尤然。據此，他針對教師如何為教學「做好準備」這個難題，總結出知名的三種知識說。首先，教師應該具備的第一種知識是「內容知識」(content knowledge)。這類知識除了指一般重視的各學科之事實性知識與原理外，還包括知識如何被建構、所闡述的原理與憑藉的觀念工具是什麼。

　　第二種知識是「教學的內容知識」(pedagogical content knowledge)，這應是蘇爾曼最欲著墨的部分。他理想中的教師不能夠只懂得「教什麼」，還必須以學科認知為基礎，擅於專業知識「如何教」，如何呈現和表達，使學習者易於接收理解。具體而言，「教學的內容知識」意指教師應該有能力掌握自己學科範疇內的重要主題，熟知用以展示那些思想的最佳方式，以及流利運用最有效的類比、說明、例證、解釋和演示等策略，才能達到專業教學的層次。

　　值得教學者警惕的，還包括蘇爾曼在這部分的知識中勾勒的另一個要點：查知教學時可能面臨的困難，尤其是不同年齡和背景的學生，帶著什麼樣的想法和先入之見 (preconception) 走入課堂？因為這些既存的思緒往往阻礙了學生吸收老師傾力

---

12 Lee Shulman, "Those Who Understand: Knowledge Growth in Teaching," *Educational Researcher* 15:2 (Feb. 1986): 4–14. 也可參見 Gagné, E. D., Yekovich, C. W. , Yekovich, F. R, 岳修平譯，《教學心理學：學習的認知基礎》（臺北：遠流出版，1998），頁 631–635。

所授。蘇爾曼呼籲，有關學生錯誤觀念 (misconception) 及其對學習的影響，英美歷史教育界相關的認知探討成果已豐，[13]身為教師，有必要從前人探究中掌握有關學生種種心照不宣的念頭，並積極構思克服之道，以真正開啟「教」和「學」之路。

至於第三種的「課程知識」，依據蘇爾曼的定義，指的是充分洞悉教學的各種情況和問題之後——譬如針對不同學科、不同年級、不同背景的學習者，教師應具有設計哪類合宜的課程、哪種適合的教學方案和教材之見識與能力。課程知識可比醫生在深悉病人的疑難雜症後，如何從通盤考量中，開出最有療效的處方。

蘇爾曼的教師三種知識說，儘管在今天的教育界已屬舊談，但是他所欲陳明的一個道理，至今依然重要。那就是：各學科既有其特殊的知識結構、思考路徑和探究方法，這意味著相應

---

13 關於理解學生腦中的歷史「迷思」方面，不能忽略英國歷史學者如李彼得 (Peter Lee) 等的研究貢獻。倫敦大學的李彼得及其團隊早已探知，學生絕非白紙一般地進入教室，等待教師薰陶和洗禮。學生自有未曾言宣、而且根深蒂固的想法，那些念頭往往具有自動防護功能，會將新的觀念阻絕於外，使教學成效大打折扣。李彼得等深信掌握學生所思所想，是發揮教學作用的前提。他們也長期探索學生的「歷史」意象，嘗試瞭解學生心中那些深植的「迷思」，例如他們如何看待過去，如何看待變遷、原因、記述、證據……等概念。P. J. Lee, "Putting Principles into Practice: Understanding History," in *How Students Learn: History in the Classroom*. Edtied by M. Suzanne Donovan and John D. Bransford. (Washington, DC: National Academies Press, 2005), 31–77.

的教學目的、教法，也不能混同。那種試圖用放諸四海皆準的一體化教學原則，全然套用於各專業教學的作法，有待商榷。換言之，無論蘇爾曼或賈德納，都堅持學科的存在有其意義，不能輕忽各學術領域長期不斷自省與轉化所淬煉出的概念、方法，以及它們對於學習者理解世界的重要性，而這部分的教學則有賴教師的專業專長。

蘇爾曼諄諄提醒執教者，有必要掌握自身專業知識的特質和觀念工具；唯有深入學理，才能保有更高的眼界，挑選具關聯性的課題、提出有啟發性的問題、安排切合的教材和運用多元教學方法。而當教師具備深度的學科專業理解，方有餘裕辨識出學生腦中可能積存已久的迷思或刻板印象，並即時化解。很多時候，教師往往忘記了學生並非純如白紙，只等著教師塗抹鑄刻。學生進入教室前，早已受到家庭、社會或其他「文化課程」、集體記憶之「薰陶」，先備了某些看待事物的心思與心態。這些固有之見甚至可能與各學科所欲傳達的義理相互牴觸。如果站臺上的講者不能洞察，並釐清其中的誤解，或就學生面臨的關卡，適時疏通導引，那麼再多的滔滔不絕或費心努力，充其量只成了「落花有意、流水無情」的窘狀，徒勞無功而已。

如果說上述的認知教育觀點，對今日身為教師者，仍有點撥激勵的作用，可以想見，在 1980 年代的美國教育界，這些觀念會帶來多大的震撼力。因為賈德納等人重塑了教學的意義與方向，也為課堂中教師與學生關係，打開新的格局。最重要的，彼時困處於前景低迷、遲滯不進的歷史教育，確實需要某種可

以突破窠臼、獲得生機的力量。

三、美國歷史教育的「危機」與生機

　　無可諱言，臺灣的教育走向頗受美國相關方面的影響，這從當前許多教育學者的學術背景可以略見一斑。因此，回顧美國「社會學習」課程和歷史科的教學發展，多少能從當中看到幾許相似的影子，也或能有助於看清目前歷史教育的一些糾結。

　　猶如許多國家地區，美國也不例外，歷史課傳統上被賦予延續文化遺產、民族命脈的重責大任。由是，歷史是為了更大群體而存在；課堂中的教與學側重於記憶背誦，務使國家民族那一頁頁光榮經歷刻鑄於主人翁的腦中心上，以便代代相傳。這個偉大的使命所付出的代價往往是，歷史課內學生揮之不去的學習之苦。

　　1994 年時，有兩位學者羅珊史威克 (Roy Rosenzweig) 和泰蘭 (Dave Thelen) 披露美國學校中的歷史課景況。這兩位學者本欲探究人們如何運用和思考「過去」，及瞭解大眾歷史意識的傾向。但當他們用電話訪問約八百位不同背景的美國成年人，卻赫然發現多數人回憶起學校的歷史課時，最常留下的印象是「令人厭煩」(boring)。[14] 許多受訪者形容自己過去在歷史課堂上有

---

14 Roy Rosenzweig, "How Americans Use and Think about the Past: Implications from a National Survey for the Teaching of History," in *Knowing Teaching and Learning History: National and International*

如士兵或是囚犯，老師則如嚴苛的軍士長或獄卒，努力地執行上面分派下來的命令，要求學生不斷記住、回吐 (regurgitation) 那些與他們毫無關係的人名、地點和繁瑣細節。[15]「無聊的歷史課」似乎是受訪美國人的「集體記憶」。相信這只是二十世紀後期，眾多檢視美國歷史教育窘況的一例而已。

眾所周知，相較於英國，美國歷史科還有一個「先天」不利的因素。自 1920 年代以還，歷史科便被併入「社會學習」的大課群中，不再有獨立自主的地位。因此除受到民族主義、國家認同的牽絆外，長久以來，歷史科必須時時面對綜合性課程內，其他社會科學類課程的競爭和排擠。尤其在 1970 年代，打著改革旗幟的「新社會學習」(New Social Studies) 運動如火如荼的蔓延開來，歷史科的教學壓力更大。

「新社會學習」運動訴求「以議題（尤其是共公共議題）為中心」的教學，藉此呼應社會變動、時代需求，提高課程的相關性。許多主題式的「迷你」(mini) 課程如都市化、環境保護主義、人口、婦女研究、亞非區域研究……等因運而生。[16]

Perspective. Edited by Peter N. Stearns, Peter Seixas and Sam Wineburg. (New York: New York University Press, 2000), 273.

15 Roy Rosenzweig, "How Americans Use and Think about the Past: Implications from a National Survey for the Teaching of History," 275–276.

16 Ronald W. Evans, 陳巨擘譯，《社會科的戰爭》（臺北：巨流圖書，2008），頁 190–201。

這類課程夾帶著嶄新的價值，教學偏向觀念的培養紮根，而且
課程內容環繞當前的社會問題，頗能激勵師生進行活潑探討和
思辨互動。

　　既有沉痾在內，外部又有來自其他社會科學類課程的改革
威脅，歷史科在二十世紀後期的處境窘迫之甚，不難想見。因
此，一股強大的危機意識逐漸瀰漫於 1970 和 1980 年代的歷史
教育界，從歷史專業組織調查報告、到歷史教師經驗、歷史教
育研究者的論文中，都可嗅到學校歷史科岌岌可危的憂急感。

（一）「歷史在危機中」

　　1975 年時，「美國史家組織」(The Organization of American
Historians) 有鑑於歷史科情況不妙，曾策劃了一項考察計畫，
蒐羅各州會員資料以了解中學歷史教育和大學歷史系招生情
況。這項調查果真揭露了歷史科的重重危機。該計畫報告書一
開始就出言警告「歷史在危機中」(in crisis)，當前的「大致趨
勢是離歷史而去 (away from history)，至少是指那些固著於傳統
定義和教學法的歷史。在許多地方，歷史讓位給其他社會科學
或其他人文學」。[17] 亦即許多學校裡，凡固守舊章的歷史課，多
面臨了被淘汰的危機。報告中也提及，若干歷史任教者順勢而
變，開始調整教學方向，開出如黑人歷史、美國原住民史、婦

---

17 Richard Kirkendall, "The Status of History in The Schools," *The Journal
　of American History* 16:2 (Oxford: Oxford University Press, 1975), 563.

女史等專題性課程，讓人耳目一新。但這些畢竟仍屬少數，歷史科整體的景況基本上是低迷不振。

　　上述史家組織的調查包含兩個重點：第一，面對社會科學或人文學課程的強勢挑戰，歷史科確實危機重重。第二，若干歷史教師以求新面對變局，借取社會學習課程的改革方向，致力於課程的突破。換言之，歷史教學界不完全是鐵板一塊，動不了、踢不破，仍有少許教師嘗試新法，挽救歷史科於不墜。問題是，這解決歷史科的危機了嗎？答案是沒有。甚且更糟的，卻是進一步加深既有的歷史危機感。這樣的輿論風潮幾乎席捲了 1980 年代。

　　「新社會學習」改革運動確實對歷史教學帶來影響，但是幸或不幸，從當時的一些文章時論可以瞧出些端倪。比如有位高中教師塞沃爾 (Gilbert T. Sewall)，他同時也是紐約《新聞週刊》(Newsweek) 教育類主編，在某本論文集內的文章說：

　　　　過去的六十年間，尤其是過去的十五年內，經典的高中
　　　　歷史課程規劃……已被取代。歷史課的標籤也許還在，
　　　　如世界史或美國史，但傳統敘述性的歷史——特別是針
　　　　對西方文明的紀錄與理想——多半已被極為不同的內容
　　　　和方法所取代，這些課經常是依著「社會學習」的指示
　　　　而行。[18]

18 Gilbert T. Sewall, "The Diminished Past: Conditions and Ideals in the

塞沃爾點出了 1960、1970 年代以來，歷史科在學校中形勢險峻，徵象是傳統以「西方文明」為核心的「敘述性」歷史逐漸失勢，相對的，課程主軸和教學方法，愈益向「社會學習」領域的其他課程看齊靠攏。

　　該論文集還有另一位教師執筆，同樣痛陳現今歷史教學以教導「社會概念」和偏窄的話題為時尚，致歷史走向「巴爾幹化」(Balkanized)，這是說，原該具有連貫性的歷史，如今被主題式課程切割得零零碎碎。[19]

　　指責歷史「社會科學化」的聲音不限於歷史教師，還有來自高等教育界。當時引爆輿論爭論的是教育史學者雷菲曲(Diane Ravitch)。她於 1985 年 11 月在《紐約時代》雜誌上投書：〈歷史教學的式微與衰頹〉 ("Decline and Fall of Teaching History")，痛批：「歷史——過去的知識已被有系統地消除」、「歷史理解的流失」、「我們有關過去的知識受到威脅」。這些文句堆疊出歷史科深陷危機四伏的緊急意象。[20]

Social Studies," in *Against the Mediocrity: The Humanities in America's High Schools*. Edited by Chester E. Finn, Jr., Diane Ravitch, and Robert T. Francher. (New York: Holmes & Meier Publishers, 1984), 82.

[19] Clair W. Keller, "Improving High School History Teaching," in *Against the Mediocrity: The Humanities in America's High Schools*. Edited by Chester E. Finn, Jr., Diane Ravitch, and Robert T. Francher. (New York: Holmes & Meier Publishers, 1984), 115–116.

[20] Diane Ravitch and Chester E. Finn, JR., *What Do Our 17-Year-Olds Know?: A Report on the First National Assessment of History and*

　　雷菲曲指斥最近一、二十年，拜社會學習領域所賜，一股貶抑編年歷史的氛圍日益籠罩，同時，專題議題和社會科學概念大為流行，致使探討社會問題，教導價值與批判思考，還有認識多元文化，成了教學主軸。課程開授且多以相關性和實用性為準則，這些教學趨向導致學生歷史基礎知識嚴重欠缺，對時序、空間地理概念以及重大事件認識不足。雷菲曲甚至祭出了一項驚人的調查數據：

> 三分之二的學生無法正確定位美國內戰發生於 1850～1900 年之間；三分之一不知道《獨立宣言》簽訂於 1750～1800 年的時間內；三分之一不知道哥倫布是在 1750 年之前航向新大陸；三分之一無法在歐洲地圖上發現英國、德國或法國；近三分之一的學生無法辨別二次世界大戰中哪兩個國家是美國的敵人……約一半的學生不認識邱吉爾或史達林。[21]

這些數字震撼了教學和文化界。因為「鐵證如山」，學生知識貧乏得驚人，似乎坐實了歷史科病入膏肓。

Literature (New York: Harper & Row, Publishers, Inc., 1988).

21 Diane, R avitch, "Decline and Fall of Teaching History," *The New York Times Magazine*, 17 Nov. 1985, 50–53. 亦可見 E. D. Hirsch, Jr., *Cultural Literacy: What Every American Needs to Know* (Boston: Houghton Mifflin Company, 1987), 7, 218.

　　不難發現，在上述教師學者眼中，「歷史」的危機恐怕更是「文化」的危機。他們於歷史的黯淡前景中，悲嘆的是學校歷史受到社會科學化教學模式之污染，課程不再從傳統西方文明下至美國崛起的淵源流長為主，歷史課教學也並不以如何讓學生熟悉記牢這套大敘事中的重要記事為目標。而正是這種振衰起敝凝聚的迫切，使得 1980 年代培養學生「文化素養」的呼聲不斷。在當時一片「復興文化」的浪潮中，歷史科因為被賦予傳承固有文明與培育文化認同的重責大任，遂在社會學習課程中翻轉了地位。[22]

　　平心而論，「歷史危機論」雖然四起，卻未必同等於當時的歷史教學沒有出現任何改變的蛛絲馬跡。重點在於，對一方而言是危機，對其他人來說卻正是生機轉機。危機論映照的毋寧是歷史教育內部存在一道潺潺不絕的改革清泉。例如若干教師確實為了尋找出路，仿效社會學習課程，捨棄編年體敘述，採取更具現實性的議題探究模式，並強調理念的培養。當然此一方向的努力可說如履薄冰，因為如何不過度傾斜於社會科學的概念，保有歷史學的思考和精髓，乃是最大的問題。

　　不過，另一種改革嘗試顯然同樣在進行中。這也許從任教於哥倫比亞大學的歷史學者傑克森 (Kenneth T. Jackson) 的一些話語，窺得一二。1989 年時，傑克森於一本以「歷史素養」

---

22 林慈淑，《歷史要教什麼？英、美歷史教育的爭議》（臺北：臺灣學生書局，2010），頁 22–26。

為名的論文集導言中，表達他對當前歷史教學趨勢的不以為然：

> （其）導致傳統的歷史教學模式：核心內容以及直接講
> 授模式被壓抑，轉而偏好探究方法。在這新方法論之下，
> 歷史教學時刻在意的是學生而非科目。教師則設計活動，
> 讓年輕學子有機會如史家一般地思考和實作 (think and
> act like historians)，有些單元雖能激發學習動機，但多數
> 的單元內容狹隘，未能提供學生厚實的歷史知識，而那
> 是信實的探究所需要的。[23]

上面這段文字中，幾個關鍵話語隱隱拼湊出新的歷史教學圖像：
以「探究方法」為導向，重視「學生」如何學，教師從課堂「活
動」中，引導學生「如史家一般地思考和實作」。傑克森的指責
恰恰反證了「探究式教學」正在歷史課堂中逐步拓展開來，甚
至引起了傳統教育的護衛者心生不滿。

那麼，在這些「使用新方法論」的教學中，如何才能促使
學生投入像「史家一般地思考和實作」活動？顯然，資料是最
重要的動力憑藉。職是之故，將資料引進歷史課堂中，好讓學
生體驗史家的思考和實作，成了後來數十年內，美國歷史教育

---

23 Kenneth T. Jackson and Barbara B. Jackson, "Why the Time is Right to
Reform the History Curriculum", in *Historical Literacy: The Case for
History in American Education*. Edited by Paul Gagnon. (Boston:
Houghton Mifflin Company, 1989), 6.

改革者的一個關注所在。

（二）一線生機：以學科思考為取向的教學

　　當抵拒新的歷史教學模式之聲紛紛揚起時，其實也不乏有識之士奮力鼓吹。有意思的是，前述傑克森撰寫導言的同一本書內，還收錄了兩篇與他意見完全相反的文章。該兩篇論文皆從歷史教師培訓著眼，主張歷史課既要教導各種關於過去的史實，也得教導歷史的思考方式。[24] 其中由蘇珊納威爾森 (Suzanne M. Wilson)[25] 及蓋瑞史克斯 (Gary Sykes) 合寫的〈朝向更好的教師儲備與認證〉（"Toward Better Teacher Preparation and Certification"）值得一提。

　　蘇珊納威爾森和蓋瑞史克斯在文章內的小標題「什麼是好的歷史教學？」下，明白點出他們與許多作者的不同思考：

---

24 Suzanne M. Wilson and Gary Sykes, "Toward Better Teacher Preparation and Certification," in *Historical Literacy: The Case for History in American Education*. Edited by Paul Gagnon, 268–286; Elaine Wrisley Reed, "For Better Elementary Teaching: Methods Old and New," in *Historical Literacy: The Case for History in American Education*. Edited by Paul Gagnon, 302–320.

25 蘇珊納威爾森是美國著名的教育學者，她的博士學位亦完成於史丹佛大學，與溫伯格有學術合作關係。《歷史思考大未來》第六章〈從各個學科鏡片凝視歷史〉，最初是由蘇珊和溫伯格聯名發表。參見溫伯格著，林慈淑、蕭憶梅、蔡蔚群、劉唐芬等譯，《歷史思考大未來：勾勒歷史教學的藍圖》，頁 233。

　　　　廣義地說，本書其他作者把教學的基石置於學科內容上。
　　　　但此處所描繪的歷史教學並不要求學生記憶連串的事
　　　　實，如中非洲的河流、英格蘭的國王王后，而是一種以
　　　　學科為基礎的歷史教學觀念。其設定的主要目標是傳達
　　　　兩種知識：學科最有意義的內容知識以及歷史家運用的
　　　　方法性質——例如，他們的詮釋模式、證據使用以及新
　　　　學術領域的統合。[26]

這段話表明歷史教學應該展現歷史的學科特質，既要教導有關
歷史學研究所得的重要事實（注意引文中作者特意使用斜體字
「以及」），同時也要幫助學生認識歷史學家探究過去的特有路
徑，例如詮釋歷史和運用證據的方法。威爾森和史克斯相信，
向學習者引介歷史學科的思考，可避免學生錯以為歷史知識如
同靜態不動的資料庫，資料庫中埋藏著不見天日的各種事實，
只待被人挖掘取用。同時，學生也因此不再是被動的接受者，
能有機會參與並體會知識產生、觀點形成的過程，見識歷史書
寫背後那些創造性的動力。

　　如果稍稍熟悉 1970 年代英國歷史教育改革的軌跡，再看以
上威爾森和史克斯的建言，大概不會覺得有何新奇特別之處，
因為英國歷史教育研究者早在十多年前便已如此宣告：教歷史

---

26 Suzanne M. Wilson and Gary Sykes, "Toward Better Teacher Preparation
　and Certification," 269.

時，史事與概念思考兩者必須兼顧，不能偏廢任何一方。但是，美國歷史教育在這方面畢竟起步較晚。

　　秉持這樣的歷史教學見解，威爾森和史克斯在文中並且提醒，教師既得具備多樣的、精深的、連貫的「學科內容知識」(subject matter knowledge)，也得擁有能協助學習者學習的「學科特有的教學法知識」(subject-specific pedagogical knowledge)。[27]無庸置疑，他們借取了認知心理學者蘇爾曼的教師教學理論。

　　以上威爾斯等人的主張顯示了一件事：1980 年代，當美國歷史科面臨內外交攻的僵局，一種重視學科概念與思考的培養、強調探究導向的教學形態，正在這片廣土上生根萌芽。此一歷史教學趨勢大抵與認知心理學的教育觀點互相成全。至於能夠讓探究性教學實現，讓學生「如史家一般地思考和實作」，那缺一不可的要素即是課堂中的資料運用。因此，從二十世紀末至二十一世紀初，美國歷史教師使用教科書以外的資料輔助課程，帶領學生閱讀討論，這樣的風氣漸開，日益普及。以下官方的統計資料可以為證。

　　關於資料教學的風潮，不妨看看具官方性質的「全國教育進步評鑑」(National Assessment of Educational Progress，簡稱 NAEP) 所做的統計。據查，1987 年時，美國只有 12% 的歷史

---

27 Suzanne M. Wilson and Gary Sykes, "Toward Better Teacher Preparation and Certification," 271–275.

課每週至少使用一次文獻或其他原始材料,而有高達 45% 的學生說他們從來沒有在歷史課堂中接觸過原始資料。依照這個數據推論,當時全美的歷史課曾使用和未曾使用資料的比率應該相當,大約各半,而能夠每週都提供資料給學生的只有 12%。不過,十多年之後,情況大有改善。2006 年的調查結果:完全沒有在歷史課內接觸過資料的受測學生比例下降為八年級28%、十一年級 20%。[28]這樣的變化表明,教師給予資料、提供學生閱讀,已經愈來愈成為歷史教育的新傳統,即使反對者大有人在,此情形已是歷史教學所趨。事實上,也有專業學者透過教學實驗或實證研究,探討資料教學的效用,相信多少會有推進之功。

　　在英美歷史教育界經常被引用的例子,乃是任教於美國芝加哥大學的非洲史教授霍爾德 (Thomas Holt) 之親身實驗。霍爾德為了證明大學與中學的教學形態不應有根本之分,在一所高中內親自教學,指導學生研讀資料、推論問題,以體會歷史學家的研究程序。經由這樣的試驗,他確信高中學生能勝任資料閱讀、問題思考以及課題探究的工作。霍爾德後來將此次過程和成果寫成《歷史的思考》(*Thinking Historically*) 這本膾炙人口的小書。[29]書中警示,如果學生長期處於灌輸式教學下,就會

28 Jeffery D. Nokes, *Building Students' Historical Literacies: Learning to Read and Reason With Historical Texts and Evidence* (New York: Routledge, 2013), 7.

29 Thomas Holt, *Thinking Historically* (New York: College Entrance

產生扭曲的「歷史」印象，以為歷史是由已知的事實、排列而成一套公認的時序進程。他們還會以為小說家必須布局和解釋，歷史家則無此必要 。 學生更會認定自己只是歷史的消費者 (consumers) 而非創造者，在他們眼中，歷史就在那兒：是固定的、最終的 (final)、等著被閱讀而已。[30] 霍爾德不只證實高中學生具有閱讀和思考的潛力，也揭露了歷史教育一旦脫離學科脈絡的嚴重後果。

　　當然，也有其他研究者在不同的階段如小學，進行類似測試。如知名的歷史教育研究者范斯勒萊 (Bruce VanSledright)，選擇五年級 「社會學習」 課程內的兩個單元：「美洲的英國殖民」、「美國革命的原因」，進行為期四個月的實驗教學。他使用原始材料以及不同觀點的論述，循序漸進的引導學生考察、質問並建立具有學術性質的解釋。范斯勒萊希望藉此幫助學生認識：「理解過去乃是一個詮釋的工程，其中總是環伺著各種困難以及懸而未決和相互競爭的觀點。」[31]

　　再次凝視美國歷史教育的步履：從歷史科陷入困境，到教導學科概念如證據、解釋等探究式教學主張的出現，隨後資料教學漸次風行，這一路走來，似乎與英國行徑無太大差異。而

Examination Board, 1995), xv–xvi.

30 Thomas Holt, *Thinking Historically*, 2.

31 Bruce VanSledright, *In Search of America's Past: Learning to Read History in Elementary School* (New York: Teachers College Press, 2002), 47.

當資料運用逐漸成為歷史課堂常態的同時，對原始資料的誤解以及錯認資料與證據同一的問題也日趨嚴重，致學者憂心並起而矯正，[32]類似現象也在英國發生過，且因此激發若干歷史教研者致力於闡明「證據」概念。然而，類似的步伐，還是走出了不一樣的行旅；美國歷史教育的故事終究開展出獨特的情節，形成不同的風情與貢獻。其中最重要的環節，即是一些認知心理學者將研究的眼光和力道，投向了歷史教學這塊園地。

（三）歷史教、學研究的新局面

認知心理學的教育觀之下，教師教課除不能背離學科本義之外，也必須隨時檢視學習這端，察看學生怎麼學、有什麼困難與迷思？這意味著當歷史科迎向探究式課程，宣揚教導資料和證據時，也得深悉學生能否讀懂文獻、他們又是如何閱讀，才能事半功倍。此外，欲將學生引入「如史家一般地思考和實作」的情境，也需先洞識史家面對資料，究竟運用什麼樣的專業思考和閱讀取徑。此些疑問顯示認知教育理論與歷史學科之間還有道缺口，尚待補足，而這也成就了美國歷史的新契機。

1990 年代前半，以匹茲堡大學為中心的一群認知心理學專家，將研究觸角從數學、科學、語言學轉至歷史。這些學者分別從不同面向進行探索，如史家如何解讀資料、學生如何認知

---

32 Keith Barton, "Primary Sources in History: Breaking Through the Myths," Phi Delta Kappan 86:10 (June 2005), 746.

歷史記述、學生理解歷史有何趨向、教科書敘述模式是否具有親和性……等，相關研究成果並於 1994 年匯集成書。該論文集前言中有一段宣示：「令人雀躍的是，歷史教、學的研究，正以一個新的探究領域崛起，而且目前恰處於重要發展階段。」[33] 此處說明認知心理學的探究視角，使美國歷史教育研究正欲邁入一個前所未見的境地。事實是，在那個團隊中包含了溫伯格。溫伯格更是其中極少數後來持續鑽研歷史教育者之一。

溫伯格大學念的是歷史系，之後轉向心理學深造。他師從蘇爾曼，並參與蘇爾曼關於教師知識成長的計畫。但溫伯格從未忘情於歷史，歷史教育乃是他心理學研究的重心所在。

在 1994 年那本論文集內，溫伯格的文章提到，當今關於歷史方法的闡述、史家作品的修辭運用或語言屬性的分析，這些問題的學術成果已經累積不少，但經驗性質的研究殊為匱乏，有關史家從事專業思考時如何認知的探討尤其少見。譬如歷史學家如何建立過去的「事實」？面臨零碎且充滿內在矛盾的文獻時，歷史學者如何從紛亂中整併出過去的圖像？他們使用了哪些實際方法去解決文本的不一致？他們如何由不完全的文獻條理出完整的敘述？[34] 從這一連串的提問不難看出，溫伯格的主

---

33 Gaea Leinhardt, Isabel L. Beck, and Catherine Stainton (eds), *Teaching and Learning History* (New Jersey: Lawrence Erlbaum Associate, Publishers, 1994).

34 S. Wineburg, "The Cognitive Representation of Historical Texts," in *Teaching and Learning History*. Edited by Gaea Leinhardt, Isabel L. Beck,

要關注：他意欲探知，專業的歷史研究者遇到任何文獻資料時，有否共通的應對模式？

確實，任何歷史文本都包含諸多表面與內在訊息，這些訊息往往雜陳紛亂，甚至相互矛盾，史家必得有一套處理方式。那麼，這個研究社群在其過程中，究竟會採取哪些行動路線，推進理解？如果學生要領略歷史學者的思考，這些思考究竟是何等模樣？

帶著這些問題，溫伯格踏上了他的研究之路。他於 1990 年代前後進行了一項龐大的實驗計畫，考察歷史學家、教師、高中生等不同群體如何思考歷史和文本，這些群體之間閱讀的形態又有何差別。溫伯格自陳，這項工作標記著「心理學進入歷史詮釋的世界」。[35]他沒有言過其實。透過溫伯格，兩個學門之間有了互通的管道，歷史學者心智思索的神秘大門因之開啟，有關史家如何展讀文本，逐漸得以勾勒出來，而這是歷史教育向前邁進相當重要的一步。

四、史家閱讀的共性：「潛在文本」

如前所述，帶領學生閱讀教科書以外的資料，幾乎是世所公認改變歷史教學最直接的策略，也是讓學生體驗歷史探究的

and Catherine Stainton. (New Jersey: Lawrence Erlbaum Associates, 1994), 85.

35 S. Wineburg, "The Cognitive Representation of Historical Texts," 127.

重要媒介。但教師如果無法把握歷史學科的閱讀精髓，便無法
警覺學生困擾所在，則資料運用可能淪為點綴，徒具形式而已。
問題是，歷史學家如何面對資料？如何詮釋？在閱讀的過程中，
專業治史者究竟如何思、怎麼想？

（一）專業閱讀的要旨：「潛在文本」

　　為了查探史家的閱讀常態，溫伯格徵求不同研究領域的專
業者，同樣閱讀幾份美國獨立革命的歷史材料，然後利用「邊
想邊說」(thinking aloud) 法，將他們閱讀時心靈的一絲一縷記
錄下來，希冀從中尋出若干共性 (commonalities)。2001 年出版
的《歷史思考大未來》的第三章，便有其中一位史家閱讀資料
時「邊想邊說」的摘錄。[36]

　　從那兩頁史家思想的「實錄」中，可以發現，學者進入閱
讀「程序」後，時而站在研究者自身的地位，觀看評論；時而
化身為該份資料的作者，娓娓訴說寫作的心意；時而用作者的
口吻語氣，向該資料的對象、讀者喊話。有的時候，史家潛入
作者的文字世界裡，模擬對方的心思想望，有的時候，又會從
文本的泓泓幽深中浮出，冷靜察看作者運用的修辭伎倆和策略。
溫伯格的揭露，讓我們看到了史家延展豐富的思緒，既入乎資
料之內，又出乎其外，既同理作者又不時會評斷，甚至因窺探

---

36 參見溫伯格著，林慈淑、蕭憶梅、蔡蔚群、劉唐芬等譯，《歷史思考大
　　未來：勾勒歷史教學的藍圖》，頁 112–113。

對方心思而得意嘲諷之。

　　誠如溫伯格所說，史家在閱讀中，經常扮演著幾種角色：正在閱讀資料的讀者（史家自身）、資料的作者、作者預期會閱讀資料的讀者。史家於這幾種角色中，來回揣摩、切換交錯。[37]如此這般的思考行為有何目的？在溫伯格看來，無論什麼專長，史家都不是僅僅止於表面訊息的抓取，而是裡外翻找，咀嚼、推敲字詞行文，試圖要去捕捉文字表面下隱而未宣的意涵。即便處理的是不熟悉的資料，這群專業者依然能從最初的陌生、顛簸中脫困而出，慢慢地、反覆地在資料裡外來回思索質問，從而讀出深層底蘊。溫伯格總括這種詮釋，旨在探查文本的潛藏意義，也就是所謂的「潛在文本」(subtext)。

　　溫伯格進一步說明，歷史學者為獲知「潛在文本」，多從兩個角度切入。一是文本之為「修辭成品」(rhetorical artifact)，一是文本之為「人的成品」(human artifact)。[38]前者指文本使用的語言修辭、象徵符號，其展露出作者的目的和意圖。至於人的成品則涉及更深廣的層面：

> 　　潛在文本不只限於重構作者的意圖，也不只是把使用語言當作游說的一種工具法。事實上，很多潛在文本包含

37 參見溫伯格著，林慈淑、蕭憶梅、蔡蔚群、劉唐芬等譯，《歷史思考大未來：勾勒歷史教學的藍圖》，頁 114–115。

38 S. Wineburg, "The Cognitive Representation of Historical Texts," 113–125.

著一些與作者意向不一致的元素，使作者自己原來沒有
意識到或希望隱匿的信念浮上表層。這些層面因此就落
入了第二個領域，也就是文本之為「人的成品」，把文本
視為架構現實，並且揭露作者的假設、世界觀以及信念。
這種讀法是從作者所使用的文字，跳升到作者是哪種人。
這種閱讀法的眼界下，文本不是用來描述世界，而是用
來建構世界。[39]

注意上段引文最後，強調文本之為「人的成品」，往往不是單純
地描繪世界而已，而可能更具意圖地欲賦予文本重新架構現實，
甚至是改變世界的力量。

　　平心而論，溫伯格用「修辭成品」和「人的成品」表明潛
在文本的兩重深度，固然是為了彰顯文本探索從「文字」到「其
人」的進階層次，但如此區分，難免引發誤解：以為文字的選
擇、使用，僅僅涉及文字符號的自身系統，而與人無關。其實，
無論「修辭成品」和「人的成品」，兩者都不可脫離作者其人，
都顯示文本的人為特性，只不過前者關注的是從文字修辭中，
探析作者的有意之圖和目的，後者則鎖定於揭露作者未曾言明
或不曾意識的信念與價值，例如對作者而言極其「自然的」關

---

39 S. Wineburg, *Historical Thinking and Other Unnatural Acts: Charting the
Future of Teaching the Past* (Temple: Temple University Press, 2001),
66–67; 溫伯格著，林慈淑、蕭憶梅、蔡蔚群、劉唐芬等譯，《歷史思考
大未來：勾勒歷史教學的藍圖》，頁 102。

於人、事的假定和看法。

　　總之，文本的複雜在於其不只是文字、訊息的排列，還濡染著作者的心思，埋藏著作者與其世界的互動，並浸潤著某個特定時空的風習、當代的心靈風采。這些「潛在文本」正是歷史學家展讀各種材料文獻時，目光徘徊所在。

　　溫伯格從實證樣本中梳理出史家閱讀的共性──掌握「潛在文本」的含義，追查文本的「修辭」與「人」的兩個面向。這種閱讀法自是呼應二十世紀中葉以來語言學、哲學、思想史所建構的「文本」、論述概念。如果專業學者理解文本的旨意在此，那麼學校中的師生呢？

（二）通用性閱讀模式之失

　　並不意外，溫伯格發現受測學生，即使是成績頂尖、美國史基本知識豐富的高三生，面對資料時，都能無礙地掌握主要概念、推論內文的順序或者回答字面意思的問題，但卻看不到作者其人。史家透過閱讀，欲探得潛在文本，而高中生多把文獻資料視為訊息載體，閱讀為的是提取事實資訊。這項研究顯示學生與學者之間的閱讀，落差極大。溫伯格將這種不齊稱為「學校與學院的斷裂」。[40] 他使用「斷裂」兩字或想凸顯某種弔詭：研究的是歷史，教導的也是歷史，兩方原該一脈相連。但實際上，學院與學校兩造間對於如何解讀、運用歷史文本，步

---

[40] 此為《歷史思考大未來：勾勒歷史教學的藍圖》第三章的章名。

調卻如此不一。

其實，1990 年代溫伯格的樣本學生表現如是，2020 年代臺灣的學生，甚至包括大學生，又何嘗不是？問題是，學生的閱讀與歷史學家的讀法何以差距如此之大？無庸說，在溫伯格的披露前，史學專業閱讀並不太受到關注，當然也不曾在學校受到重視。可另一方面，學生的閱讀習性又是從何而來？如何養成？論者或許立即聯想到一個最直接、可能的因素：教科書。

一般被稱為「教科書」者，大概都有共同的書寫模式。例如常用客觀中立的敘述手法，以毫無疑義的口吻陳述過去，剔除了「作者在場」的所有痕跡，從而形塑知識的權威。這種書寫對學生「潛移默化」的影響自然頗大，相關方面的討論也早已汗牛充棟。不過，溫伯格再三出言警示的另一個現象，卻更值得注意：那就是至今依舊處處可見的標舉單一通用 (overarching) 原則的閱讀主張。

1994 年時溫伯格便坦言，考察歷史學家詮釋文本的細微歷程，一來期待藉此提醒那些提倡通用性閱讀理論之士：文本詮釋和判斷乃是一個複雜的過程，決不僅僅是「從文本中準確找出訊息」(locate information in the text) 而已。二來他相信可以為學校歷史教學之改善，提供知識的基礎。[41]簡單的說，溫伯格賦予自身學術研究的意義在於：破除標準化閱讀的迷思，使閱讀回歸學科本身。

---

41 S. Wineburg, "The Cognitive Representation of Historical Texts," 127.

　　溫伯格多年來對上述的理想確實堅持不懈。在《歷史思考大未來》書內，他幾次指斥，學校歷史課的閱讀脫離了學科專有的思考概念，只剩下通用化的閱讀技巧。他認為，閱讀絕不能離開學科脈絡而行；閱讀其實包含著各學科理解世界和與之溝通的方式，涉及了特有的觀看之道。所以他說：「閱讀不僅是知道新資訊的方式，也成為投入新思考的途徑。」[42]至 2011年，溫伯格正式倡導「像史家一般閱讀」時，又再次批評，學校與教育長期受制於一個錯誤作為：用「批判思維」(critical thinking) 這種單一簡化的概念原理作為最高指導，凌駕於所有的知識領域之上。[43]

---

42 溫伯格著，林慈淑、蕭憶梅、蔡蔚群、劉唐芬等譯，《歷史思考大未來：勾勒歷史教學的藍圖》，頁 127。

43 S. Wineburg, Daisy Martin, Chauncey Monte-San, 宋家復譯，《像史家一般閱讀：在課堂裡教歷史閱讀素養》（臺北：國立臺灣大學出版中心），頁 5–6。不過，溫伯格注意到，當前有些發展正在改變。他讚揚 2010年新頒訂的州級共同核心標準（Common Core State Standards，簡稱 CCSS）有個重要而「大受歡迎的改變」：那就是肯定學校的各個科目，各自有不同的思維方式，因此該標準的作者們力主：技巧純熟的閱讀與寫作必須要以「對個別學科之規範與傳習的鑑賞察識」為條件，並要求教師應該培養學生具備各個領域中「衡量評價錯綜複雜的論證之能力」。溫伯格不無欣慰地指出，這項改變展示在共同核心標準附屬之下的「歷史／社會科素養的閱讀標準」(Reading Standards for Literacy in History/Social Studies)，其中包含了「若干歷史思維面向」。按此看來，本地學者認為溫伯格主張「學習歷史就是一種批判性的思維」，恐

顯而易見，溫伯格探訪史家的閱讀之路，稱揚「歷史的學科素養」 (Disciplinary Literacy in history)，始終不變的動力之一，即是抗衡教育界中那一股歷久不衰的趨力：去學科化的閱讀模式。這種瀰漫於校園內外，追求高居學科之上、標準模式的閱讀觀點，幾乎舉世可見，包括臺灣。此一閱讀教育大多強調汲取訊息／知識的實用性，例如讓學生整理文中的關鍵概念，找出重要詞句以及辨識表面含義，進而延伸轉用。這樣的閱讀法抹去了資料的文本特質：文本是人為的，書寫呈現往往具有內在意圖和目的，而非只單純「客觀」地述說事實。或可推論，溫伯格眼中，至今暢行不衰的通用性閱讀模式對學生閱讀慣性的影響甚於教科書，實因許多學校教師也是這類閱讀的支持者、推動者。溫伯格雖不常明言，偶爾仍會委婉提到：「說真的，並不是只有學生才抱持這種信念，有時候他們的老師也與他們想法相同。」[44]

深入思之，歷史的專業閱讀與通用性閱讀之間的對立，背後隱然是「學科」與「跨科」兩股力量長期的拉鋸之戰。在今天各種跨科跨域的聲音沸沸揚揚之際，呼籲重視學科閱讀和思考的價值，聽起來似乎不合時宜。然而，不可否認，百年多來，學科分立已為現實，那是學術日益專精化的結果。過度固守門

有誤解之虞。吳政哲、吳翎君、莊德仁、陳惠芬、陳豐祥主編，《素養導向系列叢書：中學歷史教材教法》，頁 215。

44 溫伯格著，林慈淑、蕭憶梅、蔡蔚群、劉唐芬等譯，《歷史思考大未來：勾勒歷史教學的藍圖》，頁 125。

戶之見，確實將導致偏窄隔絕，學科之間理當相互交流與借取（事實是各學科彼此間的聯繫結盟從未停止過）。但不應抹煞的是，各學科於自身演進和博取廣納下，都已精鍊出面對世界的獨特眼光，而閱讀正是深入把握專業視野的重要管道。學生自當從學習專業閱讀中，理解各學科看待周遭與世界的獨門獨徑。在此基礎上，學習者方能照見與其他專業之別，繼而於相異中尋求可能的共識與協作，如同前述心理學家賈德納之見。相信溫伯格力拒標準化的閱讀模式，支持學科取向的閱讀思考，亦是基於這樣的道理。

　　然而，儘管獲知歷史專業閱讀的重點在於探索 「潛在文本」、理解資料的深廣蘊含，但現實的教學問題仍待抒解。因為，史家究竟循著什麼樣的路徑，而能穿過重重曲折，探觸豐富的潛在文本？畢竟對多數治史者來說，進行研究並面對各種類型的資料時，經常憑恃著一套長年浸淫而熟稔、內化成自然的心法。這種熟門熟路，不易言詮。若要將那般機動性、彈性以及層次豐厚的來回思考動態，概化為系列歷程，實非易事。但如果要讓閱讀扣緊歷史學科脈絡，使師生有明確的教、學之法可循，那麼，辨明史家思索文本的具體進路，即是不可迴避的課題。這無疑是溫伯格的下一個探究目標。

　　2011 年溫伯格與另兩位作者合著《像史家一般閱讀：在課堂裡教歷史閱讀素養》一書，回應了上述問題。在這本為歷史教師而備的教案集內，他明白提出「溯源」(sourcing) 和「脈絡化」(contextualization) 這兩個閱讀功法，既標示史家的閱讀程

序，也是引導學生學習的依據。數年來，「溯源」與「脈絡化」聲名遠播。任何人如今提到幫助學生認識和學習解讀歷史材料之課題，絕不可能避開這兩個取徑而不論。諸多美國、加拿大、荷蘭等歷史教研人士就「溯源」和「脈絡化」深入探究闡說，或援引為歷史課堂中閱讀教學的要略。[45]總之，這兩個閱讀之道在國際歷史教育界獲得熱烈迴響，說明其切中了當前教導歷史閱讀的迫切需求。

　　不過，切莫以為捕捉和具象化史家的閱讀思考殊為簡單。恰恰相反，溫伯格在這條路上彎彎繞繞了將近二十年，對於「溯源」和「脈絡化」的重要性以及兩者的意義區分，多有修正，更有其他學者相繼加入它們的意義鑽研中，這都證明此工程之難。無論如何，拜這些學者之賜，「溯源」和「脈絡化」迄今才能有比較清晰的樣貌面世。

---

45 Stéphane Lévestique, "On Historical Literacy: Learning to Think Like Historian," *Canadian Issue* (December 2010): 42–46; Jeffery D. Nokes, *Building Student's Historical Literacy: Learning to Read and Reason with Historical Texts and Evidence* (New York: Routledge, 2013); P. Seixas and Tom Morton, *The Big Six Historical Thinking Concepts* (Toronto: Nelson Education Ltd., 2013); Mathew T. Downey and Kelly A. Long, *Teaching for Historical Literacy: Building Knowledge in the History Classroom* (New York: Routledge, 2016), 132; Carla van Boxtel and Jannet Van Drie, "Historical reasoning in the Classroom: What does it look like and how can we enhance it?," in *Teaching History* 150 (March 2013): 44–52.

五、史家閱讀的方法：「溯源」與「脈絡化」

　　2011 年《像史家一般閱讀》的導論中，溫伯格聲明「溯源」與「脈絡化」乃該書的中心，為解讀文本的兩根「支柱」，那是歷史學家長期淬鍊出的「有力的閱讀方式」，並且是「閱讀專家們所謂的特定領域素養 (domain-specific literacy)」。[46]這一連串的意義賦予，顯露了溫伯格眼中，兩者乃是史家閱讀文本的根本之道。同時，這也是溫伯格正式揭櫫「溯源」與「脈絡化」兩者的重要性。不過，作為史家閱讀思考的要法，溯源與脈絡化的意涵並不是那麼容易清楚說明。

（一）歷史閱讀釐清劃分之難

　　上文說到「正式揭櫫」，實因這兩個閱讀法在溫伯格的學思生涯中有段長長的歷程。1990 年代，溫伯格便已運用他所稱的史家三個探索法 (heuristics)：交叉驗證 (corroboration)、溯源、脈絡化，作為比較歷史學者與學生閱讀形態的基準。[47]然而，

---

46 S. Wineburg, Daisy Martin and Chauncey Monte-Sano, *Reading like a Historian: Teaching Literacy in Middle and High School History Classrooms* (New York: Teachers College Press, 2011), vi; S. Wineburg, Daisy Martin and Chauncey Monte-Sano，宋家復譯，《像史家一般閱讀：在課堂裡教歷史閱讀素養》，頁 3。

47 S. Wineburg, "Historical Problem Solving: A Study of the Cognitive

當時三個探索法中領頭的是「交叉驗證」。而至二十一世紀初，溫伯格出版代表作《歷史思考大未來》，溯源與脈絡化才取得更重要地位。這本書匯集了他過去幾年陸續在不同場合和時機發表的研究所得，也包括與其他學者合著者。雖然成書時經過排序整理，溫伯格仍於導論中承認：「敏銳的讀者會看出此書所集結各篇，在風格、表達和題材的分歧差異。」這點確實從書內對於溯源和脈絡化的處理，即可看出。

　　該書中，溫伯格分別於不同篇章內各自談及溯源和脈絡化，彷彿兩者無關，而對它們之間的關係，幾乎未有著墨。論及溯源與脈絡化的意義時，也界定含混，又多有重疊。如該書第三章討論「溯源」：「……**也就是在閱讀一份實質文本之前，先閱讀文件來源的作法。……溯源探究法就是去呈現一套信念體系，那是作者形塑文本的依據。**」[48]在此，溯源意涵有二：追查文件來源，以及文本展現出的信念和價值觀。但欲理解後者，其追索範圍必已超過來源，而需從文本內容以及所連結的外部社會文化著手，才能明乎作者具有的價值信念。

　　再翻至第四章「閱讀林肯」，溫伯格強調要用「脈絡化」理解林肯。他說明「脈絡化的思考，意味著言語並非超越時空、漂浮無根的符號而已。」他更進一步解釋：「**在試圖為林肯說的**

Process Used in the Evaluation of Documentary and Pictorial Evidence," *Journal of Educational Psychology* 83:1 (1991): 77.

48 溫伯格著，林慈淑、蕭憶梅、蔡蔚群、劉唐芬等譯，《歷史思考大未來：勾勒歷史教學的藍圖》，頁 121。

話編織脈絡時，我主要聚焦於拼湊當下的時間與空間脈絡：也就是足以解釋林肯的動機和意圖的當下情況。不過，如果思及林肯話中的意涵時，其他形式的脈絡——如輿論氣候，也就是群體心態或說時代精神，以及複雜的人物生平及其語言文字風格，1850 年代的語言習慣等——都必須納入考量。」[49] 細思這段內容，脈絡化同樣具有兩個成分：一是文本所出時間與空間的脈絡，此無疑指的是文本產生於何時何地的「溯源」考察；一是更廣闊的群體心態、時代精神、語言文字脈絡，這部分又與前述描繪溯源時的「信念體系」，有相通之處。

如上所見，溫伯格的嘗試使讀者對歷史文本閱讀如何進行有所認識，但其中不無疑點，如溯源與脈絡化何以各自獨立出現？如果它們同為歷史學家閱讀的整體，理當相依相隨，豈能各行其事？再就溯源與脈絡化意義上都包含了考察文本來源的時空背景以及個人與時代的信念價值觀，兩者明顯重疊。由此推論，彼時溯源與脈絡化大約都是歷史閱讀樣貌的概稱。

確實，溫伯格曾將「脈絡化」舉為歷史思考的統稱。2007年一篇談歷史思考性質的文章內，溫伯格力主歷史思考的核心就是脈絡化的思考 (contextual thinking)。他表示：「專業歷史的中心信念在於：考量脈絡以及時間和空間這兩個準則。脈絡思考要求以此為前提：讀者得詢問他們面前的資料如何和為何產

---

49 溫伯格著，林慈淑、蕭憶梅、蔡蔚群、劉唐芬等譯，《歷史思考大未來：勾勒歷史教學的藍圖》，頁 139。

生。」[50]引文中提到了專業讀者必須考量脈絡，還有文本所出的時空，但溫伯格全然未提溯源，顯然是以「脈絡化的思考」總括史家的閱讀流程。

以上回溯，顯示溫伯格對於歷史專業閱讀程序的梳理，猶未定論。這當然也凸顯了 2011 年《像史家一般閱讀》中，「溯源」和「脈絡化」正式出場的象徵意義。該書導論中，溫伯格向讀者介紹解讀文本的這兩根「支柱」，稱之為歷史學家長期淬鍊出的「有力的閱讀方式」。溫伯格闡明「溯源」和「脈絡化」乃是歷史學在漫長的研究傳統中，歷經無數史家鑽研磨礪，所精練出的閱讀方略，故也是學校課堂中培養學生歷史專業閱讀必須依循的要領。只不過，在這般鄭重其事之外，讀者仍能發現，這兩個閱讀法的關聯與分別此一老問題，依然懸而未解。

查閱《像史家一般閱讀》的導論，「溯源」指的是歷史學家接觸文獻時的第一步，也就是去察看文獻的「來源說明」，從而探問：「誰寫？何時寫？資料屬性為何？是一手或間接獲得的訊息？」這些都針對文獻基本身世而問，屬於相當簡單的基礎層次。但如果溯源僅止於此，何需大張旗鼓地宣示？按理，這些考察本當作為進一步精讀文本時的預備和參照，才具意義。那麼溯源究竟有無包括閱讀文本內容這部分？溯源的範圍起於哪裡、止於何處？

至於脈絡化，導論內說道：那是將事件或歷史文獻「安置

---

50 S. Wineburg, "Unnatural and essential: the nature of historical thinking," *Teaching History* no.129 (December 2007): 5.

在空間與時間之中的觀念」。相應的提問則是：「作者說話的脈絡為何？什麼時候和在哪說的？聽眾由什麼樣的人組成？」[51]關於前列資料何時何地說，似又與溯源探索有重複之嫌。同時，在第三章「脈絡中的林肯」內，溫伯格團隊擬出的「脈絡問題」確實包括了：「這份資料是在何時、何處寫下或產生？」[52]這類應屬於溯源的工作。

除此之外，依據溫伯格所述，這兩個閱讀程序原則上似有前與後、由淺入深之分，這代表彼此有連動和難以分割的關係。但再次的，它們都單獨出現於是書各篇章內，差別在於，溯源僅僅現身於第二章內，而脈絡化思考至少被列為三個篇章的能力培養要項，後者相對的更受重視這點，可見一斑。

總的來看，《像史家一般閱讀》是溫伯格及其團隊首次將溯源與脈絡化作為歷史課堂教學的主軸，只是這兩個閱讀途徑的要旨，仍如浮雲半遮月，總令人有看不清說不明的模糊之感。由以上回顧可見，溫伯格十餘年間思索什麼是溯源、脈絡化的糾結猶疑，彰顯的是歷史專業閱讀的複雜樣態，以及精準捕捉那種樣態的難處。

歷史建立於資料解讀和證據解釋上。面對任何過去與現在的文獻材料，歷史家必得問其由來，究其內蘊，探其時空，並

---

51 S. Wineburg, Daisy Martin and Chauncey Monte-Sano, 宋家復譯，《像史家一般閱讀：在課堂裡歷史教閱讀素養》，頁 4–5。

52 S. Wineburg, Daisy Martin and Chauncey Monte-Sano, 宋家復譯，《像史家一般閱讀：在課堂裡歷史教閱讀素養》，頁 122。

編織其意義。這些思想過程既是渾然一體，也是反覆來回、穿插交疊。這樣的歷史思考，如何具體化為可依可學的方法，以利學校師生，誠為難題。前述反思，或正凸顯此一任務挑戰之大，非短時可成，當然也非能竟其功於一人。溫伯格開啟了這項艱鉅的工程，同時也激發其他學者接續研議。這些努力，形塑了今日對於歷史學家閱讀精髓的基本認識。

（二）溯源與脈絡化的要義

在溫伯格長時間摸索梳理下，史家閱讀的精華可化為兩個重要的方法：溯源與脈絡化。前者應為歷史閱讀的初步，環繞著文本的履歷來源，脈絡化則為更深更廣的探究，連結文本所在的情境與時代。在這個基礎上，兩者之間的分、合關係，可由加拿大學者塞克瑟斯 (Peter Seixas) 和教師摩頓 (Tom Morton) 的闡釋，一目了然。

塞克瑟斯和摩頓於 2013 年合寫《六大歷史思考概念》(*The Big Six Historical Thinking Concepts*) 一書，提出文本閱讀程序的新解。兩位學者將「溯源」和「脈絡化」納入第二章的「思考證據」內，並分別說明：

> 溯源始於閱讀一份資料前所提的問題：何人以及何時產生。它也包含從資料中去推論作者或生產者的目的、價值和世界觀，無論是有意識或無意識。
> 分析資料時應該要與資料所在歷史環境之脈絡相連結：

　　　也就是當時的情境，以及所探討時期中流行的世界觀。[53]

　　引文中，塞克瑟斯和摩頓所定義的「溯源」包含了查找資料作者、資料產生的時間等基本訊息，還包括了「從資料中」推論作者書寫的目的以及展露的價值觀、世界觀。溯源作為閱讀起始，不再只是機械性地蒐集文本的出身，更得進入文本之內，藉由仔細閱讀，推敲作者或資料創造者的目的、觀點與視角。

　　　於此，溯源被賦予的內涵顯然較為明確寬廣。不過，加拿大學者的鋪陳中，並未明確點出、卻應該加以說明的一個重點是：文本的出處來源，乃是讀者進入文本閱讀過程中，需要時時回顧參照、推論與反思的依據。也就是說，溯源的兩個查考要素並非毫無瓜葛，而是相互支援。

　　　至於「脈絡化」，塞克瑟斯和摩頓的界定與溫伯格無異，指的是將文本置於所出的情境、時期時代的環境下觀看。簡單來說，脈絡化要求將文本內容對應於更廣闊的時空，好為文本中熒熒閃爍的價值意向尋找歷史性和時代性。

　　　塞克瑟斯和摩頓重新梳理溯源和脈絡化，使其意義更為清晰之餘，最值得注意的是，他們特別提醒，歷史閱讀的這兩個要領並非一切為二、涇渭分明。在實踐中，兩者其實相互接應 (inform)。他們還特地用兩個一左一右的圓形而中間部分交集的圖示　（如圖1），來表現溯源與脈絡化既有分別又有交疊的關

---

53 P. Seixas and Tom Morton, *The Big Six Historical Thinking Concepts*, 47.

係。交疊之處即是「查問這則資料創造者的世界觀」。

　　換言之，「溯源」文本時，理當從出處和內容，推論作者對於所述事情的態度以及價值取向，但這些價值觀點決不是個人於真空下的獨白，那通常起於不自覺地應和某些社會脈動，而文本乃成了時代動向的反照。塞克瑟斯等的看法，大抵回應了思想史家拉卡頗之見：文本作者的世界觀既是個人的、也是社會的；文本是個人與外在的交會所在。也可以說，推敲文本及其作者的思考和觀點，或許是溯源的盡頭、但同時也是為文本編織脈絡的起點。

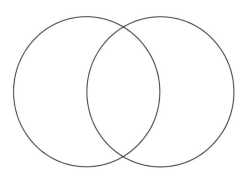

圖 1：溯源與脈絡化示意圖

　　塞克瑟斯和摩頓對於歷史專業閱讀的詮釋，化解了溫伯格先前定義上的混淆困擾。當然有其他學者同樣投入這個問題的探討中。例如美國的諾克斯 (Jeffery Nokes)，談到溯源時說，當史家面對一份陌生資料，第一個看的是作者：「文本可看成個人的延伸，歷史家的閱讀乃是與隔著遙遠時空的人們所作的交流，

此為透過書寫／創造、閱讀／詮釋文本這兩端而產生的聯繫。」[54] 諾克斯看待溯源，更聚焦於作者這方，將文本視為今日的詮釋者與過去的作者之間的溝通對話。

在脈絡化方面，諾克斯主張應依文本性質而關注不同面向的脈絡。例如文字類文本需留意語言脈絡，考察文物時應尋求物質脈絡，諸如其用途。另外文獻出現時間與事件距離或近或遠，會是理解文本的重要參考點，這屬時間脈絡。此外，他也將「脈絡」分出宏觀脈絡 (macro-context) 以及立即性的微觀脈絡 (micro-context)。前者指社會趨勢、當時的用語禮儀、共同的價值、流行的學說、已知的國家和國際事件。微觀脈絡則指當下的、可能會影響事件的因素，包括天氣、星期幾、關係人的狀況等。[55]

諾克斯詳說文本所繫的各種大小「脈絡」，有助於人們理解：閱讀資料，進而賦予文本時代性，著實不容易。任何文本都連綴著千種萬般的境況，究竟為手上的文獻資料編織哪個部分的時代圖景、建構哪些面向的社會脈絡，實為一樁莫大的挑戰，雖然這也是任何讀者可以發揮獨特見識的工作。

其實，溫伯格於 2015 年某次演講中（後亦發表為文）也再次重述這兩個閱讀法之別。他認為溯源重在詰問 (to

---

54 Jeffery D. Nokes, *Building Students' Historical Literacies: Learning to Read and Reason With Historical Texts and Evidence*, 24.

55 Jeffery D. Nokes, *Building Students' Historical Literacies: Learning to Read and Reason With Historical Texts and Evidence*, 25.

interrogate)，責成讀者去和作者建立密切的關係，包括質問作者的資歷、他們為什麼有興趣來述說某個故事，以及對於所陳述事件抱持的立場。而脈絡化，其意義偏向學習 (to learn)。讀者藉由脈絡化，有機會環視文本所在的社會和政治環境，從而獲得更多關於該時期的理解 。[56]溫伯格闡明溯源和脈絡化各具「詰問」、「學習」的屬性，簡潔有力，頗能精準道出這兩個閱讀之法的神髓。而且，他的重新解釋無疑更趨近於諾克斯、塞克瑟斯等人的見解。

讀者或許留意到，溫伯格不止一次在溯源和脈絡化之外，連帶提到另外兩個閱讀技能：「精密閱讀」 (close reading) 以及在資料與資料之間進行「交叉驗證」(corroboration)。這兩個策略的重要性實不待言。欲把握文本的豐富要旨，以及定奪文本意義，讀者確實需要字斟句酌、細思慢讀，同時，也需要不斷地查核、比對其他文本，進行佐證。亦即，溯源和脈絡化閱讀工作的完成，有賴於精密閱讀和「交叉驗證」的策略。不過，後兩者更應是各種專業閱讀的共通方法，而相對的，溯源和脈絡化則明確包含了濃厚的歷史思考要素。因為這兩個閱讀規準必得直溯文本資料的時空環境，動員「歷史性」的考察，無疑更是歷史學者閱讀史料的專有門道。這也說明了何以溫伯格近年來愈來愈凸顯溯源和脈絡化之因。

---

56 S. Wineburg and Abby Reisman, "Disciplinary Literacy in History: A Toolkit for Digital Citizenship," *Journal of Adolescent & Adult Literacy* 58:8 (May 2015): 636–637.

　　回到歷史教學最根本的問題：歷史學家究竟如何閱讀？拜美加學者過去二十餘年間的努力探索之賜，今天歷史教育界在面對這個課題時，多少已能從容回應。根據這些歷史教研專家多年來的探究，史家閱讀各類資料時，總是力圖掌握「潛在文本」，同時，多會循著「溯源」和「脈絡化」這兩條閱讀路徑，投入文本之內深度閱覽，但也會出乎其外，望向文本所在的更廣大世界，為文本建立時代意義。這些發現不但描繪出歷史學家的閱讀地圖，也為歷史教學奠定重要的基礎。

　　那麼接下來的問題是：該如何進行？誠如溫伯格所說：「如果我們希望學生分辨閱讀歷史書和閱讀駕駛手冊的方式不同，如果我們要他們了解文本和潛在文本，我認為必須改變我們的教課計畫——更不用說教科書了。」[57]改變教課計畫，運用資料，引領學生「像史家一般閱讀」，應是眾多歷史教育研究專家的殷殷期盼。然而，中小學生的心智年齡與學識涵養畢竟有限，他們足以勝任溯源和脈絡化這般成熟的歷史學科閱讀嗎？學生真的可以毫無困難地「像史家一般閱讀」嗎？教師又該如何在課堂中轉介史家的閱讀方式？這種種問題，都有待後續章節的討論探究。

---

57 溫伯格著，林慈淑、蕭憶梅、蔡蔚群、劉唐芬等譯，《歷史思考大未來：勾勒歷史教學的藍圖》，頁 135。

第四章

如何教導歷史閱讀？四個認知

　　美國加州地區有位歷史教師丹尼爾・布切里 (Daniel Buccieri) 於 2011、2017 年兩度榮膺洛杉磯郡「年度教師」獎。他陳述自己課程的情景時，令人印象深刻。布切里說自己會運用「開放的問題引導學生進入探索發現之旅」，在教室裡，「我們像歷史學家一樣思考，像歷史學家一樣討論，像歷史學家一樣整合我們對歷史問題的領悟。」[1]布切里老師對自己課堂教學信心十足，但最讓人矚目的是，在短短幾句話內，他重複多次「像歷史學家一樣」的思考、討論、領悟。這般朗朗上口，自然流暢，顯示他高度認同學生應該「像歷史學家一樣」。確實，他的課程採議題設計，運用許多相關或相反立場的資料，探討「冷戰時期的拉美：美國是主動干涉還是被動捲入？」、「為什麼曼德拉被廣泛紀念？」等議題，學生在課堂上想必經常練習「像史家一樣的閱讀」。

---

1 丹尼爾・布切里，〈推薦序一：我們為什麼要學歷史？〉，程修凡，《美國特級教師的歷史課》（廈門：鷺江出版社，2017），頁 II。

　　布切里住在加州，很難不去聯想，地緣關係使得他對於史丹佛大學溫伯格 (Sam Wineburg) 的理論特別有感且熟稔。這或也證明「像史家一般閱讀」的教學主張已經漸次傳開。尤其溫伯格的 「史丹佛歷史教育團隊」 (Stanford History Education Group)，研發許多探究性教材和課程活動，於線上免費提供世界各地教師使用，至今下載量已達一億餘次。這個數字背後所代表的影響力，可想而知。

　　但是，布切里如何使學生能「像歷史學家一般」的閱讀、思考？單從他的課程教學來看，難以確知，卻也不能不問。因為，單單就「文本」這個概念來說，回想 1980 年代後，文本觀點進入歷史學界，許多史家為之震撼，並經歷了從資料到文本的認知衝擊和調適的時期。如果對專業研究者而言，接收文本觀點尚且如此不易，何況學校中的教師。那麼當多數教師對於文本仍感陌生，對於資料詮釋的新模式渾然不知，如何奢談教學。換言之，布切里的「成功」絕非一朝一夕之事，這樣的教學有其難度，那必定是經過長久不斷嘗試，克服許多問題而來。也許正因難得，布切里因此獲獎。

　　此處並非有意放大帶領學生閱讀文本、進行證據推論的艱鉅。實因對於此一歷史教學方式深切期待，而有此提醒。尤其教導歷史閱讀決不是靠著機械化的步驟或規格化的技巧，就能上手。其中毋寧涉及若干極為根本的有關歷史與教歷史的概念理解，若不預先有所警覺，恐會形成阻礙，而使教學事倍功半。

　　那麼，究竟在實踐閱讀與探究的課程理想中，會面臨哪些

可能的瓶頸障礙？有哪些認知上的干擾，需要先行釐清排除，以利進行？筆者嘗試梳理出四個認知：歷史閱讀首重「理解」、歷史閱讀是推進探究之力、認識資料之為「文本」、覺察「現在主義」心態。

　　這四個認知不只為教學者應該具備的觀念，也是學習者有待建立的思維。四個認知既包括了基本的歷史認識，並觸及學生或一般讀者面對過去、學習歷史時可能持有的迷思，此大致接近教育心理學者蘇爾曼所說的 「學科的教學法知識」。 換言之，相對於前一章細說歷史學家閱讀的共相和途徑，本章將從另一個方向切入，對照時下的流行所趨和常見的誤解，以呈現歷史閱讀的若干特性。相信更多的心理準備和心態認同，教師能更好的營造歷史閱讀的教學。

一、歷史閱讀首重「理解」

　　十多年來，教育界關於培養學生閱讀力的論說與呼籲，儘管時強時弱，但基本的趨勢始終未變。以歷史科來說，儘管教師運用資料的風氣尚未普遍，但也多少得到肯定。此外，歷史科各階段的升學考試出現許多資料閱讀題型，也早已蔚為常態。話說回來，閱讀本非歷史科專屬，文本的概念也是跨科共享。那麼相較於其他科目，或其他形式的閱讀，歷史閱讀有何自身價值所在？

　　歷史學與資料關係匪淺。畢竟過去已遠，史家只能靠大量

的文獻資料建構過去。因此，閱讀是學歷史的必要元素。不僅如此。歷史材料包羅甚廣，豐富多元，從檔案文獻、書信日記、報章媒體、傳說神話到民間記事……不勝枚舉。而且資料也不僅限於文字種類，還擴及圖像、影音、民俗風物……等等。同時，探索過去不僅要參考原始的材料，還要博覽學者撰寫的論文、專書、報告等。以上種種文本屬性相異，表達的形式和書寫風格各有特色，透過歷史這門課，當能提供學生機會，認識如此多樣的文本材料，熟識各種媒介的表現形態，[2]這應是其他科目所望塵莫及的。

　　但更重要的一點：歷史學面對各式資料時，乃以「理解」為優先。理解一詞說來平常，卻彰顯著歷史閱讀的獨特。因為，放眼今日，多數的閱讀主張並非措意於此。

　　人們會因各種不同的目的而閱讀。最常見的是提取特定的訊息。譬如為了組裝電腦而閱讀工具手冊，為了應付各種考試而閱讀相關用書，為了旅遊而閱讀觀光指南……。這些閱讀多數基於實用之需，而汲取必要的資訊。另外，市面上許多提倡閱讀教育之說，也經常強調閱讀的好處在於增廣見聞，獲取新知。支持這種看法者因此連帶地會鼓吹「大量」閱讀，認為讀愈多，「知識」愈廣。於是，數年前偶爾會見新聞媒體報導某某中小學生一年讀完數十本或上百本書，各界無不稱奇讚揚，舉

---

2 S. Wineburg, Daisy Martin and Chauncey Monte-Sano, 宋家復譯，《像史家一般閱讀：在課堂裡教歷史閱讀素養》（臺北：國立臺灣大學出版中心，2016），頁 9。

為楷模。

但是，想想當今不同形式的書籍資訊每天成千上萬地上市出版，快讀的速度永遠跟不上出書的腳步，加上資訊唾手可得，那麼追求大量或快速閱讀究竟有何意義，恐需重新考慮。時代與需求不同之下，會讀可能比快讀來得更重要。

另一個被普遍認肯的閱讀目的則與公民教育密切勾連。在訊息爆量的時代下，現代公民多被期待具有明辨是非的能力，以便在各種多元和衝突的說法中做出最為明智合理的抉擇。這個目的其實也是 2018 年 PISA 推出新的閱讀測試的主要訴求之一。PISA 三個心智歷程所附帶的若干解說，足以為證：「讀者需從許多可用的文本中選擇最重要、相關的、正確的或可信的文本」、「評價一份文本中的訊息是否為有效、嶄新、準確、以及／或不含偏見等等」（歷程一）；「當文本彼此衝突時，讀者需要清楚衝突所在，並尋求方法解決」（歷程三）。這些敘述表明 PISA 測試翻新，多少是為了回應現代世界各種資訊層出不窮，相互爭勝，大眾往往面臨無所適從的難題，故而將如何評估、選擇最可靠可信的說法，列為閱讀的重要導向。

現代人該怎樣排解因觀點對立難決而來的焦慮感，是一大問題。影響所及，連新的歷史教學風尚，也都把確立資料的「可信度」納入資料教學的主軸。例如溫伯格主編的《像史家一般閱讀》內，若干教案也鎖定這個目的。該書第二章「『挺身抗敵』或逃離現場？」、第七章「羅莎・帕克斯與蒙哥馬利市公車抵制」都將「決定史料的可信度」列為教學所擬培養的重點技

能。[3] 該方案建議教師，就同個課題準備兩份文獻，讓學生從資料的來源出處（也就是溯源）思考比較，並回答諸如：「這些（關於作者的）訊息如何影響我們是否相信他們？」、「就某某的那篇日記而言，請提供一個你也許會相信它的理由。你不相信它的一個理由」等等提問。[4]

　　藉由文本閱讀，提高個人裁決資料的能力，也就是找出其中最可信的說法，似乎頗能應證閱讀對於培養現代公民素養的用處。尤其將閱讀教育與公民教育如此合體，不可不謂是順應時代的策略目標。然而，這樣的解讀取向一旦無限推展，卻潛藏著極大的陷阱，更與歷史閱讀的精神天差地遠。

　　如果閱讀資料最終只聚焦於判決資料的可信與否，或者圈選出誰最可靠時，那幾乎同等於通俗性的質問：誰是真、誰是假？誰是對、誰是錯？如此問法可能懷抱著某種幻想，以為選擇了最信實的那方，事情原委就水落石出了。更需留意者，此

---

3 S. Wineburg, Daisy Martin and Chauncey Monte-Sano, 宋家復譯，《像史家一般閱讀：在課堂裡教歷史閱讀素養》，頁 67、272。

4 S. Wineburg, Daisy Martin and Chauncey Monte-Sano, 宋家復譯，《像史家一般閱讀：在課堂裡教歷史閱讀素養》，頁 81-82。另外，2014 出版、由溫伯格團隊主編而溫伯格寫序的閱讀寫作教學用書，同樣把「考察作者的可信度 (reliability) 列為閱讀的要領之一。參見 Chauncey Monte-Sano, Susan De La Paz, and Mark Felton (eds.), *Reading, Thinking, and Writing About History: Teaching Argument Writing to Diverse Learners in the Common Core Classroom, Grades 6–12* (New York and London: Teachers College, 2014), 33–34.

一心態恐怕是建立於若干錯誤設想上。

　　第一，人所好奇的，不會只限於像 PISA 考題中「喝牛奶對於健康有無害處？」或者「如何施工才能使房屋達到最好的防震效果？」之類的問題。這類問題確實可能於援用數據以及反覆實驗後的科學理論，裁判出最佳甚且公認的解決辦法。但人們立身處事，更多想要探知的是如何衡量眼前周邊的各種事態現象，以便決定自己與之的關係、距離、互動方式。為了掌握眼前所見以及耳中所聽所聞，人們幾乎隨時（自覺或不自覺）都在混沌紛雜中努力梳理事態現象的來龍去脈，確認其影響和作用，並建立自認合理的解釋。譬如如何瞭解某個社會議題發生的因果次序？如何賦予某個事件意義？如何看待某人的所作所為？這些事態現象總是變化多端，難以捉摸，牽扯著複雜的過程和千絲萬縷的細節，無法簡單論斷。有關它們的陳述也多有出入、爭議、模糊地帶，難以一錘定音，自然也就不能僅僅靠著某份「可信的」文本就能化解廓清。

　　第二，文本性質多樣不一。確實，生活中經常會面對一件事情、兩種解釋的困擾。但解決之道，絕不是根據簡單的標準如作者立場、與事情關係的遠近等來判斷誰為「可信」或誰是誰非，而應深入這些論述之內，察看各自論點的依據、鋪陳與訴求，好確認彼此是互斥或可以相容。即使是衝突的觀點，讀者於初步勘查後需要判斷的是：誰的說法較為「有效」、有「說服力」、較能「成立」，或者說：此一解釋較好，那個看法較弱。這樣的評論方式顯示讀者知悉：論述乃是對事實的解釋，不是

原貌的重現，而解釋會有高低好壞之分。誰為「可信」，並不是重點。

第三，如上，任何記述或文本，是對事件的重述，並非事件或實況本身。文本作者，無論背景目的為何，總有其取捨和著眼之處，也定然會帶入自己的某些主觀和詮釋角度。因此，即使不是有意造假說謊，文本仍或多或少含有想像與虛構的成分。英國口述史家保羅·湯普森 (Paul Thompson) 即說：所謂可靠或不可靠的資料證據其實沒有分別，所有的資料都出自社會建構，很多文件都是精心撰寫所成，以呈現特定的圖景或對某個現象提出特有的解釋。[5] 所以，不能排除的是，即便「可信」的資料，也可能會在某些陳述上出現訛誤。而所謂不可信或具有鮮明立場的資料，亦未必一無是處。資料有用與否，不在於是否造假說謊，也不是 0 或 1 的絕對選擇，端賴其中有否證據，能回應待探究的問題。

第四，文本作者或留下資料者自有其動機盤算，書寫者當時所看重的，未必與讀者或研究者的關切相符。加拿大的塞克瑟斯就曾批評若干美國歷史教育研究者不分資料屬性，千篇一律地要求學生要去查問「可信度」或有無偏見。他提到的理由之一即是「以原始材料而言，那些作者的目的和問題，大部分都與讀者的目的問題全然不同。」[6] 既然資料作者與研究者的

---

5 Paul Thompson, *The Voice of the Past: Oral History* (Oxford: Oxford University Press, 2000), 118–128.

6 Peter Seixas, "Translation and its discontents: key concepts in English and

意圖不同，其採擷取捨自有標準，研究者豈能因為該資料「可信」，便全盤「採信」？

以上數點道出，一意求取資料說法哪個可信，只會陷入迷霧之中，看不清資料的文本性和複雜度。同時，人世間多的是疑難雜症，無法靠著「相信誰的說法」就可迎刃而解。更糟糕的是，此種閱讀習性一旦養成，極不利於社會上人我的溝通互解。因為時下許多年輕學子，還弄不清楚他人之意時，便急急忙忙地提出臧否論評，甚至以為這才是具有主見的表現。問題是，這種閱讀法看來簡單易行，具有相當大的吸引力，譬如二十世紀後期，英國的歷史教學界曾經誤入這條歧路多時，背離了歷史的根本之義。

1970 年代，當英國歷史教改如火如荼之際，歷史教師使用資料、引導學生閱讀探究的風潮隨之大興，時人甚至將此資料教學稱為「新的正統」(the new orthodoxy)。[7] 唯這個新正統卻逐漸窄化、演變成對資料可信度和偏見的考核。學生在課堂上依照若干僵硬的原則，比如文本的作者背景、書寫目的、屬於一手或二手性質等，努力判斷資料的真確與否。但隨著此一判

German history education," *Journal of Curriculum Studies* 48:4 (2016): 431. 塞克瑟斯在此文中直接點名好幾位當前歷史教研者，包括諾克斯 (Jeffrey D. Nokes)、范斯勒萊 (Bruce VanSledright)、還有溫伯格的學生蒙特珊羅 (Chauncey Monte-Sano)，都犯了這個錯誤。

7 Tony McAleavy, "The use of sources in school history 1910–1998: A Critical Perspective," *Teaching History* no.91 (May 1998): 10.

讀資料風氣漸生，許多的後遺症也繼之而來。閱讀，成了機械性查核資料可靠與否的訓練，而不再是深入文本之中，細細體會作者用心及咀嚼內容旨趣。學者的憂心針砭遂相繼而起。[8]

英國學者指出，太過糾結於批判和選擇資料，恐將失去學習歷史的真正目的——理解。[9]論者反問，歷史學家真的花很多時間在苦思資料的偏見嗎？史家的確需要評估資料，但那只是使用證據、建立論述的大工程中一小部分工作而已。[10]歷史課若僵化地要求學生探查資料的偏見，不但是脫離歷史理解的正軌，還讓學生誤以為，資料的可靠可用，乃決定於作者的背景，而非歷史學家的問題和探究。[11]

英國歷史教研者的警示環繞一個焦點：閱讀資料若只在查探可信度上打轉，必然錯失歷史的核心——透過閱讀、達到理解。史家與資料初遇，雖也需先定奪資料內容，但最要緊的目的不在評其可靠真偽，而是理解所說：「說了什麼？」「為什麼會這樣說？」「如何說？」歷史閱讀重在開啟讀者與作者的對

---

8 林慈淑，〈證據概念——從高中歷史課綱到教學問題探析〉，《臺大歷史學報》，58 期（臺北，2016），頁 266–269。

9 D. Thompson, "Understanding the Past: Procedures and Content," in *Learning History*. Edited by A.K. Dickinson, P. J. Lee, and P. J. Rogers. (London: Heinemann Educational Books, 1984), 172–173.

10 Tony McAleavy, "The use of sources in school history 1910–1998: A Critical Perspective," 12–13.

11 艾什比 (Rosalyn Ashby) 著，劉城譯，〈歷史課堂的史料教學〉，《清華歷史教學》，2 期（新竹，1993），頁 110–111。

話，並感知文本中流淌的思緒考慮，即使那些想法信念與我們格格不入。

歷史閱讀以「理解」為第一要務，此與站在超然立場、「評價」文本的趨向大不相同。這點也因此凸顯歷史探究工作的性質。學生經常以為歷史家只是確立若干「可信的」資料，便可據以「報導」過去的事實。這毋寧是一大誤解。如前所述，任何資料都有企圖和重心，史家需要穿梭於不同的文本之間，並啟動比對、判別、過濾、提取、重組、整建等一連串的思考，才能從中梳理、形構出具有意義的過去圖像。這也是為何英國學者告誡再三，若只流連於資料的可信度問題，將會錯失歷史閱讀，甚至錯失學習歷史的真正重點。

另一方面，如果歷史閱讀之首旨在達到理解，而與常見公民教育之側重評價不同調，是否意味著歷史閱讀無益於公民素養？恰恰相反，正是由於這個特有的目的，歷史展現了無比珍貴的價值，那就是鍛鍊人們理解他者的能力。歷史資料涵蓋古今。那些來自遙遠年代的遺跡，其敘事語言、表述內容、思考模式，對學生來說多半陌生奇特，同時也構成心智極大的衝擊與挑戰。歷史課程引導學生專注閱讀，學習理解那些價值觀迥異的心靈，這對理解力和包容力之錘鍊，恐怕是其他學科難以望其項背的。

歷史閱讀是訓鍊學生理解他者的絕佳途徑。當試著站在前人的世界觀，在殘缺不全的遺留中摸索、理解他們所思所想所行的意涵，此即碰觸了歷史應該教導的核心思考之一。這樣的

思考，學者或稱之為「神入」(empathy)，或謂之「脈絡化的思考」(contextual thinking)。神入或者脈絡化的思考，期待的都是學習者盡可能地貼近文本，探觸對方的心思靈動，即使那是我們極其陌生的境域。

二、歷史閱讀是推進探究之力

歷史閱讀增進理解，更為觸發史家研究的動力。因為閱讀乃是「提出問題」和「回應問題」的最重要根源。前者涉及探究的方向與提問，後者關乎如何擇取證據以解決疑問。兩者都構成探究的核心，也都深繫於閱讀一事上。

所有的探究都始於疑難。研究者心中若有了待解決的問題，才會開啟探索之路。所謂「探究始於問題，也終於問題」。但問題並不會憑空而來，那必然出自閱讀時的思考激盪，尤其是閱讀二手論著的研究成果。熟悉研究事務者，自不會不知「文獻回顧」工作的重要性。此為邁向研究的第一步，目的在掌握前人探究的貢獻，並瞭解該課題學術傳統的發展沿革，而更關鍵的是，從閱讀考察中發現至今懸而未決之點或有待修正補強的看法，由此促發問題意識之產生。簡言之，這些都需仰賴讀者的閱讀功力，也就是深度透徹的理解。

歷史閱讀反對粗率而表面的評價，那只會導致斷章取義，卻無法孕生富有意義的研究問題。歷史閱讀要求的是深入文章之內，把握作者的觀點、布局、思路、引證，以及已解決與未

解之題。透過這般精細的理解，才有可能辨明文本的精華與缺漏，才能在不斷與作者思想交鋒、不斷向其扣問下，最終找出值得探討的要點。

　　上述過程正展示了：研究是站在前人（巨人）肩膀上的道理。當然，促發疑問、產生問題意識，除了二手論著外，還需藉助與原始材料的比對查照之法。許多教師也習於在課堂中引入各種文獻材料，視之為改進教學的良方。確實，原始資料總是散發著遙遠時光遺留下的風味，令人回味神往，然而另一方面，它們也多因奇特的印記和艱澀難解的話語，難以讓人親近。英國史家彼得‧柏克(Peter Burke)即曾談到，由於「文化距離」之存在，今人欲知過去，「同理」古人，極其困難；他深覺自己從事的歷史研究有如「翻譯」，發揮著橋樑的功能，用易讀可懂的方式，把遙不可及的異邦轉知於今。[12]柏克點明，由於文化距離，遺跡和原始材料並不總是可親易懂，遑論從中提出問題、質問作者。這倒是提醒教學者，面對那些來自往昔的各式遺跡素材，教師的轉譯和引介之力，需要加倍。相對來說，訓練學生閱讀或者協助他們進入研究之途，嚴謹而觀點清楚的二手研究也許是更合適的叩門磚。

　　但「提出問題」只是開始，歷史探究實為一個漫漫的過程。一旦設定了探究焦點，研究者便需啟動「回應問題」的程序，包括重新鎖定相關資料，繼而展開精讀細思的工作，查悉哪些

---

12 羅云廷譯，〈彼得‧柏克〉，收於陳建守主編，《史家的誕生：探訪西方史學殿堂的十扇窗》（臺北：時英出版社，2008），頁176、184–185。

文本、哪些內容可為支持論點或修訂論點的證據，並在證據與問題之間不斷來回檢視，最終形成解釋，發展成論述。這一連串的「回應問題」模式，同樣唯有精熟於歷史閱讀，才能順利走過。

提出問題、回應問題是探究的兩道推力，而在其中穿針引線、發揮作用的即是歷史閱讀的軸心：文本閱讀與證據推論。由此可見，歷史閱讀對於引導學生進行探究的重要性。學生若缺乏歷史閱讀的基本能力，底子不夠，很難期待他們從事複雜的探究與實作活動。

不可否認，透過歷史閱讀，提出問題和回應問題，雖是專業學者熟悉的工作流程，但對中學生而言，卻是頗為困難的挑戰。單從文本中不斷提出問題這點，就不是閱讀生手所能快速做到。比如要從學者專家的既有研究，看出其論述是否嚴謹周全，或直接從原始材料中窺出若干蹊蹺、產生疑惑，都非簡易之事。但這並非否認，學生確實可以從後天的學習與訓練中逐漸上手，習得那樣的眼光思考。

資料該如何讀、怎麼問？筆者舉一段資料為例。達文西這位文藝復興時代的藝術家，中學課本內一定有他的一席之位，多數學生也必然耳聞知曉。但說到達文西的繪畫觀點，卻較少為人所知。以下試舉兩段達文西的看法：

> 一個繪畫者一定不要去模仿任何其他人的方法，因為這樣一來，他就不能被稱為自然 (Nature) 之子，而只是自

然的孫子。回溯自然才是最好，因為自然中充滿各式各樣的事物，遠超過其他大師的產品，這些大師也都從自然學習。[13]

你身為繪畫者，當然渴盼有極好的實作，自當了解，如果你不將工作置於自然 (Nature) 這個好的基礎上，你費力所做，就沒什麼值得尊敬的，也將徒勞無功。如果你的工作是奠定在好的基礎上，那麼你的作品會很多很好，會帶來榮譽和益處。

一個繪畫者應該要研究整個自然，而且要在內心判斷所有他所見之事，……。這種方法下，他的心智猶如一面鏡子，真實地反照所有出現在他面前的事物，並且可以說，他的心智就成為第二個自然。[14]

字面來看，以上引文或許並不困難，卻深富含意。這些草稿隨筆，既有達文西對畫者的諄諄教誨，也鑲嵌著他自己的觀點，並折射出時人若干風習與價值觀。但讀者若不深究，極可能錯失理解達文西和他時代的機緣，甚至產生誤解。尤其許多原始

---

13 Leonardo Da Vince, *A Treatise on Painting* (London: J. B. Nicholas and Son, 1835), 219–220. https://ia801600.us.archive.org/31/items/davincion painting00leon/davincionpainting00leon.pdf, accessed July 10, 2023.

14 Leonardo Da Vince, *A Treatise on Painting*, 222–223. https://ia801600.us. archive.org/31/items/davincionpainting00leon/davincionpainting00leon.pdf, accessed July 10, 2023.

資料的用字譴詞和敘述，並非現代人所想，也非當世熟悉之意。
例如達文西的三段話語，可以提問如下：

1. 在這兩段敘述中，達文西主張繪畫的人應該要注意哪些
   事情？

2. 達文西認為繪畫的人是「自然之子」，根據上文，他為什
   麼會這麼說？

3. 引文中，達文西提到「自然」時，總是以「大寫」呈現，
   這有什麼特別的意義？他所稱的「自然」可能和我們有
   什麼不同？

4. 達文西不斷將繪畫與自然並舉，這在當時是特別的嗎？
   還是一般性的看法？

5. 達文西勸說，學習繪畫的人不要模仿名家之作，應當要
   師法自然。達文西為何要這麼說？他的觀點在當時是獨
   特的，或普遍的？

6. 達文西稱呼繪畫的人是「自然之子」，或可推論：他似乎
   甚為肯定繪畫的價值，是否確實如此？果真如是，當時
   的人也與達文西那般看重繪畫嗎？或是恰恰相反，達文
   西因此欲為繪畫說項？

以上疑問和推論，都環繞著達文西其人與其時代，從繪畫
的地位延展到時人的藝術取向以及價值觀。這些問題一個個都
可成為進一步追溯探討的入口。換言之，以閱讀、理解為基礎，
研究者同時嗅出了若干「可疑」之點，從而帶動後續的「探
究」。當然，關鍵在於：如何能從乍看之下平凡無奇、或者晦澀

不明的文字中摸索出那些線索？

　　事實上，提問無需特別高深的知識背景，重要的是，讀者要有所覺知，所謂覺知，便是把握了某種閱讀和思考的角度：不把資料內容當成理所當然、天經地義，而是作者觀點、意向的貫穿與折射；這些觀念意向都來自特定的時空，與那一時空文化有著剪不斷、理還亂的關係。說穿了，此即「文本」概念。

　　因此，具備文本概念，從而擁有閱讀文本的思考能力，乃是產生問題或者解決問題所不可或缺，也是進行文本閱讀和證據推論的探究工作必得具備的基本要件。可惜這一認知的意義，在教學現場中經常為人忽略。

三、認識資料之為「文本」

　　為破除學歷史等於死記強背的負面印象，許多教師在課堂中常精心準備各類史料文本，提供學生教科書以外的解釋和閱讀機會。然而，老師端出好料／資料，學生就會知道如何品嚐其味，就能「如史家一般閱讀」了嗎？許多實證研究顯示，這只是教學方的片面之想罷了，情況並非這般。

　　如同本書前述，溫伯格早在 1990 年代便已透過實驗揭露，即使是成績頂尖的高中生閱讀美國史的資料時，多半只專注於字面訊息上，少能向資料提問，遑論進一步與資料背後的「人」對話。不只中學生，其他研究也顯示，包括大學生、甚至學校教師，往往擅於轉述、摘要資料的內容，卻不太能分析批判。[15]

這些發現與筆者多年來在大學課堂所見大學生閱讀資料的侷限，如出一轍，同時，從多年的接觸經驗中，也看到許多歷史知識豐富的教師無法進入資料內裡，讀出深刻的意義。

　　許多研究早已證實，無論年齡或者知識多寡，都不是影響人們能否勝任文本閱讀的主要因素。如果年齡和知識並非絕對要件，那麼形成師生和專家學者閱讀差別的根本為何？美國資深的歷史教育學者范斯勒萊曾經親自到小學五年級的課程中教導學生閱讀資料和探究，進行測試。他在一個二十三名五年級生的班級內，就美國史上的「飢餓時期」(The Starving Time)——1609 至 1610 年冬天第一批拓荒者於今維吉尼亞州詹姆斯堡 (Jamestown) 遭遇飢荒困境之因，提供數種不同甚至衝突觀點的材料，讓學生閱讀，並觀看學生分組討論時，如何理解和抉擇這些歷史解釋。[16]范斯勒萊從實驗過程中得出，受測者對於資料的把握，經常受制於三種思考傾向：⑴很難理解歷史解釋和過去實況之別；⑵繼續想要尋求單一正確的歷史敘述；⑶用現在的條件情境和價值觀，套在古人身上。[17]這個研究發現值得

---

15 溫伯格著，林慈淑、蕭憶梅、蔡蔚群、劉唐芬等譯，《歷史思考大未來：勾勒歷史教學的藍圖》，頁 124。

16 Bruce VanSledright, "Confronting History's Interpretive Paradox While Teaching Fifth Graders to Investigate the Past," *American Educational Research Journal* 39:4 (Winter 2002): 1089–1115.

17 Jeffery D. Nokes, *Building Students' Historical Literacies: Learning to Read and Reason with Historical Texts and Evidence* (New York:

重視。如果小學生持著這般想法，未能在後來學習的過程中，經由教師疏導，那麼長大後，這些思考傾向必將固化，成為阻撓理解的巨石。

注意范斯勒萊指出的第一個困難：「很難理解歷史解釋和過去實況之別」，牽涉的即是如何看待「資料」的問題。也就是說，學生易把資料內的描寫或解釋當成了過去本身，這不難想見。例如歷史課堂中經常盛行有關原始資料的「迷思」(myths)：以為一手資料比二手資料來得可靠、把所有原始資料都當成了過去的「證言」(testimony)、使用原始資料就能／是讓學生投入正宗的歷史探究，[18]就是帶領學生面見「真正的」過去。[19]學生把歷史（解釋）當成過去（實況），其來有自。

於此，造就閱讀取向的一個重要因素，呼之欲出。那就是讀者對資料持有什麼樣的態度與認知。非相關專業的歷史學家為何仍能直擊資料的隱諱之處，而背景知識豐富的師生卻看不出「潛在文本」？關鍵恐怕在於史家親臨文獻之前，已對資料的文本性質了然於心。歷史研究者深知，無論什麼類型的資料都

Routledge, 2013), 10.

[18] Keith Barton, "Primary Sources in History: Breaking Through the Myths," *Phi Delta Kappan* 86:10 (June 2005): 745–753.

[19] A. K. Dickinson, S. Gard, and P. J. Lee, "Evidence in History and the Classroom," in *History Teaching and Historical Understanding*. Edited by A. K. Dickinson and P. J. Lee. (London: Heinemann Educational Books, 1978), 3.

承載著觀點與論述、意圖與目的，而不只是單純的過去的再現。因此文本不能等同於過去的實況，而是對過去的表述詮釋。甚且，過去已經過去了，留下的雪泥鴻爪，不過斷簡殘篇，其中多夾雜著留下資料者的選擇和期求。因此，對專業史家而言，閱讀資料的重頭戲在於溯源、脈絡化，也就是考察某些「事實」如何被安置、鑲嵌於特定觀點的框架下，又被賦予什麼樣的意義。相對的，學生相信只要作者不說謊、剔除主觀「成分」，資料就是「過去」，如此，自然也會以為閱讀最重要的工作是蒐集訊息、筆記重點、有條理的彙整「事實」。

　　專業史家的閱讀奠定於文本概念的先見上，就如懷有什麼樣的「歷史」觀，會造就出什麼樣的歷史教學，同樣的，如何看待資料，也限定了如何閱讀的路徑。這麼說來，「像史家一般閱讀」其實包裹著一種觀看資料乃至歷史的眼界，那是關於讀者對過去與歷史、實況與文本、敘述與詮釋等議題該有怎樣的認識。而這樣的認識又是驅動了其後探索文本的一連串進程。溫伯格便曾引述西元二世紀某位教會人士的一句話，準確道出人們得先知曉潛在文本的存在，始有可能從事文本角度的解讀：「我相信，因為這樣我才能夠瞭解」。[20]

　　進一步來說，認識文本概念潛藏著諦視資料與歷史之道，更蘊含了觀看世界和現實的方式。此所以溫伯格在 2015 年論

---

20 溫伯格著，林慈淑、蕭憶梅、蔡蔚群、劉唐芬等譯，《歷史思考大未來：勾勒歷史教學的藍圖》，頁 121。

及溯源的重要性時，特別提醒一點：「溯源是一種世界觀(Weltanschauung)，一種理解世界的整體方式。」[21] 如此定調，初看不免令人困惑。溯源乃是史家閱讀文本的方略之一，為什麼溫伯格大大地標舉為一種世界觀？此中確有深意。因為教導學生去查問作者來歷、目的、身處情境，可以翻轉他們理解人世的既有看法。學生應該藉此明白，「真相」並非歷歷在目或信手可得，些許蛛絲馬跡總是夾藏於各種文書的修辭筆法以及虛文矯飾之下；唯有穿過重重的文字或象徵迷霧，辛苦地破除層層疊疊的迷思虛構——也就是人類學家所言的「厚描」(thick discription)，才可能有所觸及。而甚至所觸及的或也只是「真相」一角，因為所謂「真相」永遠難以全盤掌握，其總是複雜模糊、變動不居的。所以建立文本概念與培養文本閱讀，開啟的是有關人與世界的新視野。

簡言之，如果不識「文本」，便無法掌握資料閱讀的精髓，面對資料時，即難以覺察其中的殊異特出之處，同時也將無感於各種論述中觀點和思路如何鋪陳架構，所謂閱讀，便只停留於採集、複製和綜合相似訊息的層次上。至於教導學生學習史家的閱讀，有賴教師持續地以不同方式建立、加強學生的「文本」觀念。學生必得明白，任何資料——即使是原始材料，乃人為建構，是具有修辭性、含納意圖與觀點的文本。而身為讀

---

21 S. Wineburg and Abbey Reisman, "Disciplinary Literacy in History: A Toolkit for Digital Citizenship," *Journal of Adolescent & Adult Literacy* 58:8 (May 2015): 636.

者，需要針對文本的「事實」編排與論述布局細心地查核、判斷，或者詰問、質疑。

筆者過去在大學一、二年級的入門課中，經常給學生一個小作業：用五百字說說自己生命的故事。學生繳交作業之後，再引導他們回顧思考：自己如何決定書寫的標準、納入以及排除了什麼、用什麼方式表達表現、這個「故事」代表了「真實」的自己嗎？此活動的目的即是讓學生體會，敘述都是受限的，是對事實的選擇與重塑，其中無可避免地經過各種考量和詮釋的歷程。

四、覺察「現在主義」心態

前述范斯勒萊提到學生閱讀時，還有一個非常普遍而教師必須小心提防的習性：學生動輒以現在價值觀去想像、評價過去之人。[22]這種心態是教導歷史以及閱讀時特別要警覺的大忌。

以今日的價值標準強加套用於過去的人與事，並且懷抱著某種現在為尊的優越意識，一般稱為「現在主義」(presentism)。現在主義往往表現於人們帶著自身時代的視角眼光，審察過去，強求過去應該一無差別地如今人那般思考和行動。此無形中把過去變成了現代的投射或影子，而非真正設身處地瞭解文本背

---

22 另可參見 Bruce A. VanSledright, *The Challenge of Rethinking History Education: On Practices, Theories, and Policy* (New York: Routledge, 2011), 56.

後的作者或者時代。但這樣的思考傾向幾乎隨處可見。

（一）從課堂內到課堂外

譬如筆者在近代世界史的課堂中，提到馬丁路德和贖罪券問題時，學生總是和馬丁路德「同仇敵愾」（其實是誤解了馬丁路德的立論），指斥當時基督教販售贖罪券的不當，以為那都出自教會的貪婪，以無用的贖罪券「欺騙」信徒，不過是為了斂財的目的。這正是用現在的角度思量過去的典型態度。

確實，十六世紀前後，教會大量買賣贖罪券原因之一，是當時教宗李奧十世 (Leo X) 欲籌措修整聖彼得大教堂的龐大經費，但如果認定這完全是一樁「神棍」的行為，卻大有問題。贖罪券發行有年，乃建立於一個普遍的信念上：長久以來，許多教會聖人累積了豐厚的「善功」，存在「善功庫」內，可以與眾「分享」、幫助基督徒除去某些罪惡。這是上至教宗、下至一般教徒都深信不疑的一點。此與現代人所說，明知虛假而欺瞞的行為絕不相同。贖罪券能夠存在數百年之久，即是奠基於這一共同的心態認知。

如果大學生尚且如此誤解，遑論中小學生。英國的李彼得 (Peter Lee) 研究七至十四歲兒童的歷史意識時，屢屢見證學生慣用自己的想法解釋古人所為。李彼得和他的學術同僚以古代盎格魯‧撒克遜人採用「神判」(ordeal) 來決定人們是否犯下罪刑，作為閱讀主題，欲探知學生如何反應。根據他們的研究，少數八年級生確實思考敏捷，已經能夠看出過去的人不僅僅行

為與我們不同，所思所想也不一樣。例如以下這個學生的解釋：

> 我認為撒克遜人使用神判，部分原因是他們信任神。我
> 想撒克遜人相信神判就是神的審判。因為神的大能君臨
> 一切，如果你是無辜的，神會治癒你的燒傷或讓你下沉
> （於湖底），而如果你有罪，他會讓你飄浮起來或者不會
> 治癒你。我認為撒克遜人相信神會解救你，是神在說明
> 你是否有罪或無罪。[23]

這位學生表現了歷史的同理心，試著用過去的思想方式去貼近
古人，而非以己之意凌駕其上。此外，也有學生能轉而比照過
去與今日，進行反思：「那麼他們很可能會說他們的制度，有了
神，比我們的更好，因為，惡人會耍弄真理，但神（不
會）……。」問題是，真正能夠達到以上思考層次者有如鳳毛
麟爪。大多數學生無法意識古今有別，並且抹去古今之間存在
的文化距離。

　　在李彼得等的調查中，一些學生會直覺地將「神判」斥為
不可思議的「荒謬」，有些則援現在的「審判」為準，批評神判
太不公平了，並認定這不可能是審判方式，而是某種處罰，為

---

23 P. J. Lee, "Putting Principles into Practice: Understanding History," in *How Students Learn: History in the Classroom*. Edited by M. Suzanne Donovan and John D. Bransford. (Washington, DC: The National Academies Press, 2005), 48.

了遏阻犯罪之用。還有一些受測者儘管承認盎格魯‧撒克遜人具有不同的宗教信仰，但最終仍堅持神判恰恰反映了這種信仰是有問題和荒謬的。[24]

學生如此，與教學關係密切的教科書，也往往散發著時深時淺的現在主義色調，從而影響師生對過去的認識。平心而論，長久以來，教科書以「現在主義」的立場述說過去，導致刻板單一的觀點，恐怕是許多學者秘而不宣的「事實」，雖然此中涉及了許多複雜的現實因素。就以外國歷史來看，過去教科書經常會不自覺地以當今崇尚民主為準則，褒揚古希臘篇章內的雅典，而貶抑斯巴達。殊不知在那個遙遠的年代中，人們更多的是把「民主」等同「暴民」政治，民主一詞負面意思甚於正面。反倒斯巴達的體制得到時人更多的肯定，更符合彼時的價值觀。又如近來教科書還是可見將蘇格拉底的懷疑精神，與西方近世「去宗教化」的理性思維劃上等號，罔顧蘇格拉底的有神信仰。或者，用現代的民主觀念定位英國近代憲政發展的王權與貴族之爭，把十八世紀啟蒙運動的自由主張視同民主平等訴求……等等。相信這類又被稱為「時代錯置」(anachronism) 的例子，絕不只出現於世界史的範疇而已。

不可否認，過去的確有其奇異難解的一面，所以很多教師

---

24 Rosalyn Ashby, Peter J. Lee, and Denis Shemilt, "Putting Principles into Practice: Teaching and Planning," in *How Students Learn: History in the Classroom.* Edited by M. Suzanne Donovan and John D. Bransford. (Washington, DC: The National Academies Press, 2005), 117.

　　為了降低陌生感，也基於提高學生興趣、提升歷史的「關聯性」(relevance)，會援用一些教學策略，以為輔助。只不過，稍一不慎，卻可能誤蹈現在主義的禁區，最終付出曲解歷史的沉重代價。譬如在教育界，前幾年頗為流行的「換位思考」教學法。

　　「換位思考」出自若干講者為鼓勵聽眾站在他人立場設想，並鍛鍊人們感知能力而設計。就教導歷史而言，教師似可藉此活動拉近過去與現在之距，增加學習歷史的切身性。但遺憾的是，這一教學策略卻反倒會掉入其原來亟欲避免的窠臼中。

　　想像臺上歷史教師娓娓細說古人面臨重大抉擇的關鍵時刻，突然話鋒一轉，直問學生：「如果是你，你會怎麼做？」試問，學生要如何回答？這一提問著實令人混淆。「你」究竟指教室中的「你」，或在過去的「他」（她）？從換位思考的初衷而言，既然鍛鍊「設身處地」，那麼學生要擬想的應是過去的「他」（她），究竟在想什麼？能想（不能想）的是什麼？而且「設身處地」蘊含一個前提：他與我不同，因此必得花費一番功夫才能進入他所處的心靈與境地之中。而欲達到這般神入的程度，絕非憑空可生，也無法靠著純粹的想像力奔馳，需要的是辛苦耙梳屬於那個時代、那個人留下的資料以及後人的探究。沒有這層知識背景和深刻理解，學生只能粗糙也是粗暴地用教室中的「你」，還有現在的價值觀去胡思亂想，最終反而踏上了現在主義的歧路。

　　其實，坊間也不乏知名學者具有這樣的思考模式。由兩位歷史學家彭慕蘭 (Kenneth Pomeranz) 和史蒂芬・托皮克

(Steven Topik) 合著的《貿易打造的世界：社會、文化、世界經濟，從 1400 年到現在》，是許多讀者耳熟能詳的普及讀物。然而該書提到哥倫布時，卻將哥倫布描繪為「新世界第一個奴隸販子」，貪好錢財罔顧道德。作者引述的證據是他曾在從事劫掠的海盜船上待過。又說他為了追求個人利益，而一再改變效忠的主子。[25]總之，兩位作者筆下的哥倫布全無可取之處，就是一個不折不扣、唯利是圖的小人。

　　細看上述控訴哥倫布的罪名，實有商榷之處。該書所根據的都是後世的價值準則。例如財富應取之有道（為求生存的時代，道德尺度絕不同於後世，而且近代以前，海商多也是海盜，經商過程中經常伴隨著強奪劫掠）、忠君愛國（十九世紀國族主義盛行前，許多文化人、商人為了獲得贊助，經常遊走於各國王室之間，並無不忠的問題）。兩位作者甚至極其輕視哥倫布的基督教信仰，斥之為「中世紀的心態」。當然，哥倫布絕對不是什麼正氣凜然、道德高尚之士，但也不應擔上後世加給他的罪名。哥倫布就是典型的十五、十六世紀歐洲人，具有那時人們普遍會有且視為天經地義的思想觀念、宗教信仰及行為舉止。

（二）從進步觀到道德批判

　　「現在主義」備受學者關注，因其無所不在，尤其這種看

---

25 彭慕蘭、史蒂芬・托皮克著，黃中憲譯，《貿易打造的世界：社會、文化、世界經濟，從 1400 年到現在》（臺北：如果出版，2007），頁 87–89。

待古人的方式，經常會訴諸人性的解釋，或以現代人的優越感，從道德優劣去品評他者或貶抑過去。

用一般的人性常識來解釋歷史，是「現在主義」思考的特點之一。例如關於義大利文藝復興時期佛羅倫斯麥地奇家族為何大力贊助藝術文化，以為是「人有錢了，總不希望自己一直像個暴發戶、土豪……，也明白家族也許富不過三世……。」[26] 這是忽略了十五、十六世紀時，君主專制正在成形的過程中，義大利城市國家如佛羅倫斯等的顯貴家族，一方面暗裡掌握政治，一方面在外追求體面 (appearance)，展示王者之道，遂形成了政治與文化之間的深切勾連。

要留意的是，援用普遍人性觀去理解過去，不只可能曲解歷史，還很難避免隨之而來的道德批判。因為一旦習於以現在、自我為尊的思考，總會強求那些處於與我們不同情境的往昔之人想我們所想，而當他們無法如我們所期待地那般表現時，則多加貶低或嚴責。

知名的義大利化學家普利摩・李維 (Primo Levi)，生前演講納粹集中營的經驗時，便經常面臨人們「無法感知別人經驗與情境」而來的窘境。李維於《滅頂與生還》這本書內提及，不同的場合，不同的聽眾，卻經常向他提出共同的問題：「你為什麼不逃走／不反抗？」[27] 可以想知，這個提問背後包含著滿滿

---

26 吳宜蓉，《OSSO～歐美近代史原來很有事》（臺北：平安文化，2020），頁 73。

27 普利摩・李維，倪安宇譯，《滅頂與生還》（臺北：時報出版，2020），

的不解還有苛責。不滿和苛責都來自此時此刻的某種自信，自信若是處在那個當下，自己一定會有不同的、更好的選擇和作為。人們心中對李維的質疑包含著幾個價值前提：「你應該要逃走、要反抗」、「都是因為你沒有逃走、沒有反抗」、「如果是我，我一定會逃走、會反抗」。

其實，在歷史領域內，不留餘地的批判態度更是常見。例如在某些人的眼裡，歐洲近代初期的獵巫熱中，那些學識人品堪稱一時之選的法官，似乎是「故意」用千奇百怪的方法識別女巫，折磨當時被指控者，如針刺全身法、水驗法等。種種令人匪夷所思的判別法，常被後人苛責為「簡單粗暴」、「任意地使用各種……荒誕離奇的證據進行調查」。殊不知，在現代舉證方式尚未問世或普及的漫長年代中，訴諸宗教、神秘力量的神聖裁決，以判斷有罪無罪，乃尋常不過、而且是被公認的途徑，如同前述李彼得研究中的那位學童所述。

用現代標準求諸過往之人，卻因過去的行為與信念匪夷所思，自然而然，便會歸於人性之惡、道德缺憾或個人才智有限，予以詮釋。李彼得從測試中，證明這是學生的慣性思考。例如面對十五、十六世紀歐洲君主為什麼會資助新世界的探險活動這個問題，學生考慮的多半是：君主貪婪的想要獲得金子和更多土地。而西元 43 年羅馬入侵不列顛，也是源自皇帝想要獲取金銀珠寶還有土地之故。又比如伊莉莎白一世為什麼拘禁了蘇

頁 16。

格蘭的瑪麗女王，卻又遲遲不下處決命令，有個十歲的孩子超乎同齡小孩，試圖從若干外在情勢的利害關係加以連結：女王基於與瑪麗的親戚關係、或不想與國內以及蘇格蘭的天主教徒為敵、怕引發內戰或是與其他天主教國家開戰等等。但李彼得觀察到，這個學生的表現雖然優異，卻依然未能超越現在為中心的思考俗套。因為，資料擺於眼前，學生卻視而不見其中指明的一點：伊莉莎白猶豫再三，一個根本原因是當時人眼中，處決另一位同樣得到上帝聖膏認可的君主，是一項非常嚴重的逆反行為。[28]

以上顯示，從現在的價值觀出發去審視他者，除了無法體察對方之外，更會引出某種簡化了情境、毫不留情、甚至是居高臨下的批判態度。於是，許多學生眼中，古人多半愚笨、不聰明、能力受限，無法如現代人那般睿智理性，洞明事理。李彼得將這種心態所擬想的過去稱之為 「有缺陷的過去」 （the defective past）。[29]想當然爾，這對應的就是自身所處的「完足的現在」。

用現在的觀念俯看過去，評斷前人，實則離歷史理解已遠，尤其拿後世之劍，砍向古人，更是反歷史之舉。可這樣的現象幾乎無處不在，尤其見諸當前各國政治和文化記憶的場域中，

---

28 P. J. Lee, "Putting Principles into Practice: Understanding History," 48–51.

29 Rosalyn Ashby, Peter J. Lee, and Denis Shemilt, "Putting Principles into Practice: Teaching and Planning," 154–155.

屢屢用「大是大非」的標籤對比今時和過去，以證成現在的合理性。[30]這般心智習性無疑是帶著「進步論」的眼光，漠視古今之殊，從而把歷史學推向簡單的道德批判之狹窄胡同。弔詭的是，這其中所顯露自覺或不自覺的睥睨古人，兼之而來的狹隘倨傲態度，實與今日處處宣揚的「理解」與「寬容」價值背道而馳呢！

　　看來，現在主義在校園內外，從學生到成人都難以避免。如此頑強的心性，確實是學習歷史的大敵，教師必得時時戒慎恐懼，與之搏鬥。但這樣的心智習慣從何而來？

　　按認知心理學專業的溫伯格所說，這毋寧源自人之自然思考習性：

> 「現在主義」，也就是從「現在」的鏡片中透視過去的行
> 為，並不是什麼我們無意間染上的惡習，它是我們常有
> 的心理狀態，是一種無需費力、自然而來的思考習慣。[31]

溫伯格指出，人們用自己的生活為基準，觀想世界、注視別人，其實是一種不假思索的天性。這種思考習慣總是設想人與我的處境和心境相同更甚於不同，這點卻成了「理解」時的致命傷。

---

30 Margaret MacMillan, *The Uses and Abuses of History* (London: Profile Books Ltd., 2010), 93–94.

31 S. Wineburg, *Historical Thinking and Other Unnatural Acts: Charting the Future of Teaching the Past* (Temple: Temple University Press, 2001), 19.

因為在閱讀資料或者看待他者時，這個他者無論身在近旁或遠在千年之外，此一心態都成了重重屏障，讓我們只看到自己，而不見彼方。

誠然，「以己之心度他人之腹」是再平常不過的心理經驗，這或許是希臘納西色斯 (Narcissus) 神話的本意，述說人類本能中或多或少的自戀傾向。自戀情結過度放大，便容易無視他者的處境和難處。果真如此，該如何抵拒現在主義的致命吸引力？如何邁向克服之路？

（三）覺知古今之差異

其實，「現在主義」的自然存在，正可彰顯歷史這個科目的價值。學習歷史，解讀資料文本，即在訓練我們收束當下的自大心態，謙卑的探問過去點點滴滴，體認時代遞嬗所帶來的變化與殊異。在此歷史學與若干專業有著相同的意旨：欲克服自然習性，超越日常識見。李彼得因而說歷史思考是「抗直觀的」(counterintuitive)，[32] 溫伯格則洞悉歷史思考是 「反自然的」(unnatural)。[33] 英美兩位學者異口同聲表明，歷史思考往往與直

---

32 P. J. Lee, "Putting Principles into Practice: Understanding History," 33.

33 有些論者認為李彼得和溫伯格主張理解過去時，應採取一種「客觀、分析及觀察者的角度」，而這種思考乃是屬於「科學訓練的觀念」。此一論評恐怕是極大的誤解。李彼得和溫伯格正因為目睹當下許多人只用自己所屬時代的特定價值觀，冷眼「觀察」過去並批評古人，因而力主學習歷史必須盡量壓制自我，並透過文本解讀，盡可能地貼近與

覺天性相違，學習者藉由這個專業涵養的磨練，得以抗衡現在思維的無限膨脹，從而開啟理解的大門。那麼，如何在歷史這個科目下踏出自我磨練的第一步？

「現在主義」的思想特性涉及一個曾被廣泛討論的歷史課題：過去究竟是與我們不同的異邦，或是和我們相似的國度？許多人持著「人同此心、心同此理」的想法，多會選擇後者。但晚近以來，歷史學家多諄諄告誡：我們與過去不僅隔著遙遙的時空差距，還阻絕於巨大的文化鴻溝，那甚至是一道「難以跨越的盧比孔河 (Rubicon)」。[34] 譬如《貓大屠殺》的作者羅勃‧達頓 (Robert Darnton) 便提醒，具備「差異性」念頭，殊為必要。他說：

> 他者就是他者。他們無法如我們所想。假如我們要瞭解他們的思想方式，就該具備掌握差異性 (othernesss) 的念頭……我們常常需要去拋掉過去是親近的感覺，並承受一次又一次的文化衝擊。[35]

神入過去，以把握當時人們的思想情感認知所在。這種理解觀點與所謂「客觀、分析」、「科學訓練」實在相去甚遠。參見宋佩芬，〈什麼是歷史教學中的 historical empathy？〉，《教育研究集刊》，67:2（臺北，2021），頁 8。

34 借用溫伯格的比喻。溫伯格著，林慈淑、蕭憶梅、蔡蔚群、劉唐芬等譯，《歷史思考大未來：勾勒歷史教學的藍圖》，頁 10。

35 轉引自溫伯格著，林慈淑、蕭憶梅、蔡蔚群、劉唐芬等譯，《歷史思考

達頓闡明：欲求理解，先要認清人我古今之間存在著差別。前人與我們也許都會有相似的生老病死經歷、愛恨嗔痴等心理經驗，但啟動這些反應的要素以及所賦予的價值和意義，卻多迥然有異。也就是說，人們為何而笑、因何而哭、認定什麼是重要以及有意義的基準條件，會依時依地大有不同。達頓以研究十八世紀的法國文化為著，他從文件中發現巴黎一家印刷廠工人下工後，群起抓貓，有模有樣地開起審貓大會，最後處死貓咪。工人們嘻笑怒罵、樂在其中。對生活在動保主義下的現代人而言，這完全是無法想像的乖張行徑，因為我們的心態已與當時有著巨大斷裂。唯有承認這點，才可能用心傾聽屬於那個時代的絮絮之音，從而開啟理解的大門。

同樣的，撰寫《奶酪與蛆蟲》一書的義大利史家卡羅‧金茲伯 (Carlo Ginzburg) 也說：

> ……必須摧毀以為我們和過去之人非常接近的這一個錯誤意識，因為過去的人生活於和我們極不相同的社會中。我們對他們的心智世界探索得愈深，應該愈會震驚於今人和古人之間的文化距離。[36]

金茲伯切切警示，必須放棄過去是熟悉的、相似的這種先入為

大未來：勾勒歷史教學的藍圖》，頁 16。

36 轉引自溫伯格著，林慈淑、蕭憶梅、蔡蔚群、劉唐芬等譯，《歷史思考大未來：勾勒歷史教學的藍圖》，頁 16。

主之想，以便正視時間軸上的彼端，那是與我們極為不同的世界。不同，不僅在於物質制度，更在於心靈思考和價值理念。橫亙於彼此之間的除時間空間之遙，還有難以揉合的文化異趣。

達頓和金茲伯不約而同地點明了覺知古今有別之重要。接納這點，才能於面對資料／過去時，抱持好奇開放，進而探得底蘊。

從歷史學的發展來看，專家學者再三申明：今人必須要在意識上認知過去是一個陌生的國度，要在心理上接受過去與今日文化距離的存在，並充分認知理解過去甚為困難這點，具有重大意義。長期以來，研究歷史者常忽略過去是一個異邦，反倒以人心自古皆然來「熟悉化」過去。但正是這種拉近過去的方式，反倒讓我們離過去越遠。晚近受到後現代主義以及諸如人類學等思潮的影響，「過去即是他者」的意識逐漸獲得學界看重，也由此翻轉了歷史研究的重心。學習或研究歷史，不能只憑藉勤於蒐集資料，更重要的是面對過去的態度、解讀資料的方式。亦即，如何解讀資料才是關鍵，而覺知古今之別，則是必要的心態。否則閱讀再廣，引用資料再多，於個人的心智增長無益之外，更可能得到的是誤解，而非理解。

不過，需要澄清的是，嚴防「現在主義」的干擾，辨明古今有別，以免用現在的價值觀套入過去這點，卻經常招來誤會，以為那是指今人得拋盡現在所有的信念意識，「淨空」般地投身於過去。事實上，這全然不可能。當下的觀點原是兩面刃，一方面那是我們得以探照世界的依據，而且是洞悉前人所未見、

甚至建立一家之言的憑恃。於是，同個歷史現象，在不同時代的探照燈之下，產生了不一樣的理解與解釋，也顯現出不同的色調和意義。另一方面，當前的視界也確實可能成為理解的大敵，蒙蔽人們看清過去之眼，阻撓我們走入他者的世界。所以，身處任何「現在」的習史者，不可也不能脫除自身那些來自文化積澱的種種概念思維，但必須學習適度地壓制，以免阻擋了對過去的感知，與此同時，又能從現在的立點，觀照古今差異所在，從而認識他者。

以上針對教導歷史閱讀的基礎——四個認知而論。這四個認知：歷史閱讀首重理解、歷史閱讀是推進探究之力、認識資料之為文本，以及覺察現在主義心態，乃是任何教導歷史者的必備，更是課堂中向學生不斷提點的觀念。在此共同的認知架構下，師生才能順利進行歷史的教與學。

第五章

如何教導文本閱讀？

在大學本科任教多年，我總是好奇大學生如何看待歷史學科的價值？多次詢問的結果，最常聽到的答案是：透過歷史，能夠理解一件事情可從不同角度觀看；能認識多元觀點的存在。確實，多元解釋是歷史知識不確定的特質表徵。但我每每疑惑，在這麼理所當然、看似有理卻也含糊的答案中，學生認識的究竟是什麼？「不同角度」、「多元觀點」，對學生而言，究竟意味著什麼？

無庸置疑，「不同角度」、「多元觀點」是當代人絕對不會陌生的名詞。歷史課中，教師基於平衡和補充教科書的目的，多會努力提供特定課題的各種詮釋。例如，亞歷山大的正反評價，文藝復興的多重意義，啟蒙運動與法國大革命關係的不同定位，第二次世界大戰起源的各種觀點。相信學生常常接收各種相異見解，或也因而自覺擁抱了歷史學多元解釋的特性。而就算沒有歷史課的經驗，在今天這個資訊管道多元的時代，絕不乏一件事情各說各話、數種觀點針鋒相對的情況。而這些現實多被賦予「不同角度」、「多元觀點」的意義，甚至似乎只要推出這

兩個詞彙，所有的衝突、矛盾都可迎刃而解，不再是問題，而且還代表了開放、開明的取向。

　　然而「知道」了各種「說法」，就真的具備「不同角度」的思考嗎？各說各話意同「多元觀點」嗎？可想而知，事情不應如此簡單和消極。知道有種種說法，然後呢？承認各說各話，所以就不需分別輕重，任憑各吹各的調，問題也就解決了嗎？

　　多元觀點認知，當不只以知曉某些作者有其立場為足，而是閱聽者具有分析思考力，能夠洞識資料文本的目的意圖和潛在的價值觀或準則，如何影響作者抉擇資料、論辯證據、推進闡述並形成文章論點。唯有獲得這一層次的理解，才能明白所謂不同的視角，以及這些視角如何使得多元解釋共存並立。同時，也唯有在此基礎上，學生才可判斷：資料內的解釋是否有效、是否有足夠的說服力，或者所引用的證據是否具有效力，或相對的，哪種解釋缺點較多，難以成立。藉由這樣的解讀過程，學生乃能瞭解，不同觀點爭勝，並非指每種觀點的價值都是均等，都同樣值得採信，解釋亦有高下強弱之分。具備如此認識，才稱得上是擁抱多元觀點。這也是本書一再談及的文本思考。

　　話說回來，許多學生振振有詞地說歷史能夠培養多元觀點，但當面對課堂中提供的文章或資料時，卻往往手足無措，不知如何才能看出字裡行間所包含的思路、概念、觀點、價值標準。即使是成績優異、升學考試中的佼佼者，也多半糾結於文中某處說了什麼，並以自己既有的知識提出補充、批評或予以修正，

而很少會退後一步綜看全文，去掌握作者想要傳達什麼、為什麼要傳達、又為何如此傳達。

也就是說，閱聽者或學生如果無法掌握某一看法背後的特定「觀點」，如何編排材料、貫串論述、架構文本時，所謂的多元觀點充其量是表淺、虛空的。喊得震天價響的「多元觀點」，若不是建立於文本閱讀的理解上，甚至可能助長公說公有理、婆說婆有理的冷漠和虛無心態。然而學生不知，並非其過，而毋寧是學校和教師的不教之罪。

那麼如何教導文本閱讀？如本書第三章所示，溫伯格 (Sam Wineburg) 以及一些歷史教研者整併出史家的兩種閱讀法：溯源和脈絡化，為教師提供了可「教」和可「學」的方向。只不過，關於兩個閱讀法如何教、如何學，迄今為止學界研究不多。而目前所見國外專書或一些教學網站展示的教案，無論就內容之繁複或需要課時之多，又往往難以與我們教學現況相符，總有陳義過高之虞。本章以下所談教導溯源和脈絡化的建議，乃來自筆者轉化國內外研究的精義、個人多年的教學實踐經驗，以及對於當前中學教學實務的衡酌。

個人期望這些初步的思考和心得，能略微紓解當前歷史閱讀教學的困境。尤其希望此番拋磚引玉，能有更多同行投入相關的探究，協助有心改變的教師精進其教學。

一、溯源與脈絡化，孰輕孰重？

教導文本解讀，首先遇到的一個問題是：溯源與脈絡化，是同等重要，或有其輕重？

就閱讀的邏輯而言，溯源與脈絡化有先後之分。當與資料相遇，進行溯源，是理解的第一步。這一步又包含兩部分：一是查知作者背景、文本產生的時間地點與情境、文類屬性、討論主題及其立場；二是針對文本內容進行細部考察，透過精密閱讀，掌握內容、表述及文字風格，捕捉作者或文本的要旨、目的與觀點，並時時與文本的背景參照應證。藉由這兩階段的考察，讀者得以對文本建立初步的認識和定位，並且發掘其中有待辨疑之處，以繼續朝向更複雜的脈絡化工作和歷史探究。

至於脈絡化，則是將溯源文本的初步推論以及產生的問題，與當時的社會文化相扣參看，進行連結分析。脈絡化的閱讀，一方面可以確認文本字裡行間之深意，一方面也進一步從文本內外認識特定的時代文化。

面對資料，以溯源為始，接著邁入高層次的「脈絡化」探索，這毋寧是相當合理的處理程序。在這過程中，溯源顯然是基本功，而脈絡化屬於高階的工作。按理，後者的重要性高於前者。可想而知，許多史家也確實看重後者勝於前者。因為為文本和時代文化築起脈絡連結，並與其他文本交互參照，從而賦予文本意義，這部分最能展示研究者個人的歷史學養和獨到

之見。尤其，溯源主要針對文本本身的查核，一般的文本閱讀也多止於此處，但脈絡化則需進一步將文本連綴於時空情境，更具歷史性，也更能體現歷史學運用資料的要旨：以文本為窗口，展望其背後那特定的時代光景。

或因脈絡化工作與歷史探究深切相繫，近年來，「脈絡」一詞大行其道。例如：「放回它們（現象或文本）的歷史脈絡」、「注意更廣大的脈絡」、「全球脈絡之下」……等，這些語句經常閃耀於各種歷史論著內。不只如此，連溫伯格起初對脈絡化的青睞亦甚於溯源。翻開《像史家一般閱讀》內的八篇教案，提到培養溯源能力的只有一章，但脈絡化則於三個章節的教案內被列為重點技能。然而，這樣的輕重取捨，在教學上合適嗎？

（一）脈絡化對中學生的困難

脈絡化固然是歷史研究重要的一環，但在教學層次上，未必如此。教學實務與專業研究應有交集，卻也該有所分別，畢竟兩者的「關係人」不同，而歷史課也並非以訓練學生成為專職研究者為責。

誠然，不應漠視脈絡化文本實為高難度的工作。任何研究者都不會否認，文本涉及的脈絡既複雜又難以捉摸。脈絡一詞往往是許多相因要素之總稱：「『脈絡』可以是多向度的：它可以是一個特定的政治環境，可以是社會環境、文化環境和制度脈絡（如法庭）。」[1] 或如思想史家史金納 (Quentin Skinner) 所說，所謂脈絡，包含了文本的語言脈絡以及更廣的社會脈絡。

因此，欲將文本連結到這些複雜的脈絡或「情境」，並辨識出文本與時代脈絡共有的「價值觀」，何其艱難。連專業史家都要在這個階段上歷經摸索躊躇，絞盡腦汁，何況心智未開的學生？年輕學子真的能在學習之中，自行操作、達此境地？不令人意外的，幾乎所有引介溫伯格閱讀策略的歷史教研者，都從實驗見證，高中生在學習脈絡思考上困難重重。

美國歷史教研者諾克斯 (Jeffery D. Nokes) 早在 2007 年發表一項教學實驗成果的論文中，即提出學生研習脈絡化的困擾。[2] 他借用溫伯格 1990 年代開發的三個閱讀探索法：溯源、交叉驗證、脈絡化作為依據，選擇一個主題，採用教科書以及其他觀點材料兩類教材，再搭配教導史實內容或者教導閱讀探索這兩種教學法，組出四種教學模組。諾克斯在兩所高中內進行三週的教學實驗，觀察兩百多位十六至十七歲的高中生於不同教材和教法下，對歷史課題的理解以及閱讀型態是否有程度之別。施測結果，教師在溯源和交叉驗證方面的教學非常成功，學生也能習而用之。但在脈絡化部分，亦即教導學生上溯事件或文獻的地理、政治、歷史、文化等宏觀脈絡，卻是失敗的。

---

1 安納貝爾·布雷特 (Annabel Brett)，〈今日，何謂思想史？〉，David Cannadine, 梁永安譯，《今日，何謂歷史？：開創性的歷史學研究方向》（臺北：立緒文化，2008），頁 252。

2 Jeffery D. Nokes, Janice A. Dole, and Douglas J. Hacker, "Teaching High School Students to Use Heuristics While Reading Historical Texts," *Journal of Educational Psychology* 99:3 (August 2007): 492–504.

諾克斯推測一些可能的因素：「或許高中學生缺乏深度的歷史背景知識去使用這個探索法，因此需要更長時間學習，教法上的力道也或者不夠。還有一個可能，這個閱讀法本質上太困難了，以致無法教給高中生或更年幼的學生。」[3]

脈絡化閱讀對學生的難度，即使出身溫伯格史丹佛大學研發團隊的芮絲曼 (Avishag Reisman) 也同樣在實證研究中確認過。芮絲曼曾規劃一個名為「像史家般的閱讀：以文獻為基礎」的教學計畫。她在五所都會高中選取二三六位十一年級學生，進行六個月的課程實驗。實驗中，教師運用「顯性策略教學法」——指的是直接告知／傳授學生該閱讀法或歷史思考之名及其意義，如什麼是「溯源」。接著，教師親身示範進行的步驟，以利學生模仿，再利用所設計課堂活動，提供學生獨立練習。這項計畫旨在考察，強力的教學方法能否提升學生歷史思考、歷史知識以及一般的閱讀理解技巧。[4]

芮絲曼的研究顯示，學生確實能夠溯源並精細閱讀一份文獻，但在脈絡化和交叉驗證方面則出現障礙。她說，這兩個閱讀法「相對的，是屬於在文本之間比對的策略，學生需要提取先備知識或文本以外的理解，他們因此較難從仿效（教師）單

---

3 Jeffery D. Nokes, Janice A. Dole, and Douglas J Hacker, "Teaching High School Students to Use Heuristics While Reading Historical Texts," 502.

4 Avishag Reisman, "Reading Like a Historian: A Document–Based History Curriculum Intervention in Urban High Schools," *Cognition and Instruction* 30:1 (March 2012): 86–112.

一而具體的閱讀行為，從而習得。」至於為何學生表現不佳，她略帶含蓄的指出：「仍然不太確定，脈絡化和交叉驗證是否比溯源和精細閱讀是更複雜的探究法，或者它們需要依賴讀者對這個學科的知識論有更深度的理解，而不只是嫻熟具體的行為。」[5]

芮絲曼將學生學習史家脈絡化思考和探究的困難，歸諸年輕學子對於歷史學科知識特質如資料文本概念認識不足所致，故而無法只靠模仿教師的閱讀表現就能脈絡化資料。相對的，前述諾克斯則舉出較多相關狀況，包括歷史知識背景薄弱、課時不夠、教法上的缺失，甚至是脈絡化本身過於困難。

不只美國學者，加拿大的塞克瑟斯 (Peter Seixas) 和摩頓 (Tom Morton) 也沒有忽略這層問題。他們於所著書中，主張溯源和脈絡化屬於「證據」觀念，並提到，學生若能具有先備知識，例如教學者為待讀的文獻提供若干說明文字以及簡單的出處訊息，都會有助於學生順利詮釋資料。但是，他們話鋒一轉，如同諾克斯看出：「在許多情況下，一些重要的脈絡如各種技術或者傳播媒介技術、不常為人所知卻在當時是要緊的事件，還有關於資料產生時期的社會與知識氛圍等等，都在學生所知以外。學生也許需要進一步去研究，或者你（教師）需要提供這樣的脈絡。」[6] 按兩位學者之見，許多深而廣的背景知識乃在

---

5 Avishag Reisman, "Reading Like a Historian: A Document–Based History Curriculum Intervention in Urban High Schools," 104.

6 P. Seixas and Tom Morton, *The Big Six Historical Thinking Concepts*

學生認知之外，言下之意，學生要進行脈絡化文本，絕非簡單之舉，除非透過更多的閱讀和研究，補強或建立相關學識，才可寄望，但這恐非初學歷史者或學校中的學生所能快速承擔。

　　以上幾位教研者都不約而同揭露：脈絡化資料對學生來說，殊為困難。[7]綜合來看，進行脈絡化需要的專業研究力門檻太高。脈絡化的歷程固然為厚實閱讀與理解的重要之途，但前提是得先對時代圖像以及文獻所出的各種情境有所把握。即便專業研究者在具備基本的背景認識之餘，也得為特定的文本，煞費功夫、查閱各種原始資料或二手研究，以勾勒出該份資料的身世以及所對應的時代脈絡。

　　另一個困難在於：所謂脈絡化，如同溫伯格曾經鄭重釐清，決不是將文本「嵌入」、「放入」、「安插」於某個「已經存在」的脈絡圖版或框架中。[8]「脈絡」context 一詞含有編織之意，是研究者投入「文本」以及其產製的環境中，浸淫多時，所編織和建構出來的。所以，隨著每位研究者關注和看重的要點不一，所「選擇」建構的脈絡也會有不同。正因視點的差異，脈絡化更凸顯出研究者的功力與獨具的史識。但對學生來說，要

(Toronto: Nelson Education Ltd., 2013), 59.

7 另提及脈絡化困難者還可參見 Matthew T. Downey and Kelly A. Long, *Teaching for Historical Literacy: Building Knowledge in the History Classroom* (New York: Routledge, 2016), 132.

8 溫伯格著，林慈淑、蕭憶梅、蔡蔚群、劉唐芬等譯，《歷史思考大未來：勾勒歷史教學的藍圖》（臺北：三民書局，2020），頁 36。

在茫茫滄海中尋覓文本的定位之處，建立讓文本安身立命的脈絡，何其困難！

總之，脈絡化的歷史閱讀無疑是一項環環相扣的深度探究，精細又不斷延展的思考活動。專業學者都得千尋百繞，還未必能直抵目標，很難想像中學生可以應付自如。尤其脈絡連結，絕非一朝一夕可成。而當前的教育體制，也難以成事。

撇開對文本和時代的掌握難度這點不談，盱衡當前學習環境，幾乎難能容許學生文火慢熬的陶養脈絡化思考。學校課時總是有限，科目多而學習時間極其零碎，學生少有餘裕針對一則文獻，大幅展開探本溯往之旅。因此，教導脈絡化之難處未必如芮絲曼所說，只是學科特質認識不足的問題而已。除了脈絡化程序所含歷史專業成分至高之外，還需有充分時間，足以供學生慢慢摸索並建構相關的知識背景，以媒合文本所述。而在目前的教育體制下，要學生獨立從事，無異於緣木求魚。

總之，脈絡化超乎了學生認知和能力所及，因此期待他們自主操作，恐怕是不切實際之想。或也因此，最早提出歷史閱讀方法的溫伯格和其學生芮絲曼，於 2015 年談到溯源和脈絡化時，已經改弦易轍，調整以往之偏重脈絡化，轉而側重前者，強調溯源對教學的重要性。[9]

---

9 2011 出版的《像史家一般閱讀：在課堂裡教歷史閱讀素養》，根據宋家復的統計，脈絡化在此書中出現了 84 次左右，「頻率超過其他任何重要觀念」，相對的，溯源卻甚少提到。這顯示了溯源與脈絡化在當時作者心中的輕重。宋家復〈歷史作為一種閱讀方式──六大操作理念

（二）溯源應為教學之重點

2015 年在 〈歷史的學科素養〉 ("Disciplinary Literacy in History") 一文內，溫伯格與芮絲曼申明，學科化的閱讀素養可讓讀者重獲能動性 (agency)，而歷史學科素養最精髓之舉 (quintessential move) 就是溯源。他們指出，溯源這項工作乃是鑑別專家或者是新手的試金石 (touchstone)，因為只有專家才可能嫻熟此一閱讀方法。在他們看來，溯源改變了文本和作者之間的單向關係，讓閱讀變成一種對話；讀者搖身成為主動積極的能動者 (agent)，不斷地與文本背後那位未必清明自覺的作者，溝通交談。兩位學者特別標明，不能把溯源視為某種技術層級的「策略」，這將會錯失其所具有的激進意義。溯源毋寧更是一種世界觀，一種理解世界的整體方式。[10]

上述一連串堆疊意義的文字，充分顯露溫伯格珍視溯源之意。溯源何以如此重要？他最為肯定的一點是，這一閱讀之道可以幫助學生突破閱讀舊慣，以積極主動的方式，探索、質問文本，而非被動的接收訊息。此外，溯源閱讀法也為學生開啟新的看待世界的方式，瞭解文本與實況的複雜關係，覺察眾說

與中學教案編寫程序〉，收於詹美華、宋家復主編，《歷史閱讀素養：教學設計之理念與實例》（臺北：國家教育研究院，2018），頁 3-4。

[10] S. Wineburg and Abby Reisman, "Disciplinary Literacy in History: A Toolkit for Digital Citizenship," *Journal of Adolescent & Adult Literacy* 58:8 (May 2015), 636-637.

紛紜之中存在著各種修辭與人為痕跡。

　　由此來看，與學術研究對照，教學領域中，溯源和脈絡化的地位恰該倒轉過來；溯源才是教學更需著力之點。脈絡化的確是達到深刻理解的跳板，但若無溯源為基礎，也是枉然。而且，中學階段乃學習歷史的起步，學生應於此時建立良好的閱讀習慣和文本認知，教學重心自該落在培養學生的溯源能力上。再者，溯源為文本閱讀的起手式，是讀者認識資料的第一步，這第一步非比尋常，至關緊要，因為它可能是改變學生閱讀模式的關鍵。透過溯源，學生得以認清資料之為文本的道理，並從被動、單向吸收的慣性中掙脫出來，轉而成為主動探問、與文本對話的讀者。如溫伯格所言，這一步踏出，確實包含著一種認識世界的新方式。相較於脈絡化，溯源在教學上的意義，更具革命性。

二、教學模式何以先要改？

　　萬事起頭難。雖然溯源比不上脈絡化之難，但對多數學生而言，也絕不容易。在大學講堂裡，讓學生報告導讀文章。學生每每不加思索便一頭栽入資料內，開始整理內容、摘要重點，很少會先去查問資料的生產履歷、作者的身家背景，更別提以這些來源訊息，參照資料所言，推斷作者的微言大義和價值觀，或者提出問題。

　　美國一些心理認知學家也曾調查發現，高中學生無法勝任

文本閱讀，有三個可能原因。一是高中生幾乎沒有針對單一主題、閱讀多種文本的經驗。二是高中生很少使用文獻作為撰寫論說文的證據。三是高中生閱讀論證性文章時，幾乎不會去評估其出處。[11]臺灣並沒有這方面的調查，但相信與上述美國中學生的情況相去不會太遠，甚或更糟。

　　前述「三個沒有」：很少機會閱讀同一個課題的不同解說和文本、少有使用原始文獻架構論證、不會查核出處以檢視論文，三者涉及了多元文本的參照、運用原始資料為證以及溯源。但這些與其說是原因，不如說是缺乏文本閱讀能力的表現。那麼從大學生到高中生，拿起資料，卻不問來源，原因何在？誠如筆者的學生喊冤：他們不是明知而故犯，而是「不知」該這般閱讀。如果歷史思考是非自然的，反直觀的，多半得靠後天的學習而來，則學生不知文本閱讀為何物，罪不在他們，而是各層級的教師，未能盡到教學培養之責。

　　但是，學生要摒棄閱讀的舊慣、習於溯源的新模式固然不易，教師欲扛起教導溯源的工作也非小事一樁，同樣牽連著既有教學模式和教師角色的轉換。沒有「配套」，空有概念認知，亦無法成事。

---

11 M. Anne Britt, Charles A. Perfetti, Julie A Van Dyke, and Gareth Gabrys, "The Sourcer's Apprentice: A Tool for Document–Supported History Instruction," in *Knowing, Teaching, and Learning History: National and International Perspectives*. Edited by Peter N. Stearns, P. Seixes, and S. Wineburg. (New York: New York University Press, 2000), 442–443.

　　談到教師與教學，無論哪個科目，多年來形象大抵如一。教師總是高居課堂，對著一干學生高談闊論，傳授特定的（教科書上的）知識，學生被要求靜心聆聽（學習），接收老師所講。然後教師透過各種大小考試，檢驗學習成果。轉到歷史課堂，則見教師口沫橫飛，述說教科書所載古往今來種種發展變遷，或不同時代的起伏興替，致力將過往的「重要」史事，一一嵌入學生腦中。課後，教師則以選擇題為主的考試，檢測學生記住了多少事實。如此種種，幾乎就是歷史課也是一般教學的常態。

　　當然，以上單向、灌輸的教學取向早有許多教育學者加以檢視和批評，也有許多教師深知這種方式不合時宜，力求為課堂帶來新意。但類似的教學樣態仍為一般校園內盛行的主流。追究起來，這種課程頗類似於教育專家所稱的「目標模式」，該模式興起於二十世紀初期特殊的政治經濟環境之中。

　　在傳統的課程研究內，學者常將課程發展分成三類：目標模式、歷程模式、情境模式。其中目標模式是指課程設計和教學流程都緣自某種固定的目的，並終於目的的檢核。教學追求的是依據一定程序、朝向該具體目標的完成。在此過程中，教師的關切在於秩序、效率以及達成目標的成效，因此，教師的職責傾向於執行與管控。至於所謂目標，不是教師基於學科或教學理念所自訂，而是外在加諸的要求，那是因應二十世紀以來國家認同和工業化社會發展所需，主要是藉由教育，培訓公民和培育工業化所需要的人力。這樣的背景和現實趨向便促成

了「學校」體制之普及。因為「學校」這種學習場所，正可應付二十世紀初以來受教人數攀升的壓力，並實現政治和經濟方面的目的。

自從「學校」成為人們自小至大學習的主要空間之後，久而久之，大家習以為常，目為當然，卻忽略了學校興起有其背景，以及發展中所形成的弊病。因為學生人數眾多，又為了達到特定目標，許多學者早已指出，目標模式的教學是將「學校」工廠化。學校有如一座生產標準化商品的大工廠，而課程就是一條條、有明確走向的生產線。在一套精細的產製（教學內容和教學方法）過程中，縱使會有些瑕疵品，但不妨害這個大工廠最終製造出量多、品質穩定且規格同一成品的目的。

更重要的是，目標模式的課程下，教師是為執行來自上層的國家社會或者學者專家所訂定的政策而存在，他們專責轉介特定的知識原料，繼而透過標準化的評量測驗，篩選、確保學生／成品的優劣。學者甚至把這套體制下的老師稱為「技術操作員」，[12]也就是僅僅負責執行上游階層（無論是政策方或學術方）所交辦的工作。這樣的教師不僅沒有課程自主權，也缺乏

---

12 黃騰，〈從「角色」到「自我」——論教師改變的歷史困境與可能〉，《教育研究集刊》，51:4（臺北：2005），頁 94–97。但是筆者認為此篇文章中將角色和自我二分對立：前者是政治社會所強加賦予、後者是個人自發而有的道德美感，是太過天真的看法。自我從不能獨立、自外於社會文化的形塑力量，而「教師角色」也絕非只有負面的意義和作用。

人的能動性，[13]所教的內容多屬可以灌輸、可以記憶、背誦的知識。至於學生則是被動、消極的接收者，他們的學習表現端賴最後能否在標準化的評量中勝出而定。

目標模式課程原是一百年前特定環境氛圍下的產物。可想而知，隨著社會不斷變遷，那樣的模式必然已難切合當前，需作調整甚至更新。弔詭的是，這種課程模式並未遭到時代巨輪的碾壓而消失殆盡，相反的，卻極有韌性地存續至今。

上述學校即工廠的描述，是基於研究需要的類型化，不免有極端之嫌。畢竟多年下來，今日的「學校」不再只是單一面貌（例如有所謂體制外的學校），課程與教師相較以往更顯多元。不過，整體來看，那樣的課程型態、這類教師的身影，仍可在今日的許多校園內，依稀尋得蹤影。因為，配合外來的指示目標，鎖定方向、追求效率以達標，對頗多教師來說，恐怕是最不必傷神的應對方式，也是最簡便的考核教學的基準。

若說目標模式教學之起，與國家貫徹政治目的息息相關，那麼，歷史科當是受制於這點最深，也最難超脫當前各種社會力量的裹挾。回顧本世紀以來至今，二十年間，臺灣的歷史課程綱要多次更迭，政治力鑿痕之深，昭然可見。當歷史教師依據課綱編寫的課本、敬業教書，往往成了政策的執行者。而由此現實所架構出的歷史課，重心不免落在傳達單一史觀的 What，而非 Why 或者 How。再者，自過去以來，政策面都要

---

13 周淑卿，《課程發展與教師專業》（臺北：高等教育，2004），頁 72–73。

求廣度甚於深度，於是中學需要學習的歷史內容繁多，教師為了達成「教完」的目標，只能草草帶過，無法深入探討。以致於所謂培養閱讀思考、學習探究方法等，基本上都被排除於教學範疇外。教師頂多期待一、二位學生，能自行從老師傳述的史事中，逐漸地、「順帶地」心領神會歷史思考之妙。基本上，站在講臺上的教師，對於多數學生的學習，大致「任其自然」的方式，讓學習者自己摸索成長——這其實是面對眾多學習者時最為省時省事的辦法。

即使不以目標導向課程模式來看，目前所見一些歷史課堂中的教學方向、教師角色以及師生之間的教、學關係，確實偏向消極而疏離，如此怎能與教導學生深度閱讀、精密思考的理念共冶一爐？必得坦承，期待教師教導歷史閱讀，訓練學生運用證據的能力，若非先有教課模式改變在先，多半只能落空。

換言之，任何夸談改變歷史教學或引介多少新的教材教法者，若不直面教師本身的自我定位問題，恐怕都是隔靴搔癢、徒勞無功。何況，不只歷史科，108 課綱規範的社會領域課程，強力要求教師除了事實之外，還需教導學生如何探究與從事實作。這不是任何以追求效率、側重控制以及規格化的教學形態所能負荷和完成。欲教導理解、思考和實作能力，教師必得花費許多心力於學生的學習過程，同時關注學生的求知問題與困難。此意謂教師必得突破「技術操作員」的角色框架，不再居高臨下、「只看（考試）結果」，而是隨時察看，參與學習者的成長。這些「新作為」與目標模式下的教師所行絕不相同。那

麼如何為教師的新作為尋找類似的角色典範？若干教育學者認為新的教學作為其實並不新，那是存在已久、隨著傳統作坊式微而幾乎已被遺忘的師徒制精神。正因如此，1980 年代在「認知革命」 發軔之時 ， 也興起了 「認知學徒法」 (cognitive apprenticeship) 之說。這種師徒法更成為近來提倡教導歷史閱讀的學者最為推薦的教學模式。

三、什麼是「認知學徒法」？

綜觀十九世紀發展至今的「學校」及其目的趨向的課程，固然可以達成某些實效，例如傳布大量的概念與事實性知識、管控秩序與確保基本品質，但其積弊亦早為人詬病。由於過度強調標準化的教學和評量，這類課程模式不只利於進行高層次思考培養的活動，因而減損了學生發展獨立思辨、解決問題能力的可能性。而當 1980 年代「認知革命」之起，轉換了學習的意義：學習不是接收與背誦多少的史實知識，而是理解各學科的概念原理與方法，從而主動建構知識。此一新的學習目標顯然與「學校」既有的課程模式扞格不合。於是，若干學者從傳統的師徒制看到了可能彌補當前學校教學缺憾的契機。哈佛大學教育學者賈德納 (Howard Gardner) 便盛讚學徒制是「一個確實提供教育的制度」。[14]「認知學徒法」由此應運而生。

---

14 Howard Gardner, 陳瓊森、汪益譯，《超越教化的心靈》（臺北：遠流出

　　「認知學徒法」顧名思義，即是結合新的認知與傳統的學徒制。其提倡者認為，學校這種教育機構的歷史不過才一個多世紀，但學徒制卻是最悠久的學習方式。傳統的師徒制不是以教誨 (didactic) 方式教學，而是藉由觀察、個別教導、循序漸進等途徑達到教育目的。在此基礎上所衍生的「認知學徒法」，自然也著重於學習的「過程」。另一方面，傳統的師徒制主要傳承的是技術性手工藝，而提出「認知學徒法」的學者則深信，這種教學取向亦能適用於教導高階思考和解決問題的技能，對閱讀、寫作和數學科的教學，幫助甚大。[15]

　　「認知學徒法」在 1990 年代之後，得到許多學者的支持，咸信此制可運用於閱讀教育上，同時，也有歷史教研學者對此特別關注，肯定這種方法於培養學生文本閱讀能力的價值，而大力推薦。[16]自本世紀以來，其實臺灣教育界已經有論者為文

版，2003），頁 152–160。

15 Allen Collins et al., eds., "Cognitive Apprenticeship: Teaching the Craft of Reading, Writing, and Mathematics," in *Cognition and Instruction: Issues and Agendas*. Edited by L. B Resnick. (Hillsdale, N.J.: Lawrence Erlbaum, 1987). Chrome extension://efaidnbmnnnibpcajpcglclefindmkaj/viewer. html?pdfurl=https%3A%2F%2Fwww.ideals.illinois.edu%2Fbitstream%2F handle%2F2142%2F17958%2Fctrstreadtechrepv01987i00403_opt.pdf%3 Fsequence&clen=852444, accessed March 14, 2022.

16 Avishag Reisman and S. Wineburg, "Teaching the Skill of Contextualizing in History," *The Social Studies* 99:5 (September 2008): 202–207; Chauncey Monte-Sano, Susan De La Paz, and Mark Felton, eds., *Reading,*

引介「認知學徒法」，[17]可惜的是，多止於學理討論。除了少數研究者嘗試沿用於數學教學或教師培訓的教學傳承外，這個教育理念對本地學校教育並未見到明顯的促進作用。

「認知學徒法」原是學者針對學校現行教學補偏救弊而倡，之所以能獲得一眾歷史教研學者之青睞，推為教導文本閱讀和思辨寫作的理想方式，當有其因：

其一、「認知學徒法」注重教與學的過程甚於結果（評量成績）。從某方面來說，這個教學導向倒不特別新奇，其根本精神在於「做中學」，也就是英國歷史教育學者更早提倡的「做歷史」(doing history)。尋常學校中的歷史課，學生很少思考和實作的機會，總是坐著靜聽教師講述學者研究出的「歷史」，卻不清楚這些史事和解釋如何產生，包括學者如何研讀資料、如何確認證據、如何形成解釋，亦即知其然卻不知其所以然。而「做中學」的理念則是強調學生有必要投入探究歷史之旅，從實作中激發主動性和反思力，從而掌握這個學科的理解和觀看之道，

Thinking, and Writing About History: Teaching Argument Writing to Diverse Learners in the Common Core Classroom Grades 6–12 (New York and London: Teachers College, 2014), 15–22.

17 何俊青，〈認知學徒制在社會領域教學之運用〉，《教育資料與研究》，60 期（新北，2004），頁 53–61；陳木金，〈認知學徒制理論對精進教師教學傳習的啟示〉，政治大學教學發展中心部落格，https://nccur.lib.nccu.edu.tw/bitstream/140.119/38177/1/5–47.pdf。亦可參見國家教育研究院「雙語詞彙、學術名詞暨辭書資訊網」之「認知學徒制」詞條。

並也體會所可能遭遇的問題，學習可能的解決方法。這樣的歷史教學理念正與「認知學徒法」不謀而合。

其二、「認知學徒法」教學中的教師必須兼有言教與身教。雖然這個教學法從傳統師徒互動關係獲得靈感，但並非沒有加入新的元素。在過去或現在的一些作坊中，專家師父多半以身示法。經常可見的情景是，業師並不多話，只專注於手邊的工作操作，而徒弟在旁一邊凝神觀看，一邊試作模仿。在此，教學的核心即在「示範」，而這正是認知學徒法的重要理念之一：由教師先行展示如何進行的方式，以提供學生觀察與學習。另一方面，「認知學徒法」推陳出新，取其身教的優點之外，同時強調言教的必要，要求教師在示範之前，務需向學生說明解釋相關的概念重點，好讓學生具備基本認識。唯有如此，當教師示範時，學生才能知所觀察，應證有方。

譬如欲教導學生認識資料之用，教師可仿英國教科書內的定義：[18]

> 資料是能告訴我們有關過去的線索。資料是任何來自過去的種種。
> 從資料中找出其並沒有明顯告訴你的一些事情。這被稱為推論。

---

18 Chris Culpin, Ian Dawson, Dale Banham, Bethan Edwards, and Sally Burnham, *SHP History Year 8* (London: Hodder Education, 2009), 40–41.

在決定你的答案前，交互核對資料，以找到它們之間一
致同意或互不同意之處。這被稱為交互參照
(cross-referencing)。

或如加拿大塞克瑟斯的界定：[19]

證據：由一份資料轉成，當該資料經過分析，因而與某
個歷史探究產生關聯。
脈絡：資料產生時的環境條件；資料被創造以及歷史事
件發生時的社會和信仰體系。

上述直接說明的教導方式，也有學者稱之為「顯性策略的教學」
(explicit strategy teaching)。[20]「顯性策略的教學」一說相對於「隱
性策略的教學」而論。後者意指教師隱而不宣，在教導閱讀時，
並不直接明說策略和意義，學生主要依據教師發派的功課或活
動單，以及完成作業的方法指南，不斷地練習，最終自行領悟
習得。相對的，顯性策略的教學著重於說清楚、講明白。教師

19 P. Seixas and Tom Morton, *The Big Six Historical Thinking Concepts*, 43.
20 Jeffery D. Nokes, *Building Students' Historical Literacies: Learning to
Read and Reason with Historical Texts and Evidence* (New York:
Routledge, 2013), 42–45; Avishag Reisman, "Reading like a Historian: A
Document–Based History Curriculum Intervention in Urban High
Schools," 89.

不但要親身演示，讓學生可以具體觀摩，更重要的，示範前需要直白地告知學生，演練所涉及的概念、名稱、內涵與意義。

無論稱「認知學徒法」或「顯性策略的教學」，其精神與方式恰能吻合當前歷史教育的主張。試想學生要細讀文本，從中反覆玩味，尋繹出作者之見，並精鍊歷史學科的思考，是何等困難之事。若無教師親自示範，學習者可能落入無所適從的惶恐中。至於言教的解說，則是對培養學生「認知」不可或缺。既然學習不是指記憶多少事實，而是理解學科據以建立事實以及組織事實的概念，學生便不只要知道「怎麼做」，還需要知道「為什麼這麼做」的道理。也就是說，學生不但應領略歷史學科的探究之途，更要能說出相關的思考和道理。

從概念說明到教師實際展演，對歷史教學的革新而言，都為必要。不可否認，言教與身教的教學，打破了傳統歷史課堂所見的常規，也可能挑戰了許多教師對於教歷史的想像和作法。但是，如果承認歷史教育需要除舊布新，俾能迎向未來的時代趨勢，那麼翻轉舊習時所必經的震撼與痛切，又是無可避免的。

其三、「認知學徒法」的教師更似師父、教練的角色。在「認知學徒法」的課堂中，教學者要比一般印象中的「老師」更加積極「介入」學生的學習。他（她）必須敏銳地考量主題和學生狀態，仔細規劃課程的每一個步驟和程序。從精心搭建各種「鷹架」(scaffolds)，進行解說和親身示範，到營造探究和討論情境，想方設法地推進學生的實作，也就是說，在此過程中，教者無役不與，不離不棄的參與涉入。這樣看來，教師更

像是手把手帶領一干徒兒進入學習場域的師父，或者亦步亦趨、隨身指導術業的「教練」(coach)。

　　教師角色的轉換，從老師到師父、教練，特別之處除了職責與作用外，還包括師生的關係。在傳統授課中，老師往往專注於教什麼，而甚少顧及學生如何學。鑑於班級人數多，老師傳授知識由上而下，之後多半放任學生自行探索。除非遇到主動好問的學生，或者特別出格、政策上必須加強輔導的學生，老師一般採取消極、被動的方式態度，不常過問臺下聽者的接收情況。但是「認知學徒法」的師與生、教與學兩端則有更密切的聯繫和溝通互動。教師隨時關注，指導察看，以協助學生通往認知之路，並從中適時調整自己的教導步驟和節奏。於是，師生亦如師徒，教與學是相互成全、雙向互利的過程與關係。

　　「認知學徒法」近二、三十年來所以脫穎而出，當是回應新的教學觀點，亦即重視教導學生各學科的認知與探究法。而就歷史科來說，教導學生歷史閱讀與探究，提攜學生養成歷史思考，已是當前所趨，但做來確實不易。因為閱讀、探究與書寫表達都屬於高層次的思維，一方面，教師這端導引的力道、教學的時間，都需加倍加重。另一方面，教師必須放下身段，從高高在上的教師，轉換為時時在旁協助學生成長的專家師父。認知學徒法恰恰因應歷史教學改革所需，其理念極具啟發性，也為歷史教師提供了新的角色典範。

　　顯性教學或師徒式教導當然相當耗神且費時，因而有論者以為：「教師若非具備高度的專業素養與精熟的教學技巧，則不

易發揮正面的教育功能。」[21]這是雞生蛋或蛋生雞的套套邏輯。若教師只安於現狀，不能自我突破、不欲嘗試新的教學法，沒有經歷跌撞挫折，又如何會深切反思，終至臻於「高度的專業素養與精熟的教學技巧」之境界？

認知學徒法確實花費的時間心力甚多，也會面臨現有體制的圈限，但這不該成為放棄卻步的理由。因為認知學徒法正是為了舒緩現行教學之困而起。若要提升歷史教學的層次和效能，不再流於無意義史事的傳輸，而是教給學生這個學科的思考精華和探究方式，此法深具參考價值。實踐認知學徒法，必會與現實有所衝撞，因而決不是要以此全盤取代所有的課程。如何折衷取巧，相信教師自有智慧。重點在於，認知學徒法向教師展示更多的可能性：如何透過積極作為，於層層束縛中，尋找若干空間，呈現不同於一般的歷史課、不一樣的「老師」形象。

四、如何教導溯源？

溯源閱讀的教學，是幫助學生開展新的理解資料方式的關鍵。不過，值得注意的，於一般研究者來說，此一直面文本之法似乎理所當然，且由於長期運用，多能得心應手。但對學生來說，未必如此。學生要跨入溯源，這一步之大，以及所含的革命性和挑戰性，恐怕教師或學者都難以想像。因此，這方面

---

21 吳政哲、吳翎君、莊德仁、陳惠芬、陳豐祥主編，《素養導向系列叢書：中學歷史教材教法》（臺北：五南出版，2021），頁47。

的教學需要循序漸進，引導得法。

　　以下根據學界研究成果，並考量當前的教育現況，提出五個步驟以為參考：提供文本來源、解說溯源、示範溯源、設計引導問題、學生實作，並分別說明之。

（一）步驟一：提供文本來源

　　溯源閱讀的第一道程序是查探文本的基本來源，包括作者、時間、出處、屬性、主題等。這個步驟極其重要。讀者透過這一步的考察，能對文本形成初步認識，以作為下一步閱讀內文時的判斷依據。所以，欲訓練學生閱讀能力，提供文本產生的基本背景以及討論主旨等訊息，絕對是必要的。教師於準備閱讀教材時，當不可忽略此點。

　　關於資料背景，無論教師採取口頭、文字介紹，或是利用搜尋平臺帶領學生查找，都能引導學生認識這些訊息的重要性，建立閱讀時主動探問態度。話說一般教科書或坊間教學用書內的課堂閱讀設計，在摘引資料的上下方，多半會有備註，說明來源並簡介文本內容。只是這些資訊往往不受重視，教師經常一筆帶過，便直接導入文章內部。其實，出處起源看似微不足道，卻事關重大。那些乍看之下沒有意義的時、地或名稱，不只是為了昭告摘引其來有自，更大的作用是提供有價值的訊息，讓讀者初步認識作者，或從那些線索中勾勒幾許文本的可能輪廓，以利於下一步內文的解讀。教師若能識此深意，當不會遺漏此一預備工作。

（二）步驟二：解說溯源

溯源本非學生慣用的閱讀法，教師在初期教學階段定得加倍心力。此指教師需不厭其煩地再三提點，多次或詳或略地重新回顧什麼是文本、溯源的目的意義為何，並解說閱讀的兩部分重點，如此反覆叮嚀，務使學生由陌生到熟識於心。

溯源閱讀的第一個程序是查探資料的基本來源。這大約是一般讀者最少留意或最常忽略的部分，故教師得要特別上心，比如詳述此一起手式的重要性。學生務必明白，溯源的初步盤查，能使讀者對文本有些初步認識，給予簡單定位，甚且，可能建立了若干有待進一步考察的設想與推論。在此基礎上，當讀者邁入下個程序亦即面見文本內容時，並非茫然無知，也不會輕易受到文本的左右，而是心中有數，帶著若干推斷或者問題，準備更深入地與文本對話，並從中印證或修正原先所想。而當讀者有所為而來，那便是立足於和文本平等交手的地位，也即是展現了自主性和能動性。

教師闡明的過程中，若能輔以例證，當收事半功倍之效。譬如向學生展示：透過作者的個人背景，可以如何粗估文本內容和書寫取向。文本若是屬於私人的書信、日記、手札、隨筆，其文字呈現、表達方式和闡說重點，如何與政府文書檔案、議論文章或者宣傳廣告等類型的資料，有所不同。如果是一篇來自當事人的回憶紀錄，其風格要旨與後來的研究專論，又會顯示何種差別。

　　除了講解溯源第一道程序的要義之外，教師不妨將前述程序轉寫成一些參考性問題，加深初學者的印象與理解。這些問題應在溯源後續的教學中，經常性的提供。尤其是在實作階段，方便學生閱讀時有所參照：[22]

　　1.資料主題（篇名）為何？

　　2.作者是誰？

　　3.文本產生於何時何地？

　　4.作者為何而寫／作？（包括寫給誰看、說給誰聽、為誰而作？）

---

22 筆者此處的問題與溫伯格在《像史家一般閱讀》「導論」中所列略有不同，主要的差別點在於筆者不認為「溯源」應包括：「作者是第一手知道這個訊息，還是聽聞而得？」因為這樣的問題可能要更深入考察才可得知。而且此提問有模糊之處：「第一手知道」是否包括「聽聞而得」？再者，此問暗示讀者：應該要先去鑑別該資料是所謂的「一手資料」或「二手資料」，甚至提問中還隱含著一手資料才是「可信的」價值判斷。筆者認為一開始就如此界定資料有其危險性。參見 S. Wineburg, Daisy Martin, and Chauncey Monte-Sano, 宋家復譯，《像史家一般閱讀：在課堂裡教歷史閱讀素養》（臺北：國立臺灣大學出版中心，2016），頁 4。此外，或許受到溫伯格的影響，坊間也有研究者在溯源的問題裡加上：「這份資料是否可靠？為什麼可靠／為什麼不可靠？」本書已在他處討論：歷史學使用資料，不是基於該資料本身可靠或可信，而在於資料內是否能找到「有價值」的證據，以回答問題。何況此提問更直白的要求學生在尚未閱讀之前就先判定可靠與否，誤導之嫌大矣。參見陳惠芬主編，《素養導向系列叢書：中學歷史教材教法》，頁 217。

5.文本屬於哪類型的資料？

6.作者對該主題的基本看法或立場？

當然，教師必須提醒，這些提問並非都能即時從資料所附訊息獲得解答，可能需要額外追探。重點在於：詢問這些問題，探知這些訊息，乃是身為讀者的責任，是展示讀者獨立思考的表徵。

溯源的第二個程序即是進入文本之內，閱讀細思。學生對前述第一個程序覺得陌生，但說到讀書，似乎人人都會，讀多讀少而已。然而正是這種熟悉，當教師欲要扭轉學生舊慣，引領學生學習新的閱讀之道時，反倒困難重重。

在解說閱讀的要旨方面，教師應針對兩點釐清。第一，閱讀並非檢索訊息、蒐集訊息而已，更在於「探問」作者和「理解」文本。一般的閱讀都將文本視為承載訊息的倉儲，以致於經常落入擷取「事實」的窠臼中。但文本閱讀卻著眼於探問作者有何看法及意圖、如何引證鋪陳、查探作者是否在不經意間流露出某些評斷準則或價值意向。這些探問可為讀者打開與作者溝通的大門。第二，閱讀並不是蜻蜓點水的掠過文句表面，也不能跳躍式的抓取「重點」。為了瞭解作者，閱讀需要緩進慢行，字字斟酌，句句咀嚼。從題目立意，字詞文句的用心，到段落結構鋪排的構思，處處都要停駐思考、來回反問，同時，還要超脫字裡行間，綜觀文章資料的結構、寫作風格、行文調性，以及持有的立場和貫串的觀點。

上述閱讀方式絕非學生平常所行，且與人們日常的閱讀習

慣背道而馳。在講求效率的時代中，快速閱讀極受歡迎，有時也確有必要。但欲真正理解文本，與文本對話，感知作者的意向和期待，特別在訓練深思熟慮、洞燭入微的目光與眼界上，放緩腳步，慢讀細思，厥為必要。此時，教師向學生介紹一個非常重要的閱讀形式：精密閱讀 (close reading)，讓學生時時自我訓練。

「精密閱讀」要求讀者，凝思細想，琢磨一字一句可能指涉的含意，反覆察看各個段落中的寓意，以推敲作者所欲傳達的旨趣。在此過程中，讀者會不時地停頓、思索，或感覺矛盾困惑，或質疑提問，也會經常來來回回重讀再三。這種閱讀腳步在一般閱讀理論的尺度下，恐怕會被判為「不熟練的讀者」。因為根據若干閱讀理論，熟練的讀者必然是自動流暢且快速。[23]但精密閱讀卻要求讀者在文中慢讀深思，以免錯過任何隱藏的重要訊息，同時再三推敲作者在詞文段落之間流蕩的律動和心意。此即專家學者所說：讀者進入文本，「主動參與意義建構的過程。」[24]閱讀因此不再是抓取字面訊息，而提升至與人（作者）溝通的層次。

教師將上述精密閱讀的要領傳達給學生之餘，也需體諒，從溯源的兩個程序到精密閱讀原則，於中學生而言，挑戰至大。

---

23 E. D. Gagné, C. W. Yekovich, and F. R. Yekovich, 岳修平譯，《教學心理學：學習的認知基礎》（臺北：遠流出版，1998），頁 387–391。

24 溫伯格著，林慈淑、蕭憶梅、蔡蔚群、劉唐芬等譯，《歷史思考大未來：勾勒歷史教學的藍圖》，頁 109。

尤其從陌生到熟識，需要歷經漫長的演練過程。因此，除了口頭講解之外，不妨也為學生列出若干參考問題，作為閱讀指南，好幫助學生掌握其中精微：

1. 題目旨意為何？

2. 文中某一段落、敘述或某種呈現，表達的重點是什麼？

3. 資料中哪些文句寓有深意（或某些呈現方式極其特別）？可能表露了怎樣的看法？

4. 作者對於所欲處理的問題或事情，展現的立場、觀點是什麼？從何看出？這份日記、這篇訪談或文章想要告訴我們什麼？從何看出？

5. 作者舉了什麼事實或例子（或用什麼方式）支持自己的觀點（凸顯自己的主張）？作者如何闡述或論證？

6. 作者書寫／創作這份資料的可能用意是什麼？你從內文中的哪些部分作此推斷？

7. 作者在文中評論事理的標準或者內在的假設是什麼？你判斷的根據是什麼？

以上主要是針對文字類資料而設計。問題從詞句、段落到全文觀點，由論證呈現到目的和價值觀，扣緊文本說了什麼、如何說、為什麼要說，教師自然可依需要彈性增刪修改。重點是，藉著這些提問，能協助學生閱讀時有所憑藉和認明方向，而不致茫然失措。此外，另要注意的是，資料文本類別眾多，各有特質。某個文本的參考問題未必適用另一類文本。例如稅籍或出生、死亡登記等這類記錄，不可能有所謂個人動機和論

述意圖。而考察作者如何引用證據支持主張這點，多限於論證性文章。也就是說，教師只需守住基本原則，其他再視資料性質而定。

除此之外，上述的問題預期讀者深入文本之內仔細爬梳，又要出乎文本之外、總覽文本整體，以推斷作者創作文本的用意以及隱含的價值取向，這些實屬高難度的考察，不能強求於所有階段年級的學生。基於循序漸進的原則，教師當衡量受教者的年齡與認知程度，選用適當問題，以為引導。同時，在每次的閱讀練習活動中，將參考問題，以備忘錄形式──無論是簡報呈現或張貼於教室中的海報，或者學習單，讓學生可以隨時參看，並逐漸銘記於心。

無論如何，對初學者而言，文本閱讀實屬不易，教師諄諄曉諭箇中的道理訣竅之後，尚需施以「身教」。學生建立了理念認知，搭配觀看模擬，當能減低他們操作時的困惑無助。

（三）步驟三：示範溯源

顯性教學和「認知學徒法」最核心的理念即是「示範」，亦即由教師現場展演閱讀流程，學生則在理論學習外，眼見耳聽溯源究竟如何進行。問題是，工藝技術的操作可以藉由師傅巧手一一具現，心智思考卻是隱密難見，尤其閱讀活動牽連著綿密複雜的思路，卻又如何能活靈活現地「做」給學生看？

正是基於上述難處，溫伯格和他的「史丹佛歷史教育團隊」(SHEG) 倡導的「邊想邊說」(thinking aloud)（或譯「放聲思

考」) 法，值得推薦。[25]邊想邊說原是認知研究中常見的探究法，許多教育和心理學者用以捕捉個案當下的心思和行為狀態。比如實驗進行中，受測者被要求於思考和行動當下，一邊用口語同步說出自己的想法、情感或考慮，研究者則即時觀察紀錄。自 1980 年代開始，隨著一些學者將「邊想邊說」轉用於教學，此法便不再侷限於研究之用，而逐漸成為促進教學和學習的有效策略。[26]

　　查閱目前相關研究文獻，「邊想邊說」被運用於語文和閱讀教育居多。例如國外不少教師在教導閱讀時，以邊想邊說，呈現如何從該文題名推論，如何思索文章內容，以及如何歸納其意。[27]或者上寫作課時，教師示範如何就某些主題構思、聯想、延伸……以利於學生模仿跟進。臺灣亦有引進者鼓勵孩子「放聲思考」(亦即邊想邊說)，將閱讀所遇到的問題大聲說出。[28]

---

25 Thinking aloud 常見的翻譯是按照英文的直譯：「放聲思考」，但筆者從易於理解、方便上口以及意涵貼近等方面考慮，選擇使用「邊想邊說」一詞。

26 Linda Kucan and Isabel L. Beck, "Thinking Aloud and Reading Comprehension Research: Inquiry, Instruction, and Social Interaction," *Review of Educational Research* 67:3 (Autumn 1997): 271–299.

27 Yasemin Sönmez and Süleymen Erkam Sulak, "The Effect of Thinking-Aloud Strategy On the Reading Comprehension Skills of 4th Grade Primary School Students," *Universal Journal of Educational Research* 6:1 (2018): 168–172.

28 葉惠貞，《素養小學堂》(臺北：天下文化，2020)，頁 157-158。

若干研究者則讓受測學生在學習的過程中一邊放聲思考，藉此獲知他們的思考路徑和困境所在。整體而言，「邊想邊說」多見於小學的閱讀教育，或較困難的科目如數學教學，間或運用於學習有障礙的特教生教育上。至於溫伯格團隊將此法推展於中學歷史課的文本閱讀活動，以之作為培訓學生歷史思考的便捷途徑，可謂匠心獨具。

據芮絲曼和溫伯格所述，他們團隊在設計文本閱讀的各式教案之餘，為協助老師現場應用，而將原屬研究法的「邊想邊說」轉化成重要的教學「工具」(tool)，以呈現史家面對資料時的種種思慮。[29]他們深信，教師講解在先，接著親身示範在後，學生耳聞目睹下，必然印象深刻，效果加倍。「邊想邊說」的示範教學獲得了其他歷史教研者的認同，許多教師也熱心參與相關的實證研究。[30]

筆者亦曾於大學課堂上數次實驗過「邊想邊說」教學法。有鑑於學生閱讀草率而不得其法，筆者先讓學生發表解讀文章心得，接著以「邊想邊說」示範精密閱讀，並請學生回饋：自己和老師的讀法有何區別。確實，若干學生因此能瞧出眉目，清楚指出師生閱讀的差別，從而領悟文本閱讀的精要。最後，

---

29 Avishag Reisman and S. Wineburg, "Teaching the Skill of Contextualizing in History," 204.

30 Chauncey Monte-Sano, Susan De La Paz, and Mark Felton, eds., *Reading, Thinking, and Writing About History: Teaching Argument Writing to Diverse Learners in the Common Core Classroom Grades 6–12*, 17.

筆者再以解釋溯源和脈絡化的意義收場。由這些教學經驗，筆者見識了「邊想邊說」對於學習者的效力。俗話說，「百聞不如一見」，「言教」唯有搭配「身教」，學生耳濡目染下，教學效果才能充分提煉出來。但另一方面，明眼人或許看出，筆者調換了「言教」與「身教」的順序。這是基於大學生心智較為成熟，有能力從觀察中歸納所見，而有此設計。換言之，運用「邊想邊說」時，仍需考量學習者的心性程度，因材施教，方能顯其大用。

　　「邊想邊說」教學法的重心是教師自導自演、自問自答，盡可能鉅細靡遺地秀出閱讀時思緒的流轉曲折。但如前所述，剛入門或心智年齡較低的學生，儘管教師已經講解溯源，恐怕仍是一知半解。那麼教師在示範過程中，最好隨時插入提醒性的說明，告知學生做的是什麼、為什麼這樣做。試舉閱讀林肯1858 年 8 月在伊利諾州為競選參議員而作的演說為例，[31] 嘗試擬出教師「邊想邊說」的示範如下：

　　　　開始讀文章之前，我必須先查找這篇文章的出處，也就是有關作者、時間、來源的問題。這是溯源的第一步。這些問題也許可以從資料的附註找到一些答案。嗯～這篇文章作者是林肯，發表在 1858 年和一位競選參議員的對手辯論的場子中，他回應對方而作的演講，地點在伊

31 此文翻譯請參考：S. Wineburg, Daisy Martin, and Chauncey Monte-Sano，宋家復譯，《像史家一般閱讀：在課堂裡教歷史閱讀素養》，頁 113。

利諾州。這篇資料沒有篇名，但我知道林肯在歷史上是以反對蓄奴著名，所以我想，文章內應該會談及奴隸制度，他也應該會表達贊同廢奴的看法吧？還有，這篇資料屬於演講紀錄，雖然林肯可能事先已經準備講稿，但我猜想它可能會和一般格式比較完整的議論文不太一樣，等下閱讀內文時，可以注意這點。此外，這是一個公開的競選演說，不知道底下聽眾究竟是支持或反對廢奴的多？也許這會對林肯的說話有些影響？因為面對不同的聽眾，林肯的說話和表達重點可能也會不同，尤其這是競選期間呢！這點也值得注意。不過，關於那個地區以及聽眾態度，目前我並不清楚，得記下來，未來或許需要查一查。現在，我對這篇文章的「身世」大概有些認識了，也有一些疑惑。接下來，我要進行溯源的第二個步驟：要用精讀細讀的方式，仔仔細細閱讀文章內容，看看林肯在這裡面說了什麼、怎麼說？還有看看從中能否找到回答那個「核心問題」的證據。

以上所示，教師在「邊想邊說」過程中，一方面呈現如何依據溯源的基本程序進行細部思考，同時也不時穿插解釋這樣的思考來由，幫助學生將概念與實務連結起來，加深理解。

　　文本閱讀蘊含著複雜的思考，每個讀者會因心智成熟發展、個人背景和體會程度不同，思慮所及的內涵也不同。無論如何，教師的展示理應要包含層次豐富的思考地貌，例如提出假設、

嘗試推論、發出質疑、表達困惑、承認無知⋯⋯等等。這些心智的多重迴轉，學生若非親眼目睹，即使有教師的言說，恐怕還是難以理解。

「邊想邊說」是文本閱讀教學極佳的示範方式。但此一教學法可能為多數中學歷史老師前所未聞，因此，初始入手也許會有困難，甚至產生心理上的障礙。因為，要求教師化身為演員一般，自言自語，畢竟有違一般習以為常的傳授風格。除了多加嘗試之外，欲順利施作，需要事先準備周全，並有賴教師自身深明溯源的閱讀之理。

（四）步驟四：設計「引導問題」

當教師「現身說法」後，自然是輪到學生「依樣畫葫蘆」，上場實作了。然而，在此之前，教師應當為下一個階段學生的自主閱讀和班級討論預作準備。那就是針對所選擇的文本資料，先行設計好可以導引學生思考的問題。這種聚焦於待讀文本的「引導問題」（guiding questions），[32]不同於前述為提醒學生閱讀任何文本時提供參考之用的原則性問題，為針對特定文本、檢視學生閱讀情況所設計的提問。

「引導問題」，既環繞溯源文本而發，但每個讀者或每位教師從文本中所見未必相同，甚至天差地遠。但基本上，越是具備文本概念（不是相關的知識！），對「溯源」的認識越深，越

---

32 Avishag Reisman and S. Wineburg, "Teaching the Skill of Contextualizing in History," 203–204.

能敏覺作者、讀者之間又合又分的緊張性，教師就越能問出精準有高度的好問題，以做為學生理解和思索的跳板。以下再以第四章引用過的達文西繪畫筆記摘文為例：

> 一個繪畫者一定不要去模仿任何其他人的方法，因為這樣一來，他就不能被稱為自然 (Nature) 之子，而只是自然的孫子。回溯自然才是最好，因為自然中充滿各式各樣的事物，遠超過其他大師的產品，這些大師也都從自然學習。[33]
>
> 你身為繪畫者，當然渴盼有極好的實作，自當了解，如果你不將工作置於自然 (Nature) 這個好的基礎上，你費力所做，就沒什麼值得尊敬的，也將徒勞無功。如果你的工作是奠定在好的基礎上，那麼你的作品會很多很好，會帶來榮譽和益處。
>
> 一個繪畫者應該要研究整個自然，而且要在內心判斷所有他所見之事，……。這種方法下，他的心智猶如一面鏡子，真實地反照所有出現在他面前的事物，並且可以說，他的心智就成為第二個自然。[34]

33 Leonardo Da Vince, *A Treatise on Painting* (London: J. B. Nicholas and Son, 1835), 219–220. https://ia801600.us.archive.org/31/items/davincionpainting00leon/davincionpainting00leon.pdf, accessed July 10, 2023.

34 Leonardo Da Vince, *A Treatise on Painting*, 222–223. https://ia801600.us.archive.org/31/items/davincionpainting00leon/davincionpainting00leon.

達文西這幾段文中所勾勒的繪畫意境與現代人的意識甚有距離，初看並不易理解。不過，正因他和我們之間隔著曠遠難越的文化鴻溝，歷史課和歷史教師作為接引橋梁或者擺渡人的作用才能彰顯出來。這也正是本閱讀和提問設計可以發揮的功效：逐步地帶領學生慢慢思索、層層想像、漸漸意會達文西的繪畫世界。

讀者不妨想想，能從上述文字中提出哪些「溯源」的內容解讀問題，為學生打開理解的大門？筆者嘗試列舉幾個問題，提供參考：

1. 請說說看，達文西認為繪畫的人應該要注意哪些事情？繪畫的重要功能是什麼？

2. 兩段文字中，除了「繪畫」一詞外，出現最多次的是那個詞？達文西認為這個詞和繪畫有什麼關係？

3. 達文西認為繪畫的人是「自然之子」，根據上文，他為什麼會這麼說？

4. 達文西勸說，學習繪畫的人不要模仿名家之作，應當要學習自然。請你推論，當時一般學習繪畫的方式是什麼？

5. 引文中，達文西提到「自然」時，總是以「大寫」呈現，這可能有什麼特別的意義？他所稱的「自然」可能和我們有什麼不同？

6. 你認為達文西肯定繪畫的價值嗎？如果是，你從哪些地

---

pdf, accessed July 10, 2023.

方可以看出？

7.達文西有關繪畫的觀點，與今日你所知道的看法，有什麼不同之處？

在此展示的幾道題目絕非完美無缺，只是提供教師思考之用。它們之間也無嚴格的次序之分，甚至有些重疊之處，只是問法不同，有賴教師的取捨調整。重點是，這些問題都環繞著達文西說了什麼？如何說？為什麼這麼說？這些提問的設計旨在協助學生逐漸超越字面訊息的瀏覽，進入溯源文本的層次。

以下再以另一段資料為例。這是出自二次世界大戰後、冷戰初期，1947 年 6 月美國國務卿馬歇爾在哈佛大學畢業典禮上的著名演講。眾所周知，這場演講是「馬歇爾計畫」或「歐洲復興計畫」的關鍵宣示。其中有段重要的內容為：

> 美國應該盡其可能地協助世界回復正常健康的經濟，若不如此，就不可能達到政治穩定和確保和平。我們的政策並非去對抗任何國家或主義，而是對抗飢餓、貧窮、絕望和混亂。其目的是在世界上恢復有效的經濟運作，以此催生可以容許自由制度存在的那種政治與社會環境。

雖是短短幾行，卻是句句言有所指，充滿玄機，尤其顯示馬歇爾計畫是以經濟援助達到最終的政治性目的。教師正可透過提問，帶領學生一窺文本的豐富意涵：

1.依據文內所述，馬歇爾計畫的根本目的是什麼？

2. 文中明指要對抗的是「飢餓、貧窮、絕望和混亂」，為什麼？在馬歇爾心中，這些情況會帶來什麼威脅？

3. 馬歇爾特地說明：「我們的政策並非去對抗任何國家或主義」，但有學者評論說：「恰恰相反，這個政策是有針對性的」。你同意這個解釋嗎？請說明你的看法以及推論的依據。

4. 這段演說中並未明講，但仍然透露了馬歇爾對共產主義的一些印象、看法。請你試著歸納說明。

筆者選擇兩則時間、性質不同的資料，旨在闡明：教師無論選擇的是哪種文本，基本上，只需按文本閱讀的原則，設計相關問題，就能在接下來的個人閱讀和小組討論中，打開學生的視野，導引學生細思文字背後許多不言而喻的意義。

（五）步驟五：學生實作——個人閱讀到小組討論

從挑選閱讀資料和準備基本訊息開始，教師依序講解溯源，說明這種讀法的要領與重要性，繼而運用「邊想邊說」親身示範。這一連串的前置功夫，都是為即將上場的學生實作鋪路。學生最終必得獨自面對文本，鍛鍊精密閱讀，學習做個稱職的文本閱讀者。但練習溯源，起頭最難，課堂中輔助性的提醒，如參考問題理應隨時陳示，以供參看。教師在教室中來回巡視，察看指導，也是不可或缺。

閱讀其實是一樁深思極慮的工作，是一個需要潛心投入的過程。因此，學生實作最初階段宜先以個人閱讀為主，讓學生

學習靜心沉潛，在與作者「對話」中，感受閱讀時種種的疑問、不解和思索。

　　而在學生個人初步完成閱讀工作後，教師可以提出備妥的「引導問題」，讓學生回應，並以此指引、檢視學生閱讀的成效。或者，也可以將「引導問題」作為同學之間分享所讀、共同討論的基礎，也就是「小組討論」法。畢竟，在學習的路程上，除了教師，學生同儕的力量不可小覷。「小組討論」這個課堂活動，除了具有活化課程的效果外，亦可透過同儕研討溝通而激勵思考、提升口語表達能力。

　　以上五個步驟是參酌當前教學現況以及採擷現有研究而提出的建議。雖然這些步驟確實規劃了前後之分，卻並非意在鼓吹一套固定不變的進程。而且，條理出的五個步驟未必能窮盡實際教學時的眉眉角角以及教學現場中層出不窮的狀況，總還得仰賴教師將這些步驟原則靈活運用，以發揮最大效益。

五、如何教導脈絡化？

　　歷史閱讀除了溯源這一步之外，尚包含脈絡化的理解。溯源不易，但脈絡化閱讀更是困難。話說回來，學生從事脈絡化文本縱有窒礙，是否就該放棄教導這項閱讀工作？當然不是！教導學生認識脈絡化極其重要。

（一）脈絡化資料的意義

常常耳聞教師擔憂，學生若缺乏「基本的」先備知識，如何可能讀懂資料。此一掛慮，未必適用於溯源，卻無意中道出脈絡化的特色。因為面對資料，特別是原始的文獻素材，若欲讀懂——此指深入文本之內，掌握所涉及的文化意涵與韻味，洞識其中所隱含的價值觀點，那麼除了需有「文本」認知和溯源閱讀能力外，必得具備相關知識，作為參照，才能踏入歷史閱讀的最高境界。

脈絡化閱讀的重心在加拿大學者塞克瑟斯和摩頓的這段話中清楚得見：

> 歷史人物不太可能會記下他們行動時所依據的假設和世界觀。那些假設或世界觀構成了他們身處的氛圍，而且對他們而言，是與他們所呼吸的空氣一樣地鮮明自然。但正是這些脈絡可以幫助我們正確地瞭解和解釋他們的話語。[35]

塞克瑟斯等所強調的是，文件中的字字句句之下，毋寧流動著作者當代人所共享、卻不自覺的看待事物的假設以及觀念，缺乏這些更廣闊的知識，其實無法透徹理解作者的話語，也進不

---

[35] P. Seixas and Tom Morton, *The Big Six Historical Thinking Concepts*, 47.

去對方的心靈世界。換言之，脈絡化是在溯源的基礎上，將文本與若干情境、文化或趨勢連結，從而可以回頭審視因溯源而有的初步推論，或解決先前曾提出的質疑、問題，由此深化對文本的解讀，達到深層次的認知。

除此之外，脈絡化鼓勵學生培養一種貼近過去／他者價值觀的神入思考，而非隨意比附，流於泛泛之論或犯了時空錯誤之謬。教師經常利用課堂活動，訓練學生脈絡化地看待任何文本論述，能起警示作用：提醒學生，勿讓虛空的想像力任意馳騁，不可用今人所重所感隨意揣度；理解，唯有落實於作者／文本所依傍的時空經緯下，才有可能貼近那些遠遠近近的心靈悸動。

尤其，脈絡化彰顯了歷史處理資料不同於其他學科的獨特取向。那就是藉由資料之眼，差可遠眺某個異時代文化。溫伯格曾將溯源界定為去「質問」(interrogate)，而將脈絡化比喻為去「學習」(to learn)，這話頗具意味。因為脈絡化，使我們一方面從特定時代下，更清楚地看到文本和作者的形貌身影，一方面又從文本認識其背後那個時代的容顏風華。讀者因此有機會碰觸那些特有的眼界和視角、難以想像的精神質素，並從這番學習中，獲得啟發。學歷史，讀資料，絕不可能落下這一步。

除了上述價值之外，師生一起展開脈絡化資料的閱讀與探究，還有助於學習歷史。以 1095 年 9 月教宗烏爾班二世呼籲全歐洲基督徒起而組織十字軍、解救耶路撒冷的那篇著名演講為例。這個演講是討論歐洲十字軍發展不可略過的重要文獻，目

前流傳至少有三個版本。但無論如何,欲理解教宗在演講中的呼籲和訴求,可上溯諸多脈絡,包括:烏爾班二世身為教宗的抉擇、東西教會的關係、塞爾柱土耳其人崛起的威脅、耶路撒冷聖地對於歐洲兩方教徒的意義、教宗的地位和改革、當時歐洲基督教內部的紛爭、十一世紀歐洲的社會問題、朝聖的意義……等等。這些都是掌握該篇演講可以切入的時空要素,這些要素也都融入該演講的字裡行間。而無論教師選擇了哪些脈絡,學生都有機會以該篇文獻為中心,認識更多時代的不同切面或發展。

換言之,以脈絡化資料為媒介,學生得以豐富既有的時代圖像,獲得更多更細緻的知識。脈絡化的考察,使原本孤立發生、彼此無關的一些事態現象,在文本的召喚下,化為有意義的敘事,也各在解讀資料的過程中發揮不同的作用。經由這一過程,那些原本枯燥無味的事實發展,生動了起來,產生了關連性,相信更會在學生心中烙下更為深刻的印象。比起「死背」,這個途徑或許才能讓學生真正記住某些「事實」,而且這些「事實」並非孤立零散各自存在,反而是環環相扣、述說著具有意義的故事。

脈絡化文本確屬高難度的理解,但在學習歷史和閱讀上,有其不可取代之處,教學時自不能輕忽。當然關鍵在於,有無方法降低教與學的困難。塞克瑟斯指出進行脈絡化有兩種途徑:「學生也許需要進一步去研究,或者你(教師)需要提供這樣的脈絡。」一種是任學生自行摸索探究,一種由教師全權負責。

但如許多學者研究所示，要學生獨立進行脈絡化研究，於時間、能力上可能都難以期成。因此中學生欲認識脈絡化，唯賴教師。也就是說，解讀資料時，不應責成學生沒有具備相關知識，而是教師理當提供必要的背景。脈絡化的學習縱有難度，但若教師導引的力度夠強，介入學習的程度更深，設計活動得宜，教學成效仍可期待。

首先，為了幫助學生深刻瞭解為何需要脈絡化、這種閱讀探索對於資料解讀有何重要，塞克瑟斯和摩頓提出了一個引發動機的辦法，值得參考。他們建議教師可以先設計一個暖身活動。首先，選用若干會因讀者缺乏背景認識而曲解的資料，讓學生先就眼前所見，初步提出看法。接著，教師給予學生特定的知識背景，再要求學生按照該知識脈絡，重新閱讀資料，並再次思考資料的意涵。這個活動旨在藉由前後階段的解讀，迫使學生經歷看法的改變，由此而深切體認：資料在脈絡的烘襯下可能顯現出全然不同的景象，以及時代意義。

當學生見證了脈絡化對於理解文本的魔力之後，最要緊的還是如何讓學生於教師的設計與指導下，通過脈絡性的知識，學習解讀資料。若為了節省時間之故，教師以口頭講述相關背景，亦無不可。但由於資料涉及的脈絡往往較為曲折複雜，又基於增強學生閱讀和交互參照不同資料能力的考慮，則運用其他資料，補足學生所需知識，無疑是更好的選擇。不過，該提供哪種資料也是一種學問。不妨看看溫伯格主編的《像史家一般閱讀》，其中便呈現了兩種方式，足供討論。

（二）教導脈絡化方式之一：運用原始資料

　　《像史家一般閱讀》第四章「哥倫布紀念日：是 1892 年，不是 1492 年」，鎖定的核心問題是「為何哈里遜總統要在 1892 年訂定紀念日？」[36]希望學生能夠看出「脈絡化中的哈里遜總統」。書中以第一則資料：1892 年 7 月 21 日哈里遜發布的文告，拉開探究序幕。根據此章前導說明，哈里遜總統之舉，是因選舉考量，欲藉由訂定哥倫布日，爭取當時為數眾多的天主教徒移民的支持。此解釋涉及了天主教徒移民在美國處境的幾個脈絡：天主教徒移民人數日多；天主教徒常被新教徒攻訐、被質疑對教宗的忠誠遠甚於對美國的忠誠；義大利裔天主教徒之積極紀念哥倫布，以此自表並提升自己的地位。

　　於是，該章選擇給學生脈絡化的資料，除了 1850 至 1930 年間愛爾蘭和義大利移民美國人數以及與總移民數的比例表格外，其他七份資料都是原始文獻。例如：1878 年一名美國天主教徒大力讚賞哥倫布的主張、天主教兄弟會「哥倫布騎衛會」於 1882 年時決定以哥倫布為會名的記錄、一個對抗天主教徒的「一無所知黨」黨綱內的第二個條款、1871 年一份週報上諷刺教皇國威脅美國的漫畫：《美國恆河》（*The American River Ganges*）、1960 年約翰‧甘迺迪這位天主教徒的總統候選人的演說……等。想來教案設計者希望學生通過這些原汁原味的陳

---

36 S. Wineburg, Daisy Martin, and Chauncey Monte-Sano, 宋家復譯，《像史家一般閱讀：在課堂裡教歷史閱讀素養》，頁 126–162。

述、記錄、黨章、政治漫畫、演講，而拼湊出十九世紀後期至二十世紀初美國天主教徒為什麼要大肆標舉哥倫布，從而促使哈里遜為迎合這類選民而訂定紀念日。如此設計，陳義甚高，難度卻不小。

這些原始素材的確都是提供學生脈絡化本章課題的依據，但首先，各資料的時間差距甚大，甚至相隔數十年之久，而且資料屬性南轅北轍，欲期待學生在有限的課程時間內讀懂，並將這些資料整合成一個互有關連的脈絡故事，真是一大難事。尤其大部分的原始資料都不易理解。例如甘迺迪的演說篇幅有將近一頁之長，《美國恆河》這幅漫畫內充滿了政治性的各種象徵，除非老師指點，學生難以破譯。也就是說，這些文獻本身事實上也需要藉由精讀細讀的溯源和脈絡化，才能洞悉其中話語的指涉。例如「哥倫布騎衛會」這份資料內容雖短，但如此的敘述：「採用這個名字，我們就以某種方式表明了這個教團的傾向以及天主教與美國特性。」意義簡要而隱晦，年少學子恐怕只能望文興嘆。

總的來說，這些原始材料本身就足以構成理解障礙，期望學生自行運用這些本身亟需脈絡化的資料，來脈絡化另一則資料，豈不難上加難？當然，論者或許會說，可以仰賴教師從旁解說以及串連意義，但這不免在培養學生獨立閱讀與判斷的初衷上，打了折扣。何況要為這些原始材料破解謎團，其實耗時費力，恐非現行教學條件所能容許，例如該書便以兩頁的篇幅細說如何解讀政治漫畫如《美國恆河》。

　　如上，學生學習脈絡化資料，需要具備若干知識，如果這些知識具有相當程度的複雜性，則很難倚靠一、二則原始資料即可清楚展示，畢竟大多數的原始資料本有其述說的重心。但若是為了完整呈現脈絡，而運用過多的原始資料來相互應證，並希冀學生能自行組構出相關的背景，又恐會適得其反。如上述例子那般，造成難上加難，讓學生陷入必須解讀更多需要脈絡化文本的困境中。

（三）教導脈絡化方式之二：運用史家的研究論說

　　《像史家一般閱讀》的第五章：「電力與婦女勞務：誰真正受益？以及何時？」[37]恰恰提供了另一個可行的方式，那就是引用專家學者對於該時代現象的研究或闡述。

　　「電力與婦女勞務：誰真正受益？以及何時？」這一章緣起於 1921 年堪薩斯州一位家庭主婦拉斯洛普寫給愛迪生的一封感謝信。拉斯洛普在這封信裡說，因為愛迪生發明了電力以及許多省時省力的電器用品，她的生活因此更為宜人閒適：「（我們的）住家由電力照亮……在電爐上烹飪、用電動洗碗機洗碗，電扇機暖氣傳播到住家各處……用一臺電動機器洗衣服……。」如果不察，許多人可能把信中的陳述當成普遍現象，一逕以為彼時美國人電動化生活程度之高。但如章名所示，編者要求學

---

37 S. Wineburg, Daisy Martin, and Chauncey Monte-Sano, 宋家復譯，《像史家一般閱讀：在課堂裡教歷史閱讀素養》，頁 163–199。

生深入探討：當時究竟有多少人、是哪些人才能享受這些電力生活？

　　該章主旨正是「把資料放進脈絡中」。那麼編者如何引導學生注意那封信的脈絡呢？教案內共有四則資料，除了一份是1921年費城地區各類家庭擁有電氣的分布表外，其他三則都出於現代史家之手。這些摘自當代人的研究資料，文字清晰、論述有序。例如在「美國鄉村的電力狀況」這篇文章內，學者指出：即使到1930年代，許多鄉村地區架設電網的成本太高，致使電力公司遲滯不前，而客戶使用電力所需付出的費用也相對高昂，因此，特別是在中西部和南方鄉間，家庭使用電力的比例極低。這則資料清楚概括了二十世紀初期，美國各地使用電力的情景和問題。

　　顯然，基於學生閱讀程度，編者在文字上做了若干修改。但無論如何，資料的題旨明確，清楚易懂。學生很容易就能抓住重點，並以此知識對照拉斯洛普的信，從而明白拉斯洛普受益於電力發明和電器產品，源自她的上層階級和富裕家庭背景，這樣的個人、特殊的經驗，並不是當時美國鄉村家庭婦女的普遍寫照。

　　利用史家的研究和敘述，提供學生資料的相關脈絡知識，無論就操作時間或學生處理能力而言，都較簡易可行。不只美國學者，加拿大的塞克瑟斯和摩頓也曾設計過類似的教學案例，同樣值得一看。

　　在《六大歷史思考概念》這本書內，兩位學者以加拿大的

印第安原住民一張照片作為探討核心。那是一張攝於 1967 年、
魁北克拉圖克 (La Touque) 印第安寄宿學校學生 ，組成曲棍球
隊參加魁北克冬季嘉年華會所留下的合影。照片中的印第安學
生穿著制服，各個笑逐顏開。乍看之下，觀者一定以為這是當
時印第安學校及孩子快樂生活的寫真。但翻開時代扉頁，實際
情況卻非如此。這份教案使用了三份資料，幫助學生脈絡化，
包括一段類似課文的背景說明、一份照片中某個學生後來的痛
苦追憶、2008 年首相針對印第安學校強迫施行同化政策之不當

圖 2：約攝於 1950 年代，是位於加拿大魁北克省的印
第安寄宿學校 (The Indian Residential School hockey
team of Maliotenam, Quebec) 曲棍隊合照。因內文提及
的原圖較難尋得，故以情境相似的照片替代。(Library
and Archives Canada, CC BY 2.0)

表示道歉的文章。很顯然，這三份資料都算是淺白易懂的「二手材料」，並不需要教師額外講解，學生便可掌握內容。

　　例如第一份資料中，簡略說明了學校的大致情況。原來從1883 至 1996 年間，如拉圖克這類寄宿學校，多由不同教會經營，政府極少給予資助。由於財源有限，學生衣食極度短缺，印第安小孩在校又備受歧視，各種身體、精神甚至性方面的虐待層出不窮。不只如此，當時加拿大推行強制同化政策，強迫印第安人放棄固有的語言、衣著、文化，接受西式價值觀和生活，譬如打曲棍球。這些苛刻對待，成為當時印第安學童的不幸日常，而非照片中快樂的童年。即使多年後，彼時學校生活的痛苦記憶仍難磨滅，一如資料中某個畢業學生的回顧。[38]

　　以上加拿大學者規劃的脈絡化教學，再次顯示：相較於使用大量的原始材料，運用剪裁合宜的學者觀點或者提供簡文給予背景介紹，無疑為補足學生相關知識、以便推論的更為便捷方法。而塞克瑟斯和摩頓在最後還提出兩個總結問題：「這段簡短的歷史提供了什麼脈絡？」「這個額外的背景如何確證、延伸或挑戰你稍早有關這張照片的解釋？」此兩道發問，將學生的閱讀、思考引向具體目標，教師也得以檢視學生的學習狀況。

　　美國和加拿大學者的教案研發，帶出重要的一課：脈絡思考的培養有賴教師透過更具結構性的指導方式和精巧設計，始能達成。於此，教師將會面對的難題是，任何資料或課題都連

---

38 P. Seixas and Tom Morton, *The Big Six Historical Thinking Concepts*, 67–68.

綴著各種面向、各個更大的圖景。在那千頭萬緒中，教師如何
選定一、二脈絡（無論是作者的意圖、或某種情境或某些時代
趨向），進而尋找相關資料，為學生布建必要的場景支架，接引
他們進入文本的那方天地之中，毋寧是煞費苦心的差事。至於
如何拿捏選擇，恐怕還是繫於教師對資料和課題的鑽研與熟稔。

　　饒有意思的是，脈絡化資料也成為近一兩年大學升學考試
中的題型之一。例如 2021 年大學入學指定考試中，出現一道題
目，題幹說明為：「歐洲十六、十七世紀『科學革命』帶來了
『新宇宙觀』，當時的哲學家於描述宇宙時，經常將之比擬為機
械鐘。」接著此題提供兩份資料，資料甲是有化學之父美稱的
波以耳說明宇宙運行的一段話，資料乙則是史家的陳述：

> 甲：波以耳說：「各個零件如此整合、協調在一起，然後
> 開始運作。如此繁多的齒輪，不同零件都以不同的方式
> 運作……每一零件依照預先設定的功能各司其職，規律
> 地、整齊劃一地……完成任務。」
> 乙：現代史家指出：「十三世紀末，機械時鐘已經在歐洲
> 出現；十四世紀後，鐘擺大鐘成為大城市的標準特色。」

這個多選題希望學生依據兩份資料思考：當時科學家把宇宙喻
為機械鐘，可能包含了哪些價值觀。

　　性質上，兩則資料分屬原始材料和史家研究，而史家論述
顯然具有「脈絡化」的作用，為的是解釋波以耳的說法。就波

以耳的描繪來看，即便沒有題幹明白提示，讀者仍可從中推測，他心目中的宇宙並非亂無章法，而是依從某種規律、有秩序地運轉。波以耳使用的描述語法絕不神秘，而是非常具象；在他筆下，宇宙類如某個完美精確的機械裝置。

轉到資料乙，讀者對照下當可判知，波以耳所形容的宇宙機械，其實即為機械鐘的形象。問題在於，波以耳未曾道出：為何會把遙不可及的宇宙想像成一具機械鐘？這樣的比喻究竟蘊含了什麼樣的時代性思考?這正是出題者運用資料乙的作用，希望讀者從中尋找線索，開啟脈絡化的理解。

根據資料乙，原來時至十七世紀，機械鐘早已成為許多城市的地標，這意味機械鐘在人們生活環境中舉目可見，幾至習以為常。因此，以機械鐘想像宇宙，符合時代之情理。而且，這個象徵在觀念上還代表著宇宙和人們的日常生活深切相關，而非遙不可及。此外，自然哲學家描寫宇宙如同鐘錶那般的運轉，顯示出人們眼中，宇宙不再深奧神秘，而是清晰易懂、可為人理解。

以上這道試題與美、加學者構思脈絡化教案的方式頗有相通之處。從課程活動到試題設計，在在顯示脈絡化資料的教學，只要教師有心，規劃得宜，並非不可為。脈絡化為學生開啟更廣闊的視野和思維，他們由此見識：一旦將資料文本置於時空經緯之下，文本因而具現了時代之光彩，而時代也因為文本的映照，顯現出更加生動的意義。

第六章

「證據」是什麼？如何教？

　　筆者多年教學生涯中，無數次見證大學生不知論證為何物。在許多課程內，每當筆者要求學生嘗試就不同論著分析、比較與討論時，學生初次繳交的報告，常是不忍卒讀，充斥著各種無根的評價和論斷之語：「這篇文章非常主觀，具有煽動性」、「這位作者較為客觀冷靜，解說詳細確實」，卻完全沒有提出任何佐證。批閱報告時，我最常在學生字裡行間留下的評語，除了「前後文意無法銜接」之外，便是「何以見得？」、「是嗎？你從何看出？」、「請舉證說明」……等。因此，在接著的課堂中，我會嚴正告知學生：歷史「論文」的寫作方式，如何與一般作文抒發己見的不同，並再三申明論與證的相依相隨關係。

　　以上現象幾乎年年發生。若在更久之前，大學生不知論證為何物，或許不是一件太過奇特之事，但這些年來，社會各界呼籲教導學子獨立思考與決斷處事能力之聲震天價響，那麼高等教育層級的年輕人還缺乏表達與溝通所需的論證習慣，卻是說不過去的。當然，初次被我嚴格「教訓」後，一些學生還會跑來喊冤投訴，他們從來沒有學過如何書寫有序、論證有據。

　　個人所見無法作為普遍的憑證，但至少顯示，除了閱讀文本能力之外，缺乏證據意識，影響學生思考和寫作至大。是以近年來，許多國外歷史教育研究者極為重視證據概念的教學。至於證據進入歷史教育，如第一章所述，仍與英國歷史教育改革息息相關。

　　自 1970 年代以來，英國歷史教育改革者獨領風騷，將證據標舉為學生有待養成的歷史思考，英國許多知名的歷史教研者也相繼投入「證據」概念的實證研究與論述。在這些歷史教改者的眼裡，證據乃是改變歷史課程結構不可或缺的要素。這股風尚流傳致遠，證據更成為美國、加拿大、歐洲等許多國家教研人士心目中數一數二的核心概念。不只如此，近年來，在若干國家的歷史課程標準中，證據經常占據要位。如英、美、澳洲等國的歷史課程標準或閱讀規範，都特別強調「證據」推論的重要性。[1]

　　弔詭的是，相對於國際歷史教育界對於培養證據的急切，當前我們身旁的歷史教育景觀似乎並非如此。二十一世紀初，從 95 暫綱、98 課綱到 101 課綱內，都有「史料證據」的蹤跡，

---

[1] 荷蘭阿姆斯特丹有兩位歷史學者鑽研與證據概念有關的「歷史推理」(historical reasoning)，近期並梳理了相關研究，值得參考。Carla von Boxtel and Jannet van Drie, "Historical Reasoning: Conceptualizations and Educational Application," in *The Wiley International Handbook of History Teaching and Learning*. Edited by Scott Alan Metzger and Lauren McArthur Harris. (Hoboken: John Wiley & Sons, Inc., 2018), 149–176.

甚至這曾是學生必須學習的學科思考之一。但在目前的十二年國教社會領域課綱或歷史科專屬綱要內，這個關鍵概念已經不見蹤影。新的課綱一方面宣示探究與實作能力養成，一方面卻不待見「證據」，如此矛盾，可能會衍生什麼樣的問題？對於朝野念茲在茲的培養未來主人翁自主探究、走向共好的期待，是否會有所影響？而如果教師想要發揮截長補短、補缺救弊的作用，又該如何教導學生證據概念？這些問題都是下文擬與讀者一起探討的重點。

一、在課綱中消退的概念

在今天這個國際化的時代，思考歷史教學何去何從，理應納入國際視野。考察當前使用的新課綱時，亦當如是。蓋透過對照和比較，往往可以凸顯特點、也能照見癥結所在。以培養證據概念來說，頗多國家的歷史或社會領域教育都相當重視這一塊。以下試舉美國、英國、澳洲這三個國家為例，參看一二。饒有意思的是，這幾個國家的課程標準中，「證據」被置放的位置不盡相同，但看重的的程度則不相上下。

（一）英、美、澳課綱特別推重

美國向來沒有全國性的歷史課程綱要，不過，2011 年倒發布了適用各州的「共同核心」(Common Core)，包括「歷史／社會學習六至十二年級素養閱讀標準」。此標準將六至十二年級

劃分為三個學習階段，並依據四個範疇訂定各學習階段需要達到的目標。[2]證據即多次出現於其中的三個範疇內。尤其第一範疇「核心理念和細目」(Core Ideas and Details)，第一條即明訂三個學習階段的學生，於學習分析原始與二手史料時，需「引用特定的文本證據支持。」比如要求高中階段的十一至十二年級學生：「分析原始與二手資料，並以特定的文本證據支持所述；洞察資料特定的細節內容，且將之連結成對文本的整體性理解。」而在九至十年級的階段則明載：「分析原始與二手資料，並以特定的文本證據支持所述；注意如訊息的日期與來源等這些特點。」另外，在第二個範疇「技藝與結構」的條目中，也規範十一至十二年級學生需要「……評估作者的論點、推理、證據……。」在第三個範疇「知識與理念的整合」內，又規定九至十、十一至十二年級學生學習「評估文本中的推理與證據能夠支持作者論點的程度。」以及「……評估一個作者的前提、論點與證據。」上述層層互有關連的條目，無不顯示出辨識證據和運用證據，多麼受到鼓吹素養閱讀的歷史和社會教育界之看重，這反映美國中小學校中，訓練學生使用證據支持己見，

2 District of Columbia Public Schools, "Common Core: Standards for Literacy in History/Social Studies, Science, and Technical Subjects 6–12," https://dcps.dc.gov/sites/default/files/dc/sites/dcps/publication/attachments/Common%20Core%20State%20Standards%20for%20SS.pdf, accessed June 22, 2023. 另可參見宋家復的翻譯：宋家復譯，《像史家一般閱讀：在課堂裡教歷史閱讀素養》(臺北：國立臺灣大學出版中心)，頁 334–336。

當是普遍共識。

　　若把眼光調轉至大西洋另一邊的英國，證據的景象則有不同。雖然英國歷史教研人士早在 1970 年代已經高聲呼籲將證據納入歷史課堂中，許多學校教師也致力於此方向的教學。但在 1990 年代初訂的課綱中，這一概念始終屈居於「資料閱讀和使用」的項目下，直至 2007 年版的課綱，才終得翻身正名。在該年新修的「國定課程歷史科」內，英國教育部將高中以前三個學習階段的歷史課，有關「理解歷史研究的性質」這部分，分為兩大區塊：一為「關鍵概念」(Key concepts)，包含時序理解、變遷與延續、原因和結果……等，一為「關鍵程序」(Key processes)，共有三個技巧指標：歷史探究、運用證據、傳達過去。「證據」由此首度成為英國歷史課程中學習和考核的明確標的。雖然證據被歸類為「探究程序」的「技巧」這點，受到不少學者詬病，但從另一個角度來說，2007 年國定課程歷史科仍不失為重要的里程碑：代表英國官方宣告，學校歷史必須教導的是「運用證據」，而非「使用資料」。

　　2013 年底英國政府再度推出新的學習階段三（約等於國中階段）之「國定課程歷史科」。此版課綱取消了前述「關鍵概念」、「關鍵程序」的分野，將既有內容打散於學生需要達到的五大「目標」(aims) 內。其中目標五是針對探究方法而論，載明學生必得：「瞭解歷史探究的方法，包含如何嚴格地使用證據去提出歷史論斷，以及認清有關過去的解釋和相衝突的論點，是如何且為何被建構出來。」[3] 英國歷史科課綱雖然改頭換面，

趨於簡化，但基本上強調探究的精神未變，且仍標舉證據的關連性，換言之，證據依然屹立不搖，是探究方法的學習要點。

　　至於南半球的澳洲，其歷史課程標準中的證據又是另一番定位。澳洲歷史課程規劃的基本架構類似於早期英國課綱，列有四個學習歷史的目的。其中第三個目的為：「理解和使用歷史概念如：證據、延續和變遷、原因和結果、意義、觀點、神入和爭論。」這裡陳述的是學生需要認識的學科核心概念，其中，證據排行第一。另外，其第四個目的：「具備能力從事歷史探究，包括分析和使用資料，以及解釋和溝通」，[4]旨在揭示學生必須發展歷史探究能力。而此目的下的細項解說，也出現有關證據的條文：「寫成論題，特別是從所附的資料中，引用證據，進行描述和討論。」凡此可見，當前澳洲的歷史教育政策，將證據引為重要的「歷史概念」，也是練習寫作論述時必須熟識運用的思考。

　　從美國、英國到澳洲的課程規劃，展示了三種安置證據的方式。美國在適用各州的歷史／社會科素養閱讀標準內，特別要求六至十二年級的學生於解析資料時，需以證據支持所論，

---

3 請參考網站 GOV.UK, "Curriculum and qualifications," https://www.gov.uk/government/collections/national-curriculum, accessed June 10, 2022.

4 Australian Curriculum, "Humanities and Social Sciences: Aims," https://www.australiancurriculum.edu.au/f-10-curriculum/humanities-and-social-sciences/history/aims, accessed June 10, 2022.

也要敏察文本內論點與證據之間的契合度。英國則把證據劃入歷史探究必要的一環。至於澳洲，一方面將證據推崇為歷史學科的關鍵概念，同時也聲明學習歷史探究時，必須使用證據，作為建構歷史解釋的依據。無論這些證據的位階有何差異，三個國家有著共同的趨向。首先，它們都給予證據顯著而重要的地位。其次，證據得到看重，乃在於其為幫助學生發展敘述、看法或解釋所必須仰賴的根底。

不難理解，這些國家的課綱對於證據，或應該說對學生養成論證能力的推重，與現代公民教育理念脫離不了關係。民主社會之下，表達、論辯、溝通、協商厥為常態，言而有據、說之以理，是每個公民被期待具備的基本素養。此一文化政治理念自然而然具現於社會科或歷史教育的策劃上。從另一方面來說，這也成為關切歷史教育之士聲明學習歷史正當性的憑藉：歷史思考不只對看待過去有用，也利於人們立身處世。

（二）108 課綱中若有似無

臺灣目前的教育改革也同樣著眼於打造更好的民主社會。翻閱十二年國民教育中的社會領域課綱「基本理念」第一段，首先映入眼簾的即是：「社會領域的主要教育功能為傳遞文化與制度，培養探究、參與、實踐、反思及創新的態度與能力；其理念在於涵育新世代的公民素養，以培育公民面對各種挑戰時，能做出迎向『共好』的抉擇，並具社會實踐力。」新課綱既然明示以孕育現代公民為目標，教育方針理應側重於學生論證思

辨的培養，但觀諸新課綱歷史科或甚至社會領域，相關方面的擘劃並不明顯。最關鍵的「證據」意識養成，在現行的課綱內很難找到明確的線索。不過，這情況並非從來如此。

　　大抵而言，本世紀初以來的幾次課綱訂定，單就歷史科來說，「證據」概念的地位可說是每況愈下。試看 2006 年教育部頒行了《高級中學課程暫行綱要（九五）：歷史》，亦即一般通稱的「95 暫綱」，其內容揭櫫四個「核心能力」：時序觀念、歷史理解、歷史解釋、史料證據。這四個能力與「教材綱要」併立為高中歷史教學的兩大重點。而「史料證據」列居核心能力第四，細項的內涵定義也可看出這份課綱對於證據的重視：

> (一)運用思辨，判斷史料得以作為證據的適當性
> (二)自行根據主題，進行史料的蒐集工作
> (三)應用史料，藉以形成新的問題視野，或屬於自己的歷
> 　　史敘述

以上第一個條目即是：「運用思辨，判斷史料得以作為證據的適當性。」另在檢附的說明中更清楚道出從資料到證據必經的思考過程：

> 對多數學生而言，史料在一開始往往只是某種與過去有關的資訊，或者與某史實有關的資料來源。學生必須學習在史料中發現線索，並且經由一番思考、討論或推理，

　　而能判斷其作為證據的適當性。

　　此外，在該條目下又羅列了第二個項目，進一步要求學生：「依據某一探討主題，評估個別史料作為證據的適當性。」這是提醒教師學生，資料轉為證據，決定的關鍵在於所欲探討的「主題」，或更精確來說，應是「問題」。

　　無論如何，世紀初的這份歷史課綱難能可貴地彰顯了培養「證據」的要義，以及這個概念或者能力的基本蘊含。這應是至今為止所見課綱中有關「證據」方面最完整的陳述。因為從2011 年的 101 課綱開始，證據逐漸失寵，而「運用史料」的地位扶搖直上，成為重心。亦即就「史料證據」這個詞彙而言，幾次課綱的修訂，愈來愈偏向「史料」，而漠視「證據」。

　　試看 2012 年的 101 歷史課綱，[5] 內將「95 暫綱」中的「核心能力」做了修正。如原有的「史料證據」改為「運用史料的能力」。此番修改，乍看之下或以為更為強調「能力」養成，但

---

5 關於這兩套課綱，請參考教育部國民及學前教育署，〈高中課綱微調專區〉，https://www.k12ea.gov.tw/Tw/Cur/Index?filter=693F41A9–9C10–4F04–AD6C–AF1852E681C7，擷取日期：2023 年 6 月 27 日。此外，在「95 暫綱」和「101 課綱」之間，另有「98 課綱」，是根據「95 暫綱」的實施情況所做的修正調整。以核心能力這部分來看，「98 課綱」內四個項目下的涵意和說明皆經適度增刪，相較於「95 暫綱」，確實更為清楚細緻。然因政黨輪替，「98 課綱」擱置未行。本文主要針對的是已施行的課綱與教師認知和教學的關連，故不擬另外討論「98 課綱」之內容。

深思細想就會發現，這竟是一個極大的反轉：核心能力已經不再包括「證據」，而只剩下「運用史料」。「證據」就此在課綱中退居次要，不能不說是一大倒退。

再探 101 課綱的「運用史料的能力」其下的三個條目，與 95 暫綱亦略有不同：

㈠能根據主題，進行史料的蒐集工作

㈡能辨別史料作為解釋證據的適切性

㈢能應用史料，藉以形成新的問題視野或書寫自己的歷史敘述

其中第二條確實涉及證據：「能辨別史料作為解釋證據的適切性。」這應是極為重要的宣示，可惜沒有任何說帖為輔，相信對現場教師而言，大概只能視同具文。再者，從三個條目的文字表述判定，史料被賦予優越地位，遠在證據之上。證據之弱勢，昭然可見。不過，這不是最嚴重的情況，因為在最新的 108 課綱內，證據更幾乎淪為可有可無。

108 課綱比起以往更強調所謂「跨域」要求，學科的重要性和獨特性，特別是在高中階段，明顯被削弱降級，而不再有以往課綱所設定的學科專業思考或能力。相對的，新課綱依據跨學科、「超越學科」的「構面—項目」（三面九項）為準則，從而產生社會領域各科的「學習表現」及相關條目。

細查這套形制下的歷史科，證據只現身於兩個條目內，有

如驚鴻一瞥。一為「歷 1c-V-2」內的：「綜合歷史知識與『**史料證據**』，提出個人分析與詮釋。」這大概算是新課綱中唯一一條要求學生藉由知識和史料證據，建立分析與詮釋。然而，如此精簡的陳述，又是孤立存在，缺乏詳細解說，難以凸顯、聚焦證據作為論辯的要素這點。可揣想的是，教學現場中的老師大半不會也無從關注理會。

至於另一個相關的條目則是在構面 3 的 b 項 「實作與參與」內：「歷 3b-V-3 分辨歷史事實、『**史料證據**』與歷史解釋，說明歷史解釋不同的原因，並檢視證據的適切性。」這個條文有模糊不清之處。首先，要求學生分清歷史事實、史料證據和解釋之間的差異這點，根本窒礙難行。觀諸各種歷史陳述，多的是作者舉用若干「歷史事實」，以證成某個詮釋。在此情況下，事實往往即是證據；反過來說，證據所論也是作者擬欲建構的事實，這般混雜的關係，不知師生如何加以分辨。其次，「資料證據」這個長久以來被理所當然連用的組合語，前後兩個詞彙意義其實並不相同。那麼究竟要關注是資料或者證據，同樣令人不解。或許，此條文中，最有意義的是：「檢視證據的適切性」這個部分。蓋學習察看他人的歷史解釋中，運用證據是否得當、論與證之間的邏輯性，確實是培養證據意識的初步。可惜缺乏相應的闡說，又夾帶於條文最後，其重要性卻是大大減低了。

無論如何，108 課綱涉及證據的條文僅僅如上。話說回來，課綱既然標榜公民養成，難道不曾期許學生獲致分析、論辯、

課題探究與問題解決等思辨能力？當然不是。新版課綱設計了如「理解與思辨」構面，責成學生強化「分析與詮釋」能力（b項）。歷史科也當仁不讓地設計了相關條目配合，用以督促學校師生落實，例如：

> 「**運用歷史資料，解釋重要人物與事件……**。」（歷1b-IV-1）
>
> 「**運用歷史資料**，進行歷史事件的因果分析與詮釋資料蒐集與運用。」（歷1b-IV-2）

此外，在要求學生達成「實作與參與」能力的培養方面，歷史課綱小組亦訂定相關條文如：

> 「根據主題，進行**歷史資料的蒐集、整理與分類**。」（歷3b-V-1）
>
> 「**研讀考察歷史資料、分析其生成背景**……」（歷3b-V-2）
>
> 「**應用歷史資料**，藉以形成新的問題，呈現自己的歷史敘述……。」（歷3b-V-4）

瀏覽以上摘引，讀者必然一望可知：「歷史資料」周而復始地出現，卻獨不見「證據」的身影。前者之重、後者之輕，不言而喻。問題是，這些條目所要求的解釋、分析、考察等心智思考，

作用其間的主要力道，難道不正是「證據」概念？

108 課綱「證據」成分之稀薄，昭示了 2000 年以來數次改版的課綱愈益朝向的一個趨勢：在「史料證據」這兩個詞彙／概念的組合上，愈來愈向前端的史料傾斜，也愈來愈遠離證據。相對於歐美歷史教育圈大力標舉「證據」概念的養成，我們課綱卻反向而行，著實令人不解。梳理其因，恐怕最大的癥結在於：這些年來課綱的擬定多出自術有專攻的歷史學者之手，而非歷史教育研究者。對歷史學者而言，找到珍貴的資料，似乎才是切要的問題。然而，歷史學家所沉默不語的證據，卻是自 1970 年代以來，因英國歷史教育改革者的倡導，重要性與日俱增，並被國際歷史教研人士推崇為學生不能或缺的學科思考之一。證據在歷史學和歷史教學這般冷熱不同的待遇，或是當前歷史課綱中這個概念如此微不足道之因。這一現象其實也折射出我們歷史教育發展的若干困境。

二、歷史教育重要的思考

資料對於歷史學而言，如同水之於魚，其重要性不言而喻。因此，歷來討論史學方法與理論的著述，多半會開闢專章，敘明處理資料之道，不過相對的，卻鮮少論及證據。不妨以二十世紀中期以來，臺灣學界頗為熟悉的三本英國史學專書為證，當可看得明白。

（一）歷史學家難以言說的心法

第一本是 1961 年英國史家卡爾 (Edward H. Carr) 出版的演講集《何謂歷史？》。這本書自 1970 年由王任光神父翻譯為《歷史論集》，問世之後，便成了大學院校歷史系史學理論課程中，師生研讀的典範。甚至當今在各領域學有專精的歷史學家，若回憶起年輕時認識歷史的學術養成期，恐怕很難忘懷這份共同的「歷史」記憶，也不會忘記那個年代歷史人的通關密語：「歷史是過去與現在之間永無止盡的對話。」但這本風靡各國甚久、是許多歷史初學者的入門指南，其篇章中僅偶爾談到「資料」（彼時史學討論的重點是「歷史事實」），卻完全找不到「證據」一詞。

第二本史學專書，是出版於 1984 年（該書至今已經再版五次），由英國歷史學家陶許所寫的《追逐歷史：近代歷史學習的目的、方法和新方向》 (*The Pursuit of History: Aims, Methods and New Directions in the Study of History*)。此書中譯本名為《史學導論》。在這本歷史方法論著中，第二章「原始資料」、第三章章名是「使用資料」。單單資料問題就占了兩章之多，足見其分量之重。但除了第二章前言內有此一句：「這個科目的研究基礎能夠多穩固，全靠證據」之外，便幾乎未再提及「證據」。[6]

第三本要介紹的是英國史學名家伊文斯 (Richard Evans)

---

6 John Tosh, *The Pursuit of History: Aims, Methods and New Directions in the Study of History* (Essex: Longman House, 1984), 27; 中文版：趙干城、鮑世奮譯，《史學導論》（臺北：五南出版，2001），頁 37。

寫於 1999 年、意在抗衡後現代思潮的《為歷史辯護》。有趣的
是，這本書共有八章，其中四章的章名與前述卡爾那本《何謂
歷史？》完全相同，這顯示作者伊文斯撰寫此書時或有承先啟
後之意，當然也可能懷有某種推陳出新之志。畢竟經過四十年，
卡爾的歷史大哉問及其回答，已有重新檢視的必要。一些問題
依舊有其意義，譬如「歷史學家及其研究的事實」、「歷史上的
因果關係」、「社會與個人」……等，但答案可能不再如故。另
一方面，過去未有的、更為緊要的新議題業已逼臨，例如第四
章「資料和論述」、第七章「知識與權力」。讀者可從本書見識
歷史這個學科在二十世紀後半有了怎樣的遞變沿革。

　　《為史學辯護》一書內，確實論及證據，相關內容見於第
三章「歷史學家及其研究的事實」、第四章「資料和論述」。然
而如同篇名所示，這兩章的主角是「事實」和「資料」，而非證
據。伊文斯針對若干後現代學者的主張，力圖抗辯：事實確實
先於解釋而存在；並非所有的資料都具「文本」質性，即便資
料為文本，其中的語言和陳述，非如一些後現代主義者所宣稱，
都只是出自個人獨斷的意符，而與真實世界完全脫勾。伊文斯
相信，任何文本所表，乃是人們試圖為真實事物命名定義，與
真實世界必有著不等程度的關連，因此，史家據此建立的論述
與詮釋，並非任意的、全然的虛構。在這番辯駁中，伊文斯不
可避免的於扉頁之間提及「證據」。例如他說：「詮釋先於證據
而存在」，並強調詮釋必須謹慎地奠定在證據基礎上。[7] 然而，
相對於事實、資料、文本的討論，證據篇幅甚少，不成比例，

這依舊呈現出史家心中，資料文本問題的可論性遠勝於證據。

不只英語世界的歷史專家，中文的史學論著也多如此。本地史論類叢書，若談三十年來始終歷久不衰的長銷之作，杜維運的《史學方法論》應是其中的佼佼者。此書從 1989 年寫就，至 2021 年時已經出了二十版。按每版印刷量來估算，其傳播之廣，差可想見。杜氏書中同樣關切資料問題，並接連以「史料析論」、「史料考證」兩章特別處理，唯關於「證據」，卻幾乎不見隻字片語，即使多年來數度再版，也增添了其他新的內容。

歷史學家重資料而略證據，看來是頗為普遍的現象。這究竟怎麼一回事？為何歷史學者在史論中總是將眼光投向資料性質、資料範疇以及資料蒐羅的介紹，相對卻鮮少為「證據」發聲？難道「證據」在歷史研究程序中無足輕重？

細究起來，資料與證據受到不平等的對待，可能有兩種情況。一是始終不乏史家把「資料」和「證據」看成同一件事。例如年鑑學派布洛克 (Marc Bloch) 過世前的未竟之書：《史家的技藝》，[8] 其第二章第二節雖然題為「證據」，內中所論仍多是「資料」的類別。同時，書中行文以「證據」和「資料」交叉使用的情況屢屢可見：「史學家所掌握的無數不同的資料就分成這兩類。第一類證據是有意的，第二類則是無意的。」[9]「歷

---

7 另外，此書前一章「歷史學家及其研究的事實」的開頭也提到事實和證據之別。Richard Evans, In Defense of History (London: W. W. Norton & Company Ltd., 2000), 6, 103–104.

8 Marc Bloch, 周婉窈譯，《史家的技藝》（臺北：遠流出版，1991）。

史資料的多樣性近乎無窮……有多少人……對我們這個學科仍維持傳統的看法，此一看法可回溯到我們幾乎還不知道如何閱讀甚至是有意的證據的時候。」[10]這些引文顯示布洛克眼中資料和證據，可以混用無礙。另外，二十世紀後期在英國與卡爾的書齊名的方法學名著：《歷史實務》(The Practice of History)中，歷史學家艾爾頓 (G. R. Elton) 在書中表明，「證據」分為兩類：一類來自個人主觀意願下的留存，如日記、書信……屬之；另一類則是因服務於某種目的而遺下的，包括公文、各種紀錄……等。顯然，這也是將「證據」與「資料」等而論之的例子。[11]

確實，若干史家把資料和證據視為同一，不分彼此。這背後可能源自長久以來某種關於「歷史」的看法，此處不擬深論。但無論如何，二十世紀中期以降，歷史研究的目的已從「發現事實」，轉為「探究問題」、「建構知識」。那麼解讀資料，援引證據，回應問題，應該早已化為多數歷史專業人員的常識。也就是說，今天治史者理當知曉，並非任何找到的資料都是史家探究特定課題的證據，資料與證據確實有關，但不能劃上等號。

---

9 Marc Bloch, 周婉窈譯，《史家的技藝》，頁 61。

10 Marc Bloch, 周婉窈譯，《史家的技藝》，頁 66。

11 Geoffrey R. Elton, *The Practice of History* (London: Fontana Press, 1987), 97–101. Elton 之混用「證據」、「材料」(materials)、「資料」(sources) 三個語詞，亦曾受到學界同行的批評。相關討論可見於 Richard J. Evans, *In Defense of History*, 65.

那麼為何晚近的歷史理論撰述中，仍然重視資料甚於證據？

　　另一個可能的情況是：如英國學者菲利伯斯 (Ian Phillips)
所說，歷史學家之運用證據乃是一個「潛意識」(subconscious)
的過程。[12] 在進行探究時，某些資料為何可以成為「證據」，其
他資料又為何不能引以為證，端賴史家的拿捏分寸。那些深藏
於研究者心中的尺度，一方面來自長期與資料為伍，經久磨練
下而有的敏識銳覺。一方面則是史家所身處的歷史界中不言自
明的共識或者心照不宣的「行規」。這兩重背景搏成史家判斷證
據的識見。也即因此，對很多鑽研歷史者而言，挑選、過濾資
料，並對應特定的問題、援資料為證，進行論述，本是一套熟
能生巧的心智經歷，是專業人必備的心法，當中的微妙曲折甚
至習焉不察，也難以言詮。至多，只能像伊文斯那樣偶爾在論
資料的章節行文間插入幾句「類原則」：

> 歷史學家向來會致力於使用證據檢驗想法，而當這些想
> 法無法切合證據時，就會把這些想法拋棄掉。當證據與
> 論斷出現背離，證據不可以被刪除或曲解，而是應該加
> 以解釋，即便要付出修正或全然放棄原有論斷，作為代
> 價。[13]

---

12 Ian Phillips, "Highlighting Evidence," in *Debates in History Teaching*.
　Edited by Ian Davies. (Oxon: Routledge, 2010), 215.

13 Richard Evans, *In Defense of History*, 104.

伊文斯顯得有些彎繞的描述，道出了「證據」與檢驗「論斷」的關係：當論斷無法契合於證據時，寧可捨棄論斷，而非讓證據曲意配合。但這仍不過是些偶發的抽象之論。

證據真的不好說，因為涉及了探究的是什麼問題，面對的是什麼資料，還有研究者的獨到判準，這或許是一般史家略而不談的根本原因。相較之下，如何處理資料，較有普遍性的看法，容易梳理出概括規範。此所以坊間出版的史學方法專書多聚焦「資料」，包括資料的重要性、資料如何收集、各類「資料」有何不同特質（如檔案、官方文書、私人書信……等的差別）、各種資料分類的方式（如一手資料、二手資料之分）、各型資料的不同價值……等這些屬於可以歸納整理、循序介紹的課題。至於如何從層層疊疊資料中評斷和抉擇「證據」的考量，少見觸及。

換言之，在歷史研究程序中，證據並非不重要，可能是難以名狀，故讓資料獨占風采。然而，儘管於歷史學中地位不顯，卻也不容忽視一點：若將眼光轉移至歷史教學，當會發現，證據如此耀眼而至關緊要。

（二）歷史教學至為重要之點

證據成為歷史教學明星的故事，仍得由英國歷史教改運動說起。1970 年代英國反思歷史教育的趨勢，主要的籲求乃是培養學生有用的思考和可用的能力。為此，歷史教改人士提倡「歷史科」應該與「歷史學」有所接軌，學生應適度理解歷史學科

的知識特質，習得史家的研究之法，藉此擺脫歷史無用論的傳統印象。[14]這波改革理念可由出版於 1976 年的《歷史新視野》(*A New Look at History*) 一書獲得梗概。[15]此書提出了四個史學「觀念」(Ideas)，以為教學依據：「證據」、「時間中的變遷和延續」、「因果和動機」、「時代錯置」。「證據」排行第一，足見其在當時歷史教改人士心中的重要性。而這四個觀念後來也成為不同國家地區的歷史教研者普遍認可的學科概念。

證據概念在英國歷史教育改革上的樞紐地位，還可從彼時歷史教研者大衛·湯普森 (D. Thompson) 的評述看出：「新歷史科的中心目標是去帶動以資料為證據 (sources as evidence) 的思考進展，使之更深化和更為人覺知。」[16]其實證據獲得青睞，不難想見。當時為歷史教學熱切奔走者，眼看學校中這個科目的地位一落千丈，根本之計是改變其枯燥死背的形象，讓教室中的歷史課鮮活起來。於是，在課程中加入探究元素，當是不二選擇。推動歷史教改者因此積極倡導：教師帶領學生閱讀資料，探討問題，援引「證據」，進行推論思考，此既可翻轉歷史課堂中傳統單向傳授的灌輸模式，建立互動和實作的教學新型

---

14 R. B. Jones, "Introduction: The New History," in *Practical Approaches to the New History*. Edited by R. B. JoNnes. (London: Hutchinson, 1974), 14–16.

15 School Council Publication, *A New Look at History* (Edinburgh: Homes Mcdougall, 1976).

16 D. Thompson, "Understanding the Past: Procedures and Content," 169.

態，又可使學生瞭解歷史是如何建構出來的，並獲得學科的思維能力。

　　隨著英國歷史教改之士揭示了探究式教學以及培養「證據」概念的意義，許多以「證據」為題的理論與實務研究接踵而至。例如李彼得 (Peter Lee) 與另兩位學者在 1978 年所寫的〈歷史和課堂中的證據〉("Evidence in History and the Classroom")，探討歷史課教導證據的可能問題與樣態，算是一篇早期的經典之作。下至 1990 年代，相關討論更多，比如素有聲望的歷史教育學者哈斯邦斯 (Chris Husbands) 所著《什麼是歷史教學？》(*What is History Teaching?*) 內，第二章即是 「理解過去： 證據和問題」。[17]此外，一手推動英國歷史教育改革的 「學校歷史科計畫」(SHP) 出版了《什麼是證據？》(*What is Evidence?*) 這本專論小書，欲幫助教師認識證據的意涵。[18]再者，李彼得於 2011 年一篇談論歷史素養的文章內，認為「歷史素養」意蘊豐富，其中包括學生應該要培養、具備的「態度意向」，例如：尊重證據以及具備歷史證據的概念。[19]除此之外，其他的探討還包括

---

17 Chris Husbands, *What is History Teaching? Language, Ideas and Meaning in Learning about the Past* (Buckingham: Open University Press, 1996), 36.

18 Chris Hinton and Gail Weldon, *What is Evidence?: South Africa During the Years of Apartheid Paperback* (London: John Murray Publishers Ltd., 1996).

19 Peter Lee, "Historical Education and Historical Literacy," in *Debates in*

艾什比 (Rosalyn Ashby) 的 〈理解歷史證據〉 ("Understanding historical evidence")、 菲利伯斯 〈聚焦證據〉 ("Highlighting Evidence")……等。[20]

　　證據概念不只獲得英國歷史教學界的重視。近來，其他國家知名學者也相繼投入討論的行列中。如溫伯格 (Sam Wineburg) 著名的教學用書：《像史家一般閱讀》，書中列了八個美國歷史課題的教案，其中「以證據為基礎的思考和論證」(Evidence-based thinking and argumentation) 重複出現於八章的能力培養表單內，成為唯一貫穿全書的主調。又，2013 年加拿大的塞克瑟斯 (Peter Seixas) 和摩頓 (Tom Morton) 合寫《六大歷史思考概念》，這六大歷史學科概念分別是：歷史意義、證據、延續與變遷、原因和結果、歷史視角、道德面向，「證據」列居第二，透露出這個概念的相對重要性。[21]以上列舉在在顯示：不同於一般歷史理論書內的省略少談，證據在歷史教育領域中，有著無與倫比的地位。

　　證據於國際歷史教育界之備受看重，如上所言，其不只是重要的教學議題，是學生需要習得的歷史思考，同時也是培養

History Teaching. Edited by Ian Davis. (New York: Routledge, 2011), 65.

20 Rosalyn Ashby, "Understanding historical evidence: Teaching and learning challenges," in *Debates in History Teaching*. Edited by Ian Davies. (New York: Routledge, 2010), 137–147; Ian Phillips, "Highlighting evidence," 212–223.

21 可參考拙作：林慈淑，〈證據概念——從高中歷史課綱到教學問題探析〉，《臺大歷史學報》，58 期（臺北，2016），頁 249–286。

現代公民素養、訓練參與社會所需的論辯溝通能力之橋樑，也是達到世界「共好」(common good) 的跳板之一。相較之下，證據在我們當前新課綱內卻顯得無足輕重，只談「運用資料」，未識「證據概念」的緊要，令人感嘆。影響所及，目前各家出版社為「選修歷史：探究與實作」課程而編寫的教科書，也多半有如大學史學導論或史學方法用書那般，偏向介紹資料問題的種種面向。例如強調「歷史資料的性質和意義」，或者提供撰寫小論文時如何「查找史料」、「鑑別史料」、「解讀史料」的方法，至於證據，幾乎闕如，最多寥寥數語帶過。

從課綱到教科書的呈現，不難推知目前教學環境中，「證據」如何地受到冷落。然而，即便當前政策面漠視，也不能掩蓋證據概念在歷史教學、培養探究能力上的必要性。任何歷史教學的改革事實上都少不了這一味。但改變，未必要等待上層決策，或只許由上而下。正是這樣消極的態勢中，教師的體認與作用才能真正彰顯發揮。那麼不妨從認識「什麼是證據」作為開始。

三、什麼是「證據」？

「證據」雖已是近年來歷史教育探究的要項之一，但多數歷史老師對它並不熟悉，遑論去談如何教。尤其如上所述，證據確實在不同文化下有不同的身分和地位：在美國，證據出現於社會學習這個綜合性課程的「閱讀素養」標準內，英國課綱

則把證據歸為學習歷史探究程序的一環，而於澳洲，證據是歷史概念。這些定位不一，某種程度上正反映此教學要素確有引發困惑之虞。因此教學之前探索、釐清和理解其意，殊有必要。

（一）證據是問題和論述的產物

證據是歷史教學的重中之重，但在教學現場中，似不易把握其要義，甚至會有諸多誤解和錯認。英國上個世紀末湧現的資料教學浪潮就見證了一波亂象。其中，最需要警惕，連專業史家都難以豁免的是，把證據視同資料，渾然不分。

證據與資料在概念上並不相同。證據來自於資料，但資料未必是證據，只能算是「潛在證據」，因為不是所有眼前所見或「上窮碧落下黃泉」苦心找來的材料，都可用於回應個人的研究關注。如同 1970 年代末，李彼得等英國幾位學者所提醒：「一般來說，無論檔案或者文件都不必然是『證據』」。[22] 那麼，「證據」是什麼？李彼得在 1984 年已經回答：「……證據由問題所創造，至於應該問什麼樣的問題乃與判斷有關。」[23] 證據原來與問題相接相連。李彼得言簡意賅道出，證據來自於史家

---

22 A. K. Dickinson, A. Gard, and P. J. Lee, "Evidence in History and the Classroom," *History Teaching and Historical Understanding* (London: Heinemann Educational Books), 2–3.

23 Peter J. Lee, "Historical Imagination," in *Learning History*. Edited by A. K. Dickinson, P. J. Lee and P. J. Rogers. (London: Heinemann Educational Books, 1984), 87.

所提出的問題，問題所至，才能在眾多的資料堆中「眾裡尋他千百度」，覓得心中屬意的證據。

　　此外，英國歷史哲學家詹京斯 (K. Jenkins) 則從論述／解釋入手，暢談證據。在他那本毀譽參半的著名小書《歷史的再思考》(*Rethinking History*) 內，詹京斯說：

> ⒜過去的確曾經發生；⒝它的遺跡仍然存在；⒞不論歷史學家是否找到它們，這些遺跡都在那兒；⒟當某些遺跡被用作某種議論（解釋）的證明時才用證據，在此之前不用。因此，證據——而非遺跡——永遠是歷史學家論述的產物。因為在明確表達這種論述之前，證據並不存在，在此之前只有遺跡存在（只有過去曾經存在）。[24]

詹京斯以四個階段、命題，呈現了從過去到歷史的過程。依他說明，遺跡或我們通稱的資料，來自過往時空，唯有當歷史學家為了解釋／論述某個問題，必須尋求支持，才使若干遺跡／資料成為某個解釋的證明，遺跡也自此轉為有用的「證據」。「證據——而非遺跡——永遠是歷史學家論述的產物。」這句話鏗鏘有力點出：證據與史家針對問題而提出的解釋／論述攜手共行；若無史家基於論述所需，「證據」不會出現。換言之，

---

24 Keith Jenkins, *Rethinking History*, 49. 凱斯‧詹京斯著，賈士蘅譯，《歷史的再思考》（臺北：麥田出版，1996），頁 126。但為了更易於閱讀瞭解，文中摘譯經筆者修改，與原譯有若干出入。

是歷史家的主動提取，若干資料方能轉變性質，搖身一變為與某個議題相關的證據家族成員。

以上學者亟欲表明，證據始於問題，以及對問題的解釋論述。這是「證據」的第一義。當然，此也連帶說明，證據不等於資料。

（二）證據是一種觀念

詹京斯之外，另一位鑽研文化史的喬丹娜瓦 (L. Jordanova)，在 2000 年出版的史學理論專書《歷史實踐》(*History in Practice*)，有別於其他歷史學者，對「證據」問題甚表關心。她說：

> 從某個意義來看，證據是一種哲學觀念——假如我尋求某些證據，那麼在我心裡必然存有一組具邏輯性的問題，而我們所稱的「證據」可以為那些問題發聲。[25]

喬丹娜瓦道出了兩個關於證據的概念。第一，「證據」是抽象的「觀念」，是一種思考的歷程。第二，她重申李彼得、詹京斯所

---

25 喬丹娜瓦這本書名不期然讓人想起鑽研憲政史的艾爾頓 (G. R. Elton) 於 1987 年出版的書《歷史的實務》(*The Practices of History*)。當然，兩者書名相似，內容與史學觀點卻相差甚遠。單單喬丹娜瓦之澄清證據與資料之別，就與艾爾頓的混用極為不同。L. Jordanova, *History in Practice* (London: Bloomsbury Academic, 2019), 96.

言，促發「證據」的思考歷程，關鍵動力是「問題」，證據是史家用以回應心中某些問題的依憑。

喬丹娜瓦凸顯「證據」的觀念性質，正欲釐清證據並非「文物遺跡」或各種材料。喬丹娜瓦這番宣告，恐是言有所指：把證據當成實體資料，是坊間常見的誤解。其實她在前述引言之前的一段話，即可窺知其意：

> 我剛剛提到證據，也提及資料，好像它們多少是同一件事，但這兩個語詞事實上承載著不一樣的內涵。資料僅是各種「原始的」資材，是有「潛力」去支撐一個歷史問題，但總得要精確地昭示它們如何可能。而當稱呼某個物件是證據時，意指其關連性已被確立——證據是作為一個議題的證明。

喬丹娜瓦這番討論必須放在英國歷史教育發展的脈絡下來察看。1970 年代英國有識之士高舉歷史課堂中教導證據殊為必要，隨之促發「資料教學」在其後二、三十年的風行。但這一風潮所見，教師多將證據等同各式資料，繼而帶領學生查探：資料是否屬於一手材料？是否為當事人所留下？作者是否為對立陣營？作者的立場為何？作者有無偏見？資料可信嗎？……亦即考核資料真偽或可疑可信的教學活動大行其道，與此同時，離「證據教學」之路卻越來越遠。總之，教師往往不察，以為提供若干原始資料，學生便可養成證據意識。更由於此一認知

差誤，證據教學演變成催迫學生在課堂中吞食大量而艱澀的史料，歷史課沒能因此生動趣味，反倒更加乏味疲累。

目睹教學現場的走調，英國許多歷史教育學者起而試圖扭轉局面，奮力釐清：「證據不是物件的特殊類別或某個限定的材料堆」；過度強調資料「可信度」和「偏見」的考評，不僅讓學習歷史變得困難，甚且無趣，更重要的是，歷史學家並不把工作重心放在考察資料偏見上。資料的確需要評估，但為的是判定它們作為證據的可能性多大。[26]所以，上述喬丹娜瓦之用心當也其來有自。

前述史家之外，倫敦大學歷史教育學者艾什比亦有感於教學界對證據嚴重誤解，切切呼籲教師正視，證據不是考核資料真假偏私的「技巧」：「證據是觀念 (concept) 而非技巧 (skill)」、「證據不是某種我們去做和反覆練習的事，它是我們所瞭解或有待瞭解的觀念。」[27]以下這段話，對於證據的特色尤其說得明白：

> 證據不是某種我們去做和反覆練習的事，它是我們所瞭解或有待瞭解的觀念。當我們思索一份歷史資料的價值是否對應某個特定的探究，或考察某個歷史事項所依據

---

26 林慈淑，〈證據概念——從高中歷史課綱到教學問題探析〉，頁 264–269。

27 Rosalyn Ashby, "Understanding historical evidence: Teaching and learning challenges," 138–139.

的基礎、一些歷史記述如何運用事實的方式時，這種瞭解會在我們心中發揮作用。[28]

英國學者再三重申，「證據」不是資料，也不是檢定資料真偽的「技巧」，而是觀念、是一種心智的歷程。然而，為何英國教師會將證據與資料混淆為一？或許這其中混淆的不只是「證據」，更是「歷史」。

如前所述，證據一端聯繫著資料，另一端通往歷史，但證據這個環節常常為人忽略。推測其因，人們都誤以為資料來自過去，即等於過去；資料所載，即是歷史。然而，歷史遠沒有大家想得那麼簡單。歷史起自研究者意欲探討的問題。為解答問題，研究者深入各種資料探索，逐漸形成初步假設，並同時尋求證據的支持或修正，進行論述解釋，最後形成一頁頁的歷史。因此，史家的工作絕非只是找到「真實」的資料內容繼而報導。何況，研究者所關心的問題與留下資料的前人，往往不同，即使相同，單一的例證也不足為憑，需要多方檢證、交叉比對，方能得出以證據為基礎的歷史圖景。職是之故，歷史書寫的過程中，證據與問題絕不可少；問題是什麼，決定了證據在哪裡，也因此才能產出各式各樣的歷史解釋。

證據與歷史脣齒相依。塞克瑟斯和摩頓甚至說：「歷史是對

---

28 Rosalyn Ashby, "Understanding historical evidence: Teaching and learning challenges," 138–139.

證據所做的解釋。」[29] 兩位加拿大學者特別標明，歷史是建立在對「證據」、而不是對「資料」的詮釋上，一語道破其中關鍵。事實上，正因證據與歷史相伴相隨，課堂中教導與培養學生此一意識，更顯必要。

四、為何教導證據？

為什麼在史學理論中並未特別凸顯的這一概念，卻受到歷史教學先進推崇備至？當然，教導學生認識證據絕不會只是幫助學生寫好課堂報告，或者書寫得法而已。對於許多歷史教育學者而言，教導證據，具有更為根本的意義與目的。

（一）展現歷史學科的價值

首先，如同前述，教導證據概念可以回應公民養成這個普遍性的教育要求，有利於歷史科在學校課群中站穩腳步。歷史是學校教育的一環，自不可能辭卻培養公民之責任。而盛行已久、專只講述事實如流水帳式的教學，確實很難使學生或社會大眾感受這個科目的關連性和現代意義，連帶的，歷史科的存在也屢受質疑。其實，好的歷史教師確實能夠呈現學歷史之種種的價值，那些價值無一不對現代社會的公民深有裨益。例如

---

29 P. Seixas and Tom Morton, *The Big Six Historical Thinking Concepts* (Toronto: Nelson Education, 2013), 42.

本書先前一再論及：透過歷史，神入與感知過去的他者，能鍛鍊「理解」他人的能力，促進人我之間的互動與溝通，如此，所謂寬容與和解才有指望。而培養證據概念，不但是通往神入和感知過去的必經之路，而且還有大用。

在歷史課中教導證據，可以磨練學生如何談事說理、思辨論證，而這正是現代公民參與社會所必具的素質。一些國家的課綱中看重證據，即為明證。比如溫伯格於 2015 年的演講：〈為什麼歷史思考不只關乎歷史〉，便說的非常明白：「此時此刻我該要澄清，關於『像史家一般閱讀』的那些課程真正的意圖。我們設計的教材並非是為了讓學生成為歷史學家而準備。如果說我們的課程有任何為生涯準備的理由，那就只能是為了公民這個使命。」[30] 因為學習歷史，可以讓國家未來的公民獲得溯源與脈絡化的文本解讀法、養成流暢運用證據論辨之能力，爰以面對當代世界。溫伯格在 2020 年初為《歷史思考大未來》中文版所寫的「序」內解釋的更加清楚。他說，歷史思考在現代資訊叢林下，能夠幫助學生具備：

> 評斷這些不同說法的工具：評估證據特性的工具、理解作者動機的技巧、交叉比對各種說詞的技能、確立目擊證人可信度的方式，以及辨別詮釋此優於彼的經驗之法。[31]

---

30 S. Wineburg, "Why Historical thinking is not about History," *History News*, Spring 2016, 14.

換言之，教導歷史思考，或者「像史家一般閱讀」，絕對不是把學生當成未來的歷史學家來訓練，而是著眼於歷史之理解世界、認識世界的方式，如證據概念，無論是從身為人或從身為公民來看，都不可或缺。

其次，證據是教導任何歷史思考的基石。證據在閱讀訓練上，本就占居要位。本書一開始就指出，文本閱讀和證據概念是教導歷史、培養學生思考最重要的兩大基礎，兩者相互倚恃。當學生在歷史課／社會領域各科中學習閱讀文本、掌握內涵要旨，並查知資料中的論點與證據之間是否合宜合理時，即已邁向證據思維養成第一步。

除此之外，證據更是認識其他歷史思考的跳板。自 1970 年代以來，英國歷史教育改革者揭竿而起，呼籲教歷史，不能只重事實，也需教導學生有關史家用以建構事實的核心概念或觀念工具。時至今日，這一歷史教育主張以及相應的教學模式已然成為國際歷史教育界的共識。但學生若欲理解學科概念和觀看視角，無論是時序、因果、歷史解釋、變遷和延續、神入、歷史意義、道德面向等，都必須藉由課堂的探討活動，進行與實踐。而在這些閱讀與問題思考及探索的過程中，起了穿針引線作用、居中串接的要角即是證據概念。

如此說來，證據概念觸及的是歷史之為學科的特質。從提

---

31 溫伯格，〈中文版序〉，溫伯格著，林慈淑、蕭憶梅、蔡蔚群、劉唐芬等譯，《歷史思考大未來：勾勒歷史教學的藍圖》（臺北：三民書局，2020），頁 2。

問到探究，都與證據息息相關。這也正是溫伯格所說：只有當「資料」被置於「證據」下考量，並用以回答某個特別的問題時，歷史「學科」的真正作用才會啟動。[32]

（二）有助於認識「歷史」

進一步來說，教導證據還有個重要的理由：引導學生真確地認識歷史。受到傳統型態的考試——教學影響，學生對於歷史有諸多刻板印象。許多學生以為歷史等於過去，歷史就是過去的複製。過去寄存於某個權威或一些資料裡，等待被挖掘發現，歷史由此而來。因此，歷史是固定的，有唯一正確的版本，而其他的說法就是訛傳謬誤。學生相信，如果一段歷史出現了很多個故事，那必然是某個環節出錯，也許是資料虛假或不全，也許是學者偏見、或加入自身主觀所致，又或者那些故事各自敘述事情的不同片段，不過是大故事中的小部分。至於歷史學家，學生想像就如偵探那般，目標是努力找尋「真正的」線索和資料，或判斷資料為真為假，如果是真的，那麼史家就能據此轉述，說出最後真相。也就是說，歷史研究者萬不能以己之見有害歷史的客觀真實，因為他們理當是忠實的紀錄者。[33]

---

32 S. Wineburg, "Unnatural and essential: the nature of historical thinking," *Teaching History* no. 129 (Dec. 2007): 6–12.

33 請參考拙作：林慈淑，〈史家？偵探？或記錄？——10–14 歲兒童對歷史記述的一些想法〉，東吳大學歷史系編，《史學與文獻 3》（臺北：東吳大學，2000），頁 171–206；林慈淑，〈年齡、知識或觀念——試探

　　上述關於歷史的錯誤想像，常會具現於學生對資料的一些迷思上。例如國外相關研究以及敏於觀察的現場老師早已證實，當學生面對我們如何知道過去這一問題時，幾乎都會認為事件見證人的說詞最是重要可靠。此一想法即與這樣的假想互為表裡：歷史是從若干「可信」的資料轉載而來，因此，唯有找到目擊者或當事者或最原始、可靠的材料，後人才有可能知道發生了什麼。持著這樣的眼光，學生不免看低了史家的工作，更全然曲解了歷史。在學生眼中，史家只是綜合若干正確資料的報導者，而非根據各種證據進行解釋的研究者。[34]

　　如果學生腦中根深蒂固的盤桓著這樣的歷史認識，長久來看，終究會是歷史這門學科發展的一大危機。話說回來，必須戒慎小心的是，當前許多偏向資料教學、而忽略證據者，反倒在無形中強化了學生對歷史的謬解。比如太過強調「一手」和「二手」資料之別，以及與這區分伴隨而來的所謂「可信」、「偏見」的辨識。[35]

兒童對多元歷史記述的反應〉，《東吳歷史學報》，10 期 （臺北，2003），頁 307-346。

34 Peter J. Lee, "Putting Principles into Practice: Understanding History," in *How Students Learn: History in the Classroom.* Edited by M. Suzanne Donovan and John D. Bransford. (Washington, D. C. : The National Academies Press, 2005), 55-56.

35 Phil Smith, "Why Gerry Now Likes Evidential Work," *Teaching History*, no.102 (February 2001): 8-9.

　　歷史學發展到今天，能被史家迎入研究大門的資料種類何其多，確實有必要適當分類。但如果將「一手」（原始）和「二手」資料的分別作為教導歷史閱讀的重點項目，並以之判定資料有用與否及其價值，那就極易蹈入幾層迷思中。一是以為愈接近事件發生的資料，愈是可靠。二是以為「一手」代表著沒有經過（後）「人」加工的原汁原味，所以「可信」度高。三是以為沒有說謊，就是可信度高的資料，就一定是有用和有價值。四是以為「主觀」和「偏見」是一回事，資料若有主觀之見，就不好、不可靠。這些誤解影響至大，是歷史教師在課程中應該不斷澄清之點。而教導證據，即是突破和扭轉學生此些固有印象的正途。

　　教導證據，學生因此知道歷史不是過去的摹本或過去的重現，而是在問題的召喚下，從各種相關資料中查找證據，從事論辯與解釋。因為過去已經消逝了，遺跡多半殘缺不全，更有其起源成因。歷史研究者心中懷著好奇與疑問，欲建構某段過去的景象，而去探訪資料、尋求證據，並提出論述。所以，歷史不是全部的過去，也不等於過去。甚至因為問題點、證據運用和解釋角度的差異，一段過去可能同時存在著幾個故事。因為只要引證充分，不同視角所寫出的敘述可能並立共存。

　　教導證據，學生因而瞭解：歷史學家是根據證據、建構歷史的研究者。史家從問題出發，投入探究過去之旅。於此過程中他／她必得踏遍今昔各種相關文獻遺留，輾轉於原始材料和後人的研究之間，找尋任何可以瞭解過去的有用證據。史家深

知，即使是當事人留下的話語，也只能是「一方之見」；所有的
呈現與表達，都是針對事件／過去的闡述，而非那段過去本身。
更何況許多遺跡文物類的證據，沉默「無語」，需要歷史學者多
方查證，考核其來龍去脈，代它們發聲。作為過去的代言人，
史家的研究工作並不簡單，絕非倚靠幾份「真實的」、「可信的」
資料，加以綜合報導而已。

　　總的來說，「證據」乃是貫通「學生」和「歷史學」之間的
重要橋梁。學生如欲窺知「歷史」堂奧，「證據」乃是必經門
徑。在歷史學者眼中難以言傳的概念，對歷史教研者而言，卻
是課堂中發揮啟迪心智效用時不可少的一員。

　　證據教學的重要性遠遠超乎目前它所獲得的幾許寥寥目
光。問題是，如果證據概念是鬆動學生既有歷史意象的重要一
記，那麼該如何進行？

五、如何教導證據？

　　從歷史學者到歷史教育學者，一再言明「證據」是抽象的
「意識」和「觀念」，是史家為了回答某個「問題」，對某些資
料的相關性所做的斷定、選擇和取捨。換言之，證據視問題而
定，是問題決定了某些資料的重要與否，或某些資料在研究中
的價值──作為證據的可能性。

　　如果證據只會在史家回應問題的過程中幡然現身，自然而
然，欲培養學生的證據意識，也得在以問題為引的「探究」情

境、課程架構下才能實現。這也是許多學者再三申明的重點。

（一）在「探究」情境下開展

證據如此重要，但這個概念難以捉摸，不易掌握，也是事實。英國許多學者切切呼籲，培養證據，唯有倚重探究活動方能實現。

例如在大學教導課程設計的菲利伯斯特別撰寫專文，主張中學歷史課程應導向「探究為主的模式」(enquiry-based model)，使資料發揮「證據」作用。[36]2011年一本由三位歷史教育學者齊森 (Alison Kitson)、哈斯邦斯 (Chris Husbands) 以及史都華 (Susan Steward) 共寫的《教導和學習歷史 11–18：理解過去》(*Teaching & Learning History 11–18: Understanding the Past*) 書內，第六章即名為「歷史教學中的證據和探究」。全篇中作者更是不厭其煩叮嚀：從事證據教學的不二之選是：採用「探究為主的取向」(an inquiry-based approach)、置於探究的情境下 (in the context of an inquiry)。[37]同樣的，加拿大的塞克瑟斯也有言簡意賅的界說：「證據：由資料轉成，那是資料經過分析，繼而成為與歷史探究息息相關者。」[38]

---

36 Ian Phillips, "Highlighting Evidence," 214–216.

37 Alison Kitson, Chris Husbands, and Susan Steward, *Teaching and Learning History 11–18: Understanding the Past* (Berkshire: Open University Press, 2011), 55–64.

38 P. Seixas and Tom Morton, *The Big Six Historical Thinking Concepts*, 43.

教導證據既與探究不可分離，關鍵便在於教師能夠創造怎樣的探究脈絡，打開學生證據的眼界。睽諸現況，中學課堂可以考慮兩種探究活動：

1.文本閱讀的探究

這種以帶領學生探索文本內蘊的探究，正是本書前幾章的重點。在此不另贅述。透過閱讀產生的探究式課程，能夠初步奠定學生的證據概念。

2.歷史問題的探究

歷史問題的探究乃環繞某個與歷史學有關的「中心問題」(central question) 或者「核心問題」(core question) 而發，教師並運用多則資料文本，促使學生進行考察回應的活動。此模式的探究多半站在更宏大的歷史視角上，以反思歷史學面向過去時所涉及的知識建構、爭議或需具備的觀念為主，譬如某些歷史時期的風貌、歷史發展的變遷延續、原因和影響、人物評述定位……等。學生由教師設計的重大提問為前導，閱讀兩則或多則資料，繼而來回巡視，擷取適切的證據，解釋闡述，從而產生新的歷史認識。這種探究較貼近歷史學家的尋常工作，學生也同時獲得較高層次的證據判斷訓練，當然還包括其他的歷史思考。

以上兩類探究活動，幫助教師在課程中為學生打造、從初階到進階的證據概念。不過教師於規劃時，所面臨最大挑戰的，

非「問題」莫屬。

（二）從「問題」探討出發

　　以探究為主軸的教學模式是教導證據的必要平臺，而轉接探究式教學的樞紐自然是「問題」。「問題」乃探究教學的靈魂，教師精心設計提問，為學生鋪設出一條可以體驗「立論與證據」如何磨合的路徑。當然，這條路未必筆直好走，學生定然會行經各種思考抉擇的顛簸，但也唯有歷經辛苦路程，方能有機會望見歷史探究的開闊天地。

　　說穿了，任何能夠驅動學生援用論證方式思考並回應的問題，都屬於「證據性」問題。不過，這種問題怎麼問、如何提？既然課堂中教師可採行的探究活動有兩種，那麼對應的證據性問題也可分為兩類。第一類是鎖定單一文本閱讀，而設計的基礎性「引導問題」。第二類則是回答觸角更寬廣的歷史探問，並有助於開發學生進階思考和論證能力的「核心問題」。本章以下先就前者：如何從引導問題中針對證據提問，略作歸納。至於第二類探究問題則留待第七章深論。

　　事實上，當學生在教師的引導下，認識溯源和脈絡化文本時，即同時開啟了初步的證據思考。因為解讀文本、回應提問，讀者必得翻查文本內外，斟酌衡量、判斷選擇，如此證據意識便會啟動。但如果欲進一步針對此概念的培養，教師可以選擇「論證性」強的文本，設計這類引導問題，讓學生練習如何查知作者引證論證，或架構事實與陳述的理據。例如針對以下幾

個方向：

1.作者的主張或觀點所依憑的證據

近年來，閱讀教育大張旗鼓下，學生對於整理資料內容要旨的練習，不會太少，許多大小考試也都強調這方面的測驗。然而，如果以深植證據意識為目標，那就不能只是檢測學生思考判斷的最終結果，而是得適時誘導他們說出自己推論的過程和來源。這煞費周章的一步，即是為了要警示學習者：言而有據的重要性。

在這方面，教師可以根據文本，不時拋出：

「作者對……事件所持的觀點為何？請說明你推論的根據是什麼？」

「關於……議題，本資料提出的看法是什麼？你從何處看出？」

「作者持此觀點，根據什麼樣的推論基礎？」

「支持作者這個主張的證據是什麼？」

類似這些問題，重在提點學生，所謂「不輕信」「不盲信」，是指對眼前的陳說或主張，得先字斟句酌地掌握其立論基礎和闡述的合理性，才能決定看待的方式。而歷史課中，教師所提供的原始材料或學界高論，都可幫助學生錘鍊此種態度和心智。

舉個例子。2018 年大學入學考試中心為了收集學生對非選題的作答反應而設計的研究用測試題中，有一段出自某本全球史的引文：

1500 年後，世界歷史發生了前所未見的驚人變化。此前
從未出現過一種能覆蓋全球的文明。……及至十八世紀
末……包括俄羅斯在內的歐洲國家宣稱擁有的領土已覆
蓋世界一半以上的陸地。他們實際控制的（或號稱控制）
領地約為其中三分之一。……不僅如此，其後果也已經
開始在不可逆轉的變革中展現出來。歐洲人早就從事農
作物移栽和動物遷移養殖，開啟了有史以來最重大的生
態重構進程。他們向西半球輸送人口，在 1800 年就形成
了新的文明中心，配有歐式政府、宗教和教育制度。一
個新的國家從原先由英國人統治的北美地區興起，南美
有兩個業已成熟的文明被西班牙人毀滅，也被西班牙自
身的文明所取代。

這段文摘觀點明確，論述也算清楚。為讓學生演練論證分析，
可試著提問：「作者主張 1500 至 1800 年間，世界歷史出現了西
方文明覆蓋全球的驚人現象。請問作者從哪兩個方面論證這樣
的觀點？」

這個問題提示學生注意，文中主要從兩個層面來鋪陳歐洲
的擴張：一是從掌控土地面積多少而論，一是從政治經濟、人
口和文明的輸出，並因此改變了美洲等地各種生態著眼。學生
也可以回答一是偏向「量」的管轄範圍、一偏向「質」的文化
變革。甚至，歸納性強的學生還能總結：前者談武力、軍事力
量的擴張，後者是文化的移植。總之，這個問題促使學生在精

讀細讀之餘，綜觀作者辨證的理路和布局。

2. 文本中各事例或陳述之間的邏輯關係

學生如欲理解文本所說、作者所想，必得陶養對於文字敘寫的敏銳觀察，以及學習推敲行文的前後邏輯、作者所敘述各部分與整體意旨的關連。教師可以這些方式提問：

「某段陳述……和另一段陳述……有何關係？」

「作者提及……這個事實，想要說明什麼？」

「作者用此方式……表達，目的是要凸顯什麼？」

再舉 2021 年大學入學指定考試題目為例。有道非選題是關於中世紀「政教之爭」的引文。其背景是：十一至十三世紀期間，歐洲基督教會出現幾位教宗銳意改革教務，譬如防堵世俗政權干涉教宗選舉、教士任命事宜，加強教宗的權威……等，涉及政治、宗教之間關係的討論。這位史家對此提出他的看法：

> 這段時期（幾位教宗）的改革所引發許多爭論，通常會被冠上「政教之爭」的標題，這會產生誤導。許多主教和修道院長……對於教內改革計畫都抱持反對，因為不管怎麼改革都會讓他們受制於教宗的權力。說到底，他們已經習慣和當地的統治者與貴族建立合作關係，而且兩者之間通常有親緣、利益和人情上的牽連。他們可不願意給權傾一方的教宗當爪牙。……相反的，有許多貴族都非常支持教會改革，至少贊同以溫和方式進行。

回顧歐洲十一世紀之後的中世紀，常有學者主張「政教之爭」之說，意指幾位教宗因為改革教會世俗化的傾向，而引發政治與宗教之間的衝突，此厥為理解該時期發展的重要切入點。但上述引文則對此表達了不一樣、或應說是更為複雜的看法。該文認為教宗的改革並未完全得到教內人士的支持，反而因為教俗糾葛極深，反彈力量不小。而另一方面，一些貴族卻是樂見教會藉此革新，給予支持。換言之，教宗改革產生的反應並非截然二分：政治方反對、宗教方贊同，兩者因而對立衝突。事實是，政、教兩界對於此事都有多元的迴響。因此，當時的情況並不是用「政教之爭」這樣簡單界定就可涵蓋的。教師可在提供學生需要的基本背景知識之後，就這段敘述提問：「文中說到：許多主教和修道院長，反對教宗的改革。請問作者談及這些事情，為了說明什麼？」

3.檢視資料內容能否支持某個陳述或假設

教師也可就某個觀點或假說為出發點，再引用一、二則相關資料，並詢問：

「這些資料能否（如何）支持該論說？為什麼？」

「這些資料是支持或否定該觀點？為什麼？」

學生則需在資料與假說中來回察看，思考彼此的對應或否證關係。此一練習有助於提升學生判斷論與證之間能否、如何契合的能力。譬如前面政教之爭的引文，教師另可詢問學生：

「有些學者主張，十一世紀後一些教宗積極革除教會過於

世俗化的積習，導致教會與世俗政權間的衝突對立，此即『政教之爭』。你認為文中作者會支持此種說法嗎？請說明理由。」

　　證據與問題、探究相連相繫，這或許讓許多教師念及當前教學橫亙著諸種限制而卻步。誠然，學生「證據」概念之建立，必得藉由問題進行探究式教學，這確實不是「講述」為主的上課方式所可達成。不過，上述例證顯示，「證據」意識的養育，未必侷限於宏大高深的歷史課題之探討。教師利用若干課餘時間，設計問題，讓學生去驗證某段引文或某個知識論斷(knowledge claims)、假說，[39] 依然可以精練學生對證據的敏察。

　　總的來看，證據意識的涵養極其重要，卻無法單獨而行，必內蘊於文本解讀之中，或者實現於歷史問題探究的過程裡。反過來說，欲習得歷史閱讀之道，掌握歷史探究之訣竅，也絕不能缺少證據一味。而在透過閱讀文本，帶入基礎的證據考察之外，接著便可進一步朝向更宏大歷史問題的探討，循序漸進地使學生的證據概念強固，期有助於他們的思考與書寫。

---

39 Rosalyn Ashby, "Understanding historical evidence: Teaching and learning challenges," 143–144.

第七章

教導「問題探究」的意義與建議

　　數年前我受邀為某高中暑期營隊演講，課程初始，先請大約二十名的學員以不記名方式寫下他們的看法：學習歷史有沒有用？在預期學生泰半會認為歷史沒什麼用的前提下，他們的答案卻讓我訝異萬分：除了一位同學說歷史沒用之外，竟然有十九位同學認定歷史是有用的。我當下以為自己對「中學歷史」的理解可能需要重新評估。但且慢，這不是「事實」的全部。我接著進一步讓學生在黑板上各自寫下歷史為何有用的理由。這些同學中九成以上都寫出：歷史可以凝聚公民向心力、歷史可以促進社會和諧、歷史強化民族國家之認同！看到這般幾乎一致的答案，我再次震驚，然也因坐實我原先所想而感到些許憂傷。

　　這些十六、十七歲的少年人無疑以另一種方式控訴歷史的無用。他們複製某些「大人」對歷史的政治和社會功能之企求，卻全然未提或更可能從未意識到歷史對自己現在與未來的人生有何助益。在他們的眼中，除了考試之外，歷史幾乎無濟於個人的視野擴大、生命智慧的成長或將來的生活經營。多年過去

了，當時的那些青青學子後來究竟有沒有改變對歷史的看法？
而今天的校園內諸多的青春年少，是不是還是這樣的看待歷史？
精進歷史教育這條路，怕還是很長很長啊！

一、歷史探究與問題設計

　　正因為教歷史、學歷史的長期困境，數十年來，各國歷史
教育研究者無不殫精竭慮，致力於化解學校歷史的窘況。這股
力量殊途同歸地形塑出晚近歷史教學的一個重大趨勢：將「史
學」元素帶入歷史課程中；教歷史，不應只教導事實，也必要
教導學科概念、思考和方法。

　　這個「新」趨勢，說「新」其實也已半世紀之久，但即使
如此，至今仍需與若干看待歷史的目光對峙纏鬥。例如有許多
人依然相信大學以下的課堂中，不需教導史學思考和方法，此
部分應該留待學生心智成熟時或追求專業的大學殿堂上再教。
事實上，早有許多研究證明那樣的看法無法站得住腳。尤其，
學生所以認為歷史無用無關，很大的原因就是出自課堂中千篇
一律地傳播沒有疑義、不需思考辨證的固定事實。何況在「資
訊革命」的今天，任何科目都已經不能再用「餵養」事實的方
式，對待這個世界的未來主人翁。

　　欲反轉歷史教學，許多教研之士極力主張，講臺上當老師
細說過去各種人與事的同時，也有必要提供機會讓學生知道這
些人與事如何被建立，並從中熟知理解過去／世界的觀念工具，

擴大他們的心智視野。當然，隨著教育文化傳統不同，各國學者在不同時、空下所關注側重的歷史概念、思考略有出入，允為正常。而環顧歷來眾多闡述中，個人以為，「文本閱讀」和「證據概念」乃是培養歷史思考最要緊的基礎，尤需注意的是，這兩者構成的歷史閱讀所蘊含的時間、脈絡向度，正是歷史學獨特、有別於其他學科的視角。因為，閱讀和證據的方法畢竟也見於其他領域中，但在這些運用中會帶入時間脈絡維度的，卻是歷史科所專有。

　　當然，本書先前已多次提及，培養歷史閱讀的基礎思考與能力，必得採行新的教學模式，也就是「探究」取向的課程架構，而很難寄望傳統單向講述事實的方式來達成。這意味任何想要改革歷史課現狀者，都需嫻熟探究式教學法。至於探究式教學活動，一種是前章討論的文本閱讀的問題探討，一種則是此處所欲著墨的「歷史問題的探究」。

　　形式上，歷史問題的探究教案包含三個部分：一個核心問題、提供回答問題之用的幾則資料、一些指引學生閱讀資料的引導問題以及最後的針對核心疑問而設計的總結問題。顯然，歷史問題的探究是以核心的提問為中心，該核心提問使得學生面向資料時有了明確的目標與方向，資料隨之從無關緊要的「路人甲」，轉變為具有證據效力的「關係人」。教師設計時需要注意：核心問題、資料文本、總結提問三者間務必連成一氣，彼此緊扣。

　　無可否認，比起為單份文本設計閱讀活動，要規劃一份好

的環繞歷史問題探究的教案，難度提高甚多。英國學者曾將成
功的「證據—探究」課程羅列出四個基準 (criteria)[1]：(畫底線
的文字為筆者提醒部分)

　　1.資料是用來回答某些關於過去有意義的問題 (questions)

　　2.資料要小心的置於脈絡 (context) 底下

　　3.證據是用來建構有關過去的記述 (accounts)

　　4.證據是用來挑戰、理解、激發興趣的

　　初步來看，這四個基準涵蓋了探究過程中，資料轉成證據
的兩大階段。前一個階段首先是為解答問題而運用資料，接著
將資料脈絡化，亦即依照追溯來源和建立脈絡的方法精研資料。
後一個階段，當精讀資料後，證據作用開始啟動：擇取證據，
建立記述（解釋），同時，由證據所支持的解釋，可能會挑戰舊
有的觀點，也會促進人們對過去的理解，並激發讀者對過去的
興趣。

　　這套基準誠然揭示了歷史探究的要徑，不過卻忽略了最重
要的一點：開啟探究程序的關鍵——「問題」。其實不只英國學
者，關於歷史問題如何構思、有何方向可循，多數論者略而少
談，但這卻是開發探究教學課程時最需窮盡心力之處。

　　不同於教師上課時為講授節奏而不斷拋出、又自問自答的
銜接性問題，也有別於引導學生讀懂任一文本的「引導問題」，

---

1 Alison Kitson, Chris Husbands, and Susan Steward, *Teaching and Learning History 11–18: Understanding the Past* (Berkshire: Open University Press, 2011), 61–63.

此處所言的歷史問題與這個學科認識過去的各種疑問有關。這類問題能夠架構多則資料和培育讀者閱讀、思索、判斷、取證、回應等心智作用。歷史問題立足於眾資料之上，而非侷限個別材料之內。學生依著這些問題的指引，探視眼前資料，檢閱這些文本的對應程度以及可用性，繼而從中取捨、採證，最後再針對問題，作出歷史闡述和解釋。於是，整個探究活動始於問題，也終於問題。

顯然，歷史問題所推動的證據判斷和論辯思考，屬於較高層次的培養；所進行的探究，在質、量方面也都是進階性質。或可說，以歷史問題為中心的探究應是最能讓學生體驗「像歷史學家一般」的閱讀與思考的設計。教師若有心於學生歷史閱讀各種能力之提升，必不能缺少此類教材教案的輔助。

歷史問題作為高階探究活動的核心、靈魂，執教者如何提出具有意義的提問，至關重要，當然也有一定的難度。如學者所說，這類問題往往「具有通貫的高度與視野」，[2]能使學生的歷史眼界更上一層樓。有研究者將歷史問題分為兩類，也許可援為思考的開始：

> 歷史問題可進而區分，一為評價性問題 (evaluative questions)，這類問題詢問學生針對歷史行動者和事件提

---

2 宋家復，〈歷史作為一種閱讀方式——六大操作理念與中學教案編寫程序〉，《歷史閱讀素養教學設計之理念與實例》（臺北：國家教育研究院，2018），頁 13。

出裁斷，例如「新政是成功的嗎？」「林肯是否為種族主
義者？」而另一種是解釋性問題 (interpretative
questions)，其答案通常較具開放性，例如「從新政獲利
的是誰？」「為什麼林肯要提出解放宣言？」[3]

以「評價性問題」和「解釋性問題」區分，確實有助於初步揣
摩歷史問題的樣態。不過，這樣的解說仍嫌不足，需要更多的
說明。

　　「評價性問題」指的是針對過去的人及事之性質、特色、
成效、意義，發出疑問，要求讀者評論裁決，例如討論「哥倫
布是舊時代之子或新時代的開創者？」、「自強運動是成功或失
敗的？」特別需要提醒的是，這類評價問題多半在歷史的學術
研究層面上沒有太大意義，也不太會引發學者關注。因為史家
非常清楚，人物或事件的定位、意義乃多面向而具有某種相對
性，取決於所看待的標準。因此史學展現論述時本應富有層次，
而不是 0 或 1、是與非的截然分明。換言之，這類問題主要基
於教育目的而設計，用詰問法將學生引入某種看似二分的抉擇
中，「迫使」他們發現抉擇的基準和難處，從而瞭解歷史評價經
常會導入的陷阱：以現在的價值觀去衡量並批判過去。譬如「林
肯是否為種族主義者？」就是個很好的案例。

---

3 轉引自 Avishag Reisman and S. Wineburg, "Text Complexity in the
　 History Classroom: Teaching to and Beyond Common Core," *Social
　 Studies Review* 51:1 (2012): 26.

　　十九世紀中葉的林肯因為主張廢奴，而被時人視為激進的反潮流份子。但另一方面，林肯認同白人與黑人在智力與外觀上明顯有別，他也並非追求不分膚色、不分族群、人人都該享有政治和社會的平等，此外，他如同當時許多人那般，仍然使用黑鬼 (negro) 一詞。在今天「人權」鬥士的眼中來看，林肯定然會被歸諸「種族主義者」之列。問題在於，這應該是我們理解古人應該採取的方式與標準嗎？「林肯是否為種族主義者？」此一探究最終正是要帶領學生思考這個大哉問。此外，這類問題旨在引發學生論辯思考，其答案模式同樣也應是開放性的，容許學生發揮論述。

　　至於「解釋性問題」則是透過提問，帶給學生不一樣且更豐富的歷史認識。顧名思義，解釋性問題針對過去種種面向，進行探究與解釋，其問題大抵環繞「是什麼」、「為什麼」以及「有什麼結果」而論，也就是事情現象的發展、起因、影響。當然，捕捉過去各種事態，加以描繪或解釋，本就是日常歷史課和教科書的呈現重心，所以「解釋性問題」應該是在此基礎上，以深度探索、聚焦式探究為取向，就某些層面提供深思熟慮的機會，而非泛泛之論的綜合敘述。例如：「杜魯門為何選擇投擲原子彈？」、「蘇格拉底為什麼不逃走？」、「雅典民主與現代民主：質同而量不同？」、「人們為何參加十字軍？」、「1517年馬丁路德決意與教宗為敵了嗎？」由此可見，解釋性問題可能立足於特別的觀點上，或展示新解，如「點評學術研究上的爭議」，或「傳達當代史學的最新特色」，[4]而更重要的是，所

探討的問題能達到平衡、深化甚至扭轉學生既有看法的效果，
又同時擴增他們心中的歷史圖像。

　　以上筆者認為，歷史問題的探究無論是哪一類，都能彌補
教師因為課綱課本之限、難以窮盡歷史奧妙之苦。這類教材設
計尤其可以帶出學習歷史的三個積極用處，並使歷史教學臻於
更高的境地。

（一）深度認識複雜精微的過去

　　歷史問題經常著眼於更深度的探索過去。透過考察事件的
起因和結果、追溯現象的轉折起落、察看人物的行動與抉擇……
由是，學生對於歷史能有更為細緻複雜的認識，而不致流於刻
板或簡化的印象。譬如「伽利略的審判：宗教與科學的對壘？」
這個問題可以破除一種常識性的說法：以為那場審判代表的是
生機勃勃的科學和食古不化的宗教最終的直球對壘。事實上，
伽利略在鑽研天文學的長期過程中，始終都得到若干教會人士
的支持和資助。亦即當時的宗教界，儘管有敵視科學研究者，
但樂見科學帶來新解的，也不乏其人。至於伽利略時至七十歲
才遭到書籍禁刊和起訴審判，絕非單一因素如立場的衝突所致，
毋寧牽涉了當時國際局勢以及教宗的處境。若教師拋出這樣的
問題探究，即能矯正學生使用簡單思維理解過去之誤。

---

4 宋家復，〈歷史作為一種閱讀方式——六大操作理念與中學教案編寫程
　序〉，頁 13。

（二）反思歷史學科的知識議題

　　事實上，當教師設計問題，引領學生一起潛入歷史的深層精妙之境，多半也會讓年輕學子有機會窺見這個學科面對過去時所遭遇的各種知識論議題，包括原因的多重以及彼此間的連動、歷史的偶然與不可預期性、個人在歷史中的角色和作用、事件如何被定位與賦予意義、道德判斷的困難。比如歐洲中世紀出現的十字軍，究竟是「東征或東侵？」就是著名的例子。學生從這個問題的探討中，能清楚看出，當視角從西歐轉到阿拉伯世界，關於十字軍這個現象的含意、重要性以及意義，便產生了全盤的轉變。而類如「自強運動失敗了嗎？」「戈巴契夫是成功或失敗？」等，也都可探照出當下之見與改變視角，或放寬歷史視野後，人與事的形象有了怎樣的變化。

（三）破除學生的刻板印象和定見

　　好的歷史問題探究，設計不易，卻極具價值。除了可以發揮前述兩者的作用外，經常還可挑戰學生腦中對過去、對歷史這個學科的固有想像和成見。不可否認，學生在成長和學習的過程中，不免累積了若干似是而非的誤解。例如在「集體意志」力量凌駕一切、講究大趨勢和大數據的今日，學生自然而然會以為個人在時代的洪流中一無所用，或者認為只要特定的條件要素具備，事情必然會朝著某一方向發展。又或是相信，事情所以會發生，都起源於某一股動力，像推骨牌般的方式，前仆

後繼地直線前進。這些誤解往往影響學習成效至鉅，可能使教學淪為供給事實訊息，卻無法撼動學生的心靈和看待事物的模式。如此一來，教師即使費盡九牛二虎之力，也很難達到真正「教育」的目的。

然而，學生的定見多半深藏於心，難以察覺，更非一般快速講述、追求進度的授課方式所能化解。歷史問題的設計正是要勾引出這些迷思，予以導正。藉由教師帶領的探究活動，學生乃得以深入歷史中那些深邃紛繁的層面，探問人們理解事物「真相」的取徑與艱難，從而破除簡化的認定，建立更好、更健全的思考世界的方式。

綜上所見，歷史問題的探究活動能夠有效抒解當前教學環境的限縮，提供教師實現歷史教學的理想。但平心而論，設計這類教案，不無困難。最關鍵的當屬核心問題如何確立。核心問題必定來自教師鑽研歷史後的反芻，其彰顯了教師亦是研究者，對某些課題進行過學術探討，從而產生深思灼見。在此研究基礎上，教師進一步凝思各種相關資料，依據討論重心與教學考量，精選其中數則，配置適當的問題，作成教案。換言之，研發一份好的歷史問題探究教案，教師既得是精熟某個課題的專家，同時也要是體察學生心智狀態的教學專家。只是，欲符合這兩道要求，在現階段的體制下，確實有難為之處。

姑且不論其他，目前中學歷史教育在制度上就不鼓勵教師朝向專業化精進。所有的國高中歷史老師都必須通讀臺灣史、中國與東亞史、世界歷史，甚至許多教師在同一年、同個學期

內竟得同時教導這三大領域歷史。如此的現實條件，首先必然影響教師對自身角色的界定以及教學的認知。教師很難會想像自己如教育學者所說：是教學者，也應是某些課題的專家；對於教學的自我期許，多數會設定在最低限度的「教完」層級上。另一方面，從實務上的時間心力耗費來看，教師備課時為符合「廣博（薄？）」的要求，自難以兼顧專精深究，何況部訂的課程綱要又幾年一變，需要經常適應新的授課內容。這無疑是目前歷史教師面臨的根本困境。

以上的重重束縛下，苛求教師在一般教學之餘，另外進行研究，設計好的核心問題，帶領學生體會思考之深妙，以切合「歷史」教學之義，似乎強人所難。但是，有難為之處，並非全不可為。畢竟環顧人類的過去，理想與現實永遠都呈拉鋸狀態，而這正是人或者教師發揮自主性、能動性的契機所在。

設計歷史問題的探究教材和活動，可以從何開始？有個極為簡便的辦法便是：善用教科書。

二、善用教科書

教科書是世界許多國家的學生學習歷史之主要、甚至是唯一的媒材，其影響學生心智與思考之大，超乎想像。另一方面，如歷史教科書，這種使用於學校中的文類，本身即是各種政治和文化因素的匯聚之處，其與當前政策與集體意識之間的糾葛可說萬縷千絲：既受限、也反映、又形塑著這些社會中的不同

　　趨力。換言之，歷史教科書如何編、怎麼寫，最後如何呈現，其中的過程和結果總是交織著各方的角逐與折衝。教科書從來不可能獨立自主。

　　教科書折射著如此複雜的文化含意，難怪這方面的研究始終是教育學界歷久不衰的熱門課題，各國各地的教科書研究中心也因此紛紛成立。最知名的當屬德國的 Georg Eckert 國際教科書研究中心 (Georg Eckert Institute for International Textbook Research, GEI)。不過，目前學界對教科書的興趣多偏向其與文化意識、知識權力的辨證關係，或者書寫與學生認知問題等。此處則欲著眼歷史教科書對於教導與學習的用處。

　　說起教科書與教學，一般教師的態度大抵落在兩個極端光譜間：一是奉為寶典，一是棄如敝屣。前者遵行「教書」即是教導教科書。許多教師在課堂上以教科書為本，課程幾乎完全按該校共同選擇的某一版本之章節內容依序進行，雖然也會不時補充若干書中未交待的事實。環視目前各種校內外評量基本上都不脫離教科書範圍，那麼教師視之為教學範本，自是難免。與此相反的另一種態度則主張擺脫束縛，有意識地跳脫其內容敘事的框架。理由通常是教科書有諸多缺點，又常受政治力牽連而多所變動，毋需多加理會。若干教師甚至自訂課程內容、自製上課講義。當然，這樣全面排斥的教師並不多見。

　　教科書受制於課綱規範和某些編撰傳統，問題確實不小。例如，其書多以第三人稱的方式，談說歷史，形塑某種客觀中立的形象，實質上卻是獨尊某種觀點。這基本上就抵觸了「歷

史」之義。如同史丹佛大學的溫伯格所述，即使寫得生動活潑的教科書也是一個威脅。因為歷史原該是多元吵雜的和聲，但教科書用單一的聲音壓制了其他刺耳的音調，從而製造某種和諧的假象。這充其量只能屬於「背景音樂」，不是歷史。[5]教師若照單全收，反而會貽誤眾生之理解。教科書不受若干教學者信任，其來有自。

　　其實，溫伯格如同許多年輕富有理想的教師那般，也曾有過厭棄教科書的階段。他在 2007 年自述，自己初為人師以及早期教導師資培訓班時，總以為應該要拋開教科書，努力去收集和使用原始資料，在課堂中汲汲展示，那才是呈現教學新意的正途。但他後來卻深有體悟，改而告訴有志於教師專業的學生：「教科書是你的好朋友。」[6]誠然，教科書的存在既是事實，那麼視而不見或避而不談，都非良策。反倒該想想：「如何創造性地運用你的教科書，以及如何補救教科書的缺點」。[7]這應該

---

5 S. Wineburg, "Opening up the Textbooks and Offering Students a Second Voice," Education Week 26:39 (June 6, 2007). https://larrycuban. wordpress.com/2021/03/23/opening-up-the-textbook-sam-wineburg, accessed October 7, 2022.

6 S. Wineburg, "Opening up the Textbooks and Offering Students a Second Voice," https://larrycuban.wordpress.com/2021/03/23/opening-up-the-text book-sam-wineburg, accessed October 7, 2022.

7 S. Wineburg, Daisy Martin and Chauncey Monte-Sano, 宋家復譯，《像史家一般閱讀：在課堂裡教歷史閱讀素養》（臺北：國立臺灣大學出版中心，2016），頁 11。

是溫伯格和其研究團隊大力宣揚「打開教科書」（open up the textbook，簡稱 OUT）策略的深意。

　　舉出溫伯格對看教科書眼光的改變——頗有從看山是山，到看山不是山，最後又看山是山的意味，意在提醒：現實中，既然教科書與師生關係如此密切，影響如此之大，不應也不可能全然棄之不顧。如何「化敵為友」，將之從阻礙變為教學利器，方為上策。

　　個人十多年以來亦持續於不同的演講場合，借用不同的方式如研討會、讀書會、工作坊等，呼籲教師以及師培生宜多思考：如何化阻力為助力、如何善用歷史教科書。這幾年來也借用「歷史教學學會」每月一次的線上讀書會，多次展示如何從文本閱讀角度研讀教科書，以及如何用其他的資料與教科書的敘事觀點對話並設計課堂教案。這些努力未必能立竿見影，但確實已有一些教學者受到鼓勵，不再全盤接受教科書的訊息，轉而以批判方式面對這些讀本。

　　關於教科書之用，討論者不少。也許是受到溫伯格學思的影響，美國教育部贊助、一個名為「歷史教學組織」的網站上，還列舉了「打開教科書的六種方法」（six ways to open up the textbook）：[8]

　　1.比較 (Comparison)：比較兩份教科書文本，例如美國

---

8 Teachinghistory.org, "Opening Up the Textbook", https://teachinghistory. org/best-practices/teaching-with-textbooks/19438, accessed February 15, 2023.

vs. 非美國；新 vs. 舊。

2. **直接挑戰 (Direct Challenge)**：使用原始資料，挑戰教科書的事實或解釋。

3. **考察敘事結構 (Narrativization)**：教科書怎麼開始述說故事，結束於何處。

4. **為沉默者發聲 (Articulating Silences)**：誰被排除在教科書的敘述之外？試著為那些被消音者發聲，或揭露課文中的敘述被選擇的基準為何問題。

5. **賦予生命 (Vivification)**：為課文中僅略提及或被省略之人事，賦予生命力。

6. **精密閱讀 (Close Reading)**：仔細、刻意地聚焦於字詞的選擇，包括描述的詞語、標題……等等。

這六種方法確實涵蓋了使用教科書的幾個具體方向，有其參考價值。不過，必須補充的一點是，這套方法將「精密閱讀」的功用僅僅限縮於分析字詞和描述，有待商榷。事實上，透過精讀，也就是溯源和脈絡化的方法，教師才可能洞悉教科書的敘事結構 (3.)，並針對課文的解釋、選用適當的材料與之比對 (2.)，或者辨識出那些被掩蓋的聲音、被隱匿的身影，從而為被沉默者發聲 (4.)、賦予歷史人物生命力 (5.)。換言之，這六項的啟用都得依賴細密的文本閱讀，才能一一開展。

無論如何，世界各地的教科書樣貌、使用教科書的方式以及教育趨向的差異，教科書所可發揮的功能不一，很難一概而論。筆者認為，對當前有心研發探究式課程的教學者，教科書

誠有兩大妙用。一是作為學生練習歷史閱讀的文本，一是教師產生歷史探究問題的起始。

（一）作為學生練習歷史閱讀的文本

前幾章談到教導學生歷史閱讀的溯源、脈絡化之必要，但巧婦難為無米之炊，閱讀素材選得好，乃是邁向成功教學的必備條件。可歷史材料百百種，該如何選擇？

許多教學同行，談到使用資料、活化歷史，首先聯想到的多是原始材料。因為過去留下的各種文獻檔案或資料文物，特別能讓學生浸淫於閱讀之時，同時感受古人之心靈脈動。此所以一些歷史教育研究者積極宣揚「以文獻為基礎的課程」，或者朗朗高談如何「閱讀原始文獻」。但是，原始資料固有其優點，在教學上卻又未必全然討喜，尤其對入門者來說。

不可否認，許多來自久遠「陌生國度」以及時光淘選下的書文材料，其文句或內容或表達形式多半晦澀難懂，經常承載著過於複雜濃密的文本信息，以及奇特難解的時代文化，多不是初學者所能掌握駕馭，除非教師精挑細選，甚至加以改寫。相較之下，現代的作品，無論是學者的研究著述或其他類型文章，由於語言和表述風格的親近性，當是帶領學生邁入閱讀天地更為理想的叩門磚。其中又以教科書最為方便適宜。

教科書是一種資料，也是一份文本，有其書寫觀點。在看似中立客觀的語言中往往夾帶著對過去特定的解釋角度和價值取向，極適合課堂中讓學生練習溯源、查知潛在文本之用。特

別是，比起其他的文類，教科書作為訓練學生文本閱讀能力的起步，有不可取代的優勢。一是教科書原是為學生編寫，其內容與敘述基本上配合年齡層和心智發展，不致於太過艱深。二是教科書取得方便，教師也頗為熟悉，易於擷取和裁減成合宜的閱讀段落。

將教科書視為可以質疑、詰問、批判的文本，此正是溫伯格團隊提倡「打開教科書」的最重要目的，如這段話所示：

> 詳細審查教科書不僅教導學生應該採取批判性閱讀的取徑，同時也讓學生瞭解到需要像解謎一樣通讀歷史史料以便發現真正發生了什麼。這套取向，我們稱之為「打開教科書」，將教科書文本從一個內在慣性的權威、總是提出定論，轉變成為另一個必須要被批判地評鑑其價值的歷史訊息來源，就如同其他任何的史料一樣。[9]

既然教科書如同任何資料，敘述中總是貫穿著特有的觀點，也包含著諸多的言外之意，那麼無論是現版的教科書或已有「歷史」的教科書，都是幫助學生練習閱讀的好素材。當然，在這樣的閱讀探討中，學生也必然能夠逐漸體會教科書的「人為特質」，進而打破教科書權威的深植印象，可謂一舉數得。

---

9 Sam Wineburg, Daisy Martin, and Chauncey Monte-Sano, 宋家復譯，《像史家一般閱讀：在課堂裡教歷史閱讀素養》，頁 300；另見宋家復，〈歷史作為一種閱讀方式——六大操作理念與中學教案編寫程序〉，頁 9。

（二）是激發探究問題的靈感來源

　　對教師而言，教科書還有個極大用途：是激發問題意識、產生歷史問題的靈感來源。如前所述，歷史問題的探究設計，一方面可用以引介新的知識和觀點，補充一般課程之不足，但更重要的面向是，教師藉此探索之旅破除學生的謬見，以及扭轉他們的刻板印象。那麼如何能夠知悉盤桓學生心中的那些定見呢？教科書正是捕捉這些迷思的最好幫手。

　　眾所周知，教科書書寫過程中必須屈就於許多外力條件，譬如官方的教育政策、寫作時間、篇幅限制、教師反應，因此導致敘述時常因「簡化」而出現解釋不足的問題，並進而影響學生對歷史圖像的把握。例如近年來受社會科學潮流所支配，教科書經常過於強調時代的大趨勢以及各種結構性力量，而對人物著墨甚少。這樣的陳述易使學生輕忽個人在歷史上的作用，並多抱持歷史必然論的看法。亦即學生總會以為只要各種條件具備，事情或早或晚一定會朝特定的方向發生，而忽略了偶然因素、若干歷史人物的角色，以及歷史中各種力量相互為用、各種情勢不斷交織的洶湧詭譎。至於教科書內少數占有些許篇幅的人物，又往往形象單面扁平，被賦予是非對錯的簡單標籤，缺少人的複雜和多面性。

　　筆者曾經略微考察目前高中「中國與東亞」教科書內有關韓國近代史的編寫，即發現類似現象。在若干版的課文內，編者都把十九世紀中後期「朝鮮時期」的歷史簡化為支持「鎖國

政策」的保守派與支持開放的「開化派」之間的對立衝突，並於表述時，隱隱流露出貶抑前者為守舊而肯定後者的開明，同時，還會以大院君和高宗這兩位統治者作為兩派代表。

　　事實上，朝鮮時代面對前所未有的巨變，就如歷史上許多變局那般，人們目睹政治自主危機、傳統文化受威脅等問題，而激發出各種憂心、疑懼。更由於不同背景、相異的關切思慮，時人對於迫切局勢的掌握以及國家何去何從，有著多元的態度及選擇，以及多樣相應而生的主張和作為。正因現象錯綜複雜，各個層面相互糾葛，未來發展又曖昧不明，因此，絕非單單迎向西化就是絕對正確的選擇。至於大院君，教科書多傾向於描述他是拒絕通商開放的保守派之主，故而「鎮壓天主教」、遂行王權專制。其實，這位統治者也曾推動一些重要的改革並作出貢獻，例如壓制地方儒生和書院的專橫，要求兩班貴族一樣要繳交稅賦，並在農村推展經濟重建以及邊境地區屯田。

　　翻開歷來的教科書，應可發現，上述各種簡化歷史面貌者著實不少。教師若能深刻剖析那些呈現，敏銳查知學生對過去的認知因此受到何種影響，也就找到問題探究的契機。那麼後續資料收集和問題研究，自能順暢而行。

　　總歸來說，教科書對於教學多有幫助，但教師必得先轉換看待教科書的心態，嘗試以文本閱讀方式探入，從中爬梳潛在的訊息和觀點。一旦教師對教科書充分掌握，即有餘力運用若干篇章，訓練學生歷史閱讀。同時，又可借教科書文本之力，觀照學生的歷史迷思所在，從中凝聚出具有張力的問題意識，

進行探究。如此，研發富含教學意義和觀點的歷史探究教案，其實也非如想像中那般艱難窒礙。

三、教導探究的幾點建議

欲使學生具備閱讀文本和運用證據的心智能力，唯賴教師開啟的歷史探究情境，方可期成。但平心而論，我在本書所談的歷史探究設計與活動，與當前十二年國民教育新課綱下，各學校進行的「探究與實作」課程顯得很不相同。確乎如此。

由於 108 課綱的提倡，目前國高中許多校園內都如火如荼地開設各式探究與實作課程。眼見探究式教學熱切活絡，對於長期關懷歷史教育者如筆者而言，理該雀躍：單向和灌輸式的教學模式即將有所鬆動，學生應能在更具啟發和參與性的環境下學習成長。畢竟這麼些年來，個人在不同的場合或時機裡，多次向教師喊話：請讓歷史課成為一次次引領學生的探究之旅。但遺憾的是，個人影響著實有限。如今，拜課綱規範之賜，國中歷史每學期應進行數次「探究與實作」活動；高中階段，「探究與實作」更是成為人文社會組學生歷史必修課之一。看來歷史教育終於可以逐漸走上深度探索、啟迪思考的路向了，如此怎不令人歡欣以待。

不想，這兩三年，筆者耳聞眼見的卻是，「探究與實作」課程令許多高中歷史教師頭痛不已。究其因，在於這類課程大半都導向如何訓練學生寫出「小論文」的路子。這或許是新的大

學入學方式採計高中階段的學習成果所致。無論如何，此一教學走向確實在教師端產生了重重疑慮：該如何設計「探究與實作」課程？如何指導學生做研究？如何幫助學生完成「小論文」？高中階段的學生研究成果應該或者可以採用哪些形式展示？⋯⋯諸如此類問題反映著該課程的教學困境。

　　無可厚非，教師一般離開學校已久，對「研究」一事多感陌生，也睽違於新的學術探究觀念和方法。若教師都幾乎不曾再撰寫過論文，又如何強求他們帶領學生產出小論文？另一方面，官方的在職訓練又未即時，也難切合所需。許多歷史老師只能在黑暗中匍匐上路，磕絆連連，甚至無法確知自己所教是否落實了歷史探究之名。於是，有些課程導向了地方民俗采風，或者文史掌故的採集，亦即讓學生走訪當地，做些口述整理的工作。但是此類課程活力有之，卻不無問題，最重要的，其中究竟含有多少歷史學科之元素成分，值得關切。

　　依個人淺見，高中階段的歷史探究課程，應該要留意以下幾點。

（一）是「問題」、而不是「主題」探究

　　任何研究行家都知道，提問非常重要，是觸發研究者向前邁進的動力。正因心懷問題與困惑，必須想方設法的解決，才會開啟往後的探索歷程。然而，在一些學生呈現的作品中，常可看見：「問題」被弄混為「主題」，「問題探究」成了「主題探究」。

　　簡單來說，主題是指研究的範圍，而問題是研究者針對此範圍內某個現象或面向所提出的疑惑以及意欲探索的要點。主題是研究者關注所在的大區塊，問題則是切入這個區塊的疑問或視點。換言之，任何主題都潛在地包含各式各樣的研究方向和叩問。例如馬基維利的「君王論」、漢代的和親政策、雍正禁教原因、羅妹號事件、原住民的地權、移工問題、新冠肺炎的影響……等都是主題，而每個主題都可再從許多方向繼續探問。不妨拿「巷口的雜貨店」這個主題為例，在此範疇下，可以針對的「方向」包括：雜貨店的遷移史、過去與現在的經營方式、現況與困境、在該社區的意義與功能、經營者的心態與理念、地點與擺設、銷售內容與進貨來源、顧客群和人際互動、消費端的看法……等。此些列舉當可添上更多面向，而在每個面向上又可以延伸出許多研究者意欲切入的問題思考。

　　由是可見，在研究過程中，確立有意研究的範圍，擬定可能著眼的方向，只是第一步。最棘手的是如何在某個主題方向所轄的遼闊海域中，找到自己的起錨之點，以便開啟後續的研究之旅。此所以經常聽聞老師對著學生再三叮囑：「你要有問題意識！」或頻頻詢問：「你究竟要探討的是什麼問題？」換句話說，關鍵在於：要如何提出問題、尤其是「有意義」的問題？

　　問題絕無法憑空想像而出。論者或謂，由個人的好奇與興趣出發，應是訣竅。所以市面上有些教育專家專門指導教師學生提問之道，認為針對事情現象，都可從類似面向發問：

　　　　「這個事情（物件）是何時發生（存在）的？

這個事情發生的原因為何？

這個事情產生的影響？

現在的人們如何看待這個事情？」[10]

或者：

「你看見了什麼？有什麼變化？

你發現了什麼規律性？

你覺得會這樣的原因是什麼？」[11]

基本上，這些有問號的陳述，不能算是符合研究意義的問題，而仍屬探究的方向、課題而已。人們對於過去和眼前各種事物之好奇，絕非限於今日。天地萬物、古往今來的各種現象，多半早有前人探尋在先。也就是說，學生觀察所見，很少會是破天荒的第一遭。因此擇定方向後，真正的關鍵在於，必須進而查問：這個課題至今累積了哪些重要的研究成果？迄今為止解決了什麼疑問？尚待處理的又是什麼？目前的探究取向和方法為何？透過這番探討，研究者才可能從中摸索出可能的入手處，建立自己專有的問題，並開展下一段帶著問題、再次投入資料與問題來回辨證的研究歷程。

此處欲強調的重點是：基於個人的關注和喜好所問，離有意義的問題之產生，尚有一大段距離。任何研究無疑都是站在前人的肩膀上前進。好的問題必須是能與該主題的研究傳統對

---

10 藍偉瑩，《提問力：啟動探究思考的關鍵》（臺北：親子天下，2021），頁 80。

11 藍偉瑩，《提問力：啟動探究思考的關鍵》，頁 94。

話，並以自身問題所開啟的研究，作為回應。這正是學者所說：
「必須認清，問題不是起於線索 (clue)，而是在持續發展的公
共探究傳統中。」[12]

　　有價值的問題，多半不是直接從原始線索中而來，也非僅
屬私人關懷所在，卻是要從相關課題的公共探究傳統此一脈絡
下，爬梳得之。這恐怕是當前許多「探究與實作」課程進行時
經常忽略的一點。這也可說明，任何研究中，蒐羅各種相關著
述，閱讀前人研究成果，藉以掌握課題的學術探究史和晚近以
來的議題爭論，兼而熟悉重要的文獻資料，這一系列被稱為「研
究回顧」的部分，何以如此重要。因為在回頭檢視中，研究者
或可確認：原先設定的問題學界討論者眾，仍具意義，但必須
進一步考察目前的論辯取向和焦點，以便從中找出可以發揮的
問題點，為自己的探究建立學術性。這當然是比較令人振奮的
結果，但事情不總是如此樂觀順暢。情況還可能是：自己所提
出的問題已經不合時宜，或相關研究能量已滿，在新的資料出
現前，無法再有新解釋的空間，甚或：該問題確實不曾有人探
究，卻是源自相關資料極度不足，根本難以為繼。總之，這些
探尋，會迫使研究者重新思考問題，也許調整方向，也許另起
爐灶，再次投入另一波的追查中。總之，這般辛苦的歷程，可

---

12 A. K. Dickinson, A. Gard, and P. J. Lee, "Evidence in History and
　Classroom," in *History Teaching and Historical Understanding*. Edited by
　A. K. Dickinson and P. J. Lee. (London: Heinemann Educational Books,
　1978), 6.

說是任何研究者欲提出突破性問題總需履經之路。

　　試著揣想，尋求研究的問題這般曠日持久，如何求全於學習時間有限的中學生？而不只時間，更需要考量的是過程中思考的迂迴轉折，又豈是閱讀理解能力有待加強的高中學生所能承擔？這可以解釋為何許多學生最終所能完成的，就是蒐集幾篇論述、材料，進行綜合整理，甚至複製剪貼成所謂的「小論文」。在此，碰觸到的毋寧是一個根本的問題：中學的「探究與實作」應該如何定位？能完全比照大學專業科系或研究所的標準嗎？

（二）探究課程應重視「過程」甚於成果

　　如上所見，問題意識產生不易，探究的旅程又是漫長曲折，那麼，要求高中學生最後產出研究性質的「小論文」，恐怕會落入緣木求魚之窘境。反倒需要省思的是：中學歷史課堂中所進行的「探究與實作」，目標、重點乃至方式，是否應該有別於大學、研究所？畢竟學生的心智層次、學習方式都大不相同。這當是許多探究課程遭遇瓶頸的癥結所在。

　　事實上，英美許多學者早已提醒，學校歷史課堂中訓練學生「如史家一般」的思考，引導他們學習探究之法，絕非為了打造一個個迷你版的歷史學家，也不是期望這些初學者產出具有學術性的論文。學生透過做中學，最重要的是去認識歷史知識形成的過程，同時，獲得歷史思考和探究能力的訓練，例如文本閱讀和證據推論，好為未來奠定基礎。也就是說，中學的

歷史探究課程應該界定為儲備階段，重在幫助學生奠基打底，利於接軌進入大學院校後的專業鑽研。至於眾多精深研究所必備的條件，其中最為基礎的即包含文本解讀和證據意識。實話說，如果學生連理解重要論著的微言精義都有困難，也無法精準分析其中的要旨缺略，又如何奢談層次更高的確立問題、從事研究？

另一方面，高中是國民教育的頂端，是公民養成的極重要時刻。歷史探究課程正可以提升公民之素質素養。譬如文本閱讀和論證說理能力，即能裨益於學生進入社會後，從容面對周遭各種蜂擁而至的「知識」、「學說」，辨識其中的虛妄和荒謬，而不會輕易受到擺弄。

按此，屬於普及教育一環的高中歷史探究式課程，實不能跟大學以上的專業學科教育混同類比。教師率領學生投入以問題為取向的探究活動，重心更應放在「過程」，甚於最後的產出成品。課程中，教師應將心力置於培育學生深度閱讀的習慣，給予學生：學習切中評論相關文獻的觀點，練習向文本質問對話。因為，令人遺憾的是，這些重要的基礎訓練往往在中學教育園地裡長期缺席，受到忽視。而當前「探究與實作」課程正具有補缺拾遺的意義，理當擔起此一任重道遠的工作。

要言之，教導歷史研究，可以分成兩大部分：一是探究過程，一是成果呈現。中學階段更該側重前一部分，尤其是探索過程的體驗和必要能力的養成，而非絞盡心思於小論文或歷史劇、歷史小說、歷史報等呈現方式的變化。因為若無紮實的內

容，後者不過徒具形式而已。

　　如果中學探究性課程更應落實於鍛鍊學生的文本閱讀和證據推論等能力上，那樣的課程該有什麼特色？設計思考的方向為何？

（三）教師應「量身打造」探究的情境

　　觀察許多「探究與實作」課程，無論呈現樣式為何，教師幾乎都採自由「尊重」的方式，讓學生自行決定、選擇所欲探究的對象。於是全班幾組同學探討的主題往往天南地北，互不相關。這種情況不僅使得教師備課負擔重，增加引導工作的辛苦。甚且，如果同班同學大部分從探究過程到成果展示都只能各說各話，難有共同聚焦，同儕間便少了相互觀照、彼此學習的機會，殊為可惜。這就好比舉辦學術研討會時，任何籌辦方都會盡量設定某些共通的議題或圈定一些方向，好讓研究者共會一堂時，能聚焦思考，促成有效討論，並在對話、交鋒、磨合中，產生反饋和激勵等良性溝通的作用。

　　不過，上述探究課程形態最值得警惕之處還在於：教學重心極易蹈入「結果」取向，相對的，卻忽視過程裡學生能力的培養。如果說期待高中學生根據某個主題，找出有價值的問題、並有餘裕進行探究，乃陳義過高之想，那麼放手讓學生自行摸索，自訂主題，自己尋找可深究的問題，極可能發生畫虎不成反類犬，還導致初學者誤解「研究」之義，輕忽研究之難。更重要的是，教師失去了推進學生閱讀與論證思考的絕佳時機。

　　基於前論，筆者主張：為了達到培育能力的目的，中學階段的探究活動，教師需具主動性，採用「量身打造」、「客製化」的方式規劃探究活動。也就是說，探究課程的設計與進行，教師應居主導地位，而非放手隨意，誠如本書第五章所談「認知學徒法」中，那個積極主導學生認識溯源和脈絡化思考的老師師父。當然，教師宜考量學生程度，適量適性；從問題提出到探討程序，全程擘劃，引領學生進入討論、探究的情境和學習模式中。

　　那麼，最可採行且能循序漸進的探究，即是本書所談兩種問題設計：「文本閱讀的探究」以及「歷史問題的探究」。從一份份不同類型、寓意豐富的文本，到一個個不同面向的歷史提問，教師藉著這些設計，逐步涵養學生的歷史見識和思考深度。在這些課程活動中，教師需要縈繫於心的不能只有小論文，而是學生：

　　能否讀出各種文本的要旨、意圖，而非列舉枝節？

　　能否推論出文本的潛在訊息，而非及於表面敘述？

　　能否切中「問題」、精準回應，而非牛頭不對馬嘴？

　　能否學會文本之間的交叉驗證和比對，而非顧此失彼？

　　能否寫出言而有據的敘述，而非武斷妄言？

　　能否完成富有邏輯層次的書寫，而非前言接不上後語？

　　任何中學生如能很好地達成上述要求，便已具備閱讀素養和探究潛力。但若連這些基本功都沒能練就，如何奢談研究？

　　不可否認，綜觀當前教育景象，從課綱到教師，大多懷著

理想，亟欲革除學生在課堂中「聽」老師「講」的陋習，代之以動手探究、實地操作的新模式，又或期望學生不再背誦瑣碎死硬的事實，而能展現統整概括的理論性思維。然而，至少以歷史科來說，要國高中學生從過往的被動學習，忽而要主動出擊、從事自主研究，這一步跨得太快、太遠，也太急，不免失了分寸。尤其，當探究課程的施作與大學入學申請直接掛勾，終究使師生陷入各種成果呈現的焦慮中，忽略了基礎素養的培養，也犧牲了中學歷史教育的根本目的。

是重新調整步伐的時候了。如本章所述，「做中學」的目的在於過程。教師以問題為引，設計歷史閱讀的探究活動，不僅能使學生腦中的歷史圖像鮮活、生動、有趣，更可訓練學生解讀文本、建立證據意識、儲備推理論證，乃至基本書寫表達的能力。立基於問題的探究，才是中學歷史課中可行又能見效的教學之道。

（本書為科技部專書寫作計畫成果，計畫編號：105-2410-H-031-037-MY2）

引用書目

一、中文書目

（一）中文專著

Austin, J. L. 楊玉成、趙京超譯，《如何以言行事》，北京：商務印書館，2013。

Bloch, Marc. 周婉窈譯 ，《史家的技藝》，臺北 ： 遠流出版，1991。

Cannadine, David 編，梁永安譯，《今日，何謂歷史？: 開創性的歷史學研究方向》，臺北：立緒文化，2008。

Droysen, J. G. 胡昌智譯 ，《歷史知識的理論》，臺北 ： 聯經出版，1987。

Eagleton, Terry. 吳新發譯，《文學理論導讀》，臺北：書林出版，1993。

Evans, Ronald W. 陳巨擘譯，《社會科的戰爭》，臺北 ： 巨流圖書，2008。

Gagné, E. D. Yekovich, C. W. and Yekovich, F. R. 岳修平譯，《教學心理學：學習的認知基礎》，臺北：遠流出版，1998。

Gardner, Howard. 陳瓊森、汪益譯，《超越教化的心靈》，臺北：遠流出版，2003。

Stanford, Michael. 劉世安譯，《歷史研究導論》，臺北：麥田出版，2001。

Wineburg, Sam. Martin, Daisy and Monte-Sano, Chauncey. 宋家復譯，《像史家一般閱讀：在課堂裡教閱讀素養》，臺北：國立臺灣大學出版中心，2016。

Zemon Davis, Natalie. 江政寬譯，《馬丹‧蓋赫返鄉記》，臺北：聯經出版，2000。

丹尼爾‧布切里，〈推薦序一：我們為什麼要學歷史？〉，程修凡，《美國特級教師的歷史課》，廈門：鷺江出版社，2017。

安娜貝爾‧布雷特，〈今日，何謂思想史？〉，Cannadine, David 編，梁永安譯，《今日，何謂歷史？：開創性的歷史學研究方向》，臺北：立緒文化，2008。

吳宜蓉，《OSSO～歐美近代史原來很有事》，臺北：平安文化，2020。

──《這樣的歷史課我可以：歐美近代史原來很有事 2》，臺北：平安文化，2021。

吳政哲、吳翎君、莊德仁、陳惠芬、陳豐祥主編，《中學歷史教材教法》，臺北：五南出版，2021。

宋家復，〈歷史作為一種閱讀方式六大操作理念與中學教案編寫程序〉，《歷史閱讀素養教學設計之理念與實例》，臺北：國家教育研究院，2018。

拉卡頗等編，王加豐、王文婧、包中等譯，《現代歐洲思想史新評價與新視角》，北京：人民出版社，2014。

林恩・亨特，江政寬譯，《新文化史》，臺北：麥田出版，2002。

周淑卿，《課程發展與教師專業》，臺北：高等教育，2004。

林慈淑，〈史家？偵探？或記錄？10-14 歲兒童對歷史記述的一些想法〉，《史學與文獻 3》，臺北：東吳大學，2000。

——《歷史，要教什麼？英、美歷史教育的爭議》，臺北：臺灣學生書局，2010。

柯華葳，《教出閱讀力》，臺北：親子天下，2017。

品學堂編輯部，《閱讀理解 1～4 刊精選系列 vol.1》，臺北：品學堂，2017 年。

莎拉・瑪札，陳建元譯，《想想歷史》，臺北：時報出版，2018。

許育健，《高效閱讀：閱讀理解問思教學》，臺北：幼獅出版，2015。

陳建守主編，戴麗娟、謝柏暉等譯，《史家的誕生：探訪西方史學殿堂的十扇窗》，臺北：時英出版，2008。

喬伊絲・艾坡比、林恩・亨特、瑪格麗特・傑考，薛絢譯，《歷史的真相》，臺北：正中書局，1996。

普利摩・李維，倪安宇譯，《滅絕與生還》，臺北：時報出版，2020。

黃國珍，《閱讀素養：黃國珍的閱讀理解課，從訊息到意義，帶你讀出深度思考力》。臺北：親子天下，2019。

凱斯・詹京斯，《歷史的再思考》，臺北：麥田出版，1996。

彭慕蘭、史蒂夫・托皮克，黃中憲譯，《貿易打造的世界：社會、文化、世界經濟，從 1400 到現在》，臺北：如果出版，2007。

溫伯格，林慈淑、蕭憶梅、蔡蔚群、劉唐芬譯，《歷史思考大未來：勾勒歷史教學的藍圖》，臺北：三民書局，2020。

詹姆斯・哈威・魯賓孫，齊思和等譯，《新史學》，北京：商務印書館，1989。

詹美華、宋家復主編，《歷史閱讀素養：教學設計之理念與實際》，臺北：國家教育研究院，2018。

趙干城、鮑世奮譯，《史學導論》，臺北：五南出版，2001。

羅伯・丹屯，呂健忠譯，《貓大屠殺：法國文化史鉤沉》，臺北：聯經出版，2005。

薩依德，薛絢譯，《世界・文本・批評者》，臺北：立緒文化，2009。

藍偉瑩，《提問力：啟動探究思考的關鍵》，臺北：親子天下，2021。

鄭圓鈴、許芳菊，《閱讀理解：有效閱讀，如何學、怎麼教？》，臺北：親子天下，2013。

羅蘭巴特，〈符號學原理〉，李幼蒸譯，《寫作的零度：結構主義文學理論文選》，臺北：桂冠出版，1991。

（二）中文研究

Ashby, Rosalyn. 劉城譯，〈歷史課堂的史料教學〉，《清華歷史教

學》，2 期（新竹，1993），頁 110–111。

李宏圖，〈觀念史研究的回歸歸念史研究範式演進的考察〉，《史學集刊》，1 期（吉林，2018），頁 29–39。

宋佩芬，〈什麼是歷史教學中的 historical empathy？〉，《教育研究集刊》，67:2（臺北，2021）。

何宗懿，〈閱讀者提問請教文本：試論 PISA 閱讀素養架構進階之道〉，《教育研究與發展期刊》，11:2（新北，2015），頁 1–31。

何俊青。〈認知學徒制在社會領域教學之運用〉，《教育資料與研究》，60 期（新北，2004），頁 53–61。

孫劍秋、林孟君，〈談 PISA 閱讀素養評量對十二年國教閱讀教學的意涵〉，《北市大語文學報》，9 期（臺北，2012），頁 85–98。

——〈從臺灣中學生 PISA 閱讀素養的表現談精進學生閱讀素養的教學策略〉，《中等教育》，64:3（臺北，2013），頁 35–51。

陳昱霖、陳昭珍，〈國中閱讀素養及教學策略初探〉，《國文天地》，26:1（臺北，2010），頁 113–128。

張貴琳、黃秀霜、鄒慧英，〈從國際比較觀點探討臺灣學生 PISA 2006 閱讀素養表現特徵〉，《課程與教學季刊》，13:1（嘉義，2010），頁 21–46。

梁裕康，〈語言、歷史、哲學論 Quentin Skinner 之政治思想方法論〉，《政治科學論叢》，28 期（臺北，2006），頁 94–

95。

陳榮華，〈從語言的中介性論高達美的意義理論間論本質主義與反本質主義〉，《臺大文史哲學報》，66 期（臺北，2007），頁 159–162。

黃進興，〈「文本」與「真實」的概念：試論德希達對傳統史學的衝擊〉，《新史學》，13:3（臺北，2002），頁 55。

黃騰，〈從「角色」到「自我」論教師改變的歷史困境與可能〉，《教育研究集刊》，51:4（臺北，2005），頁 94–97。

林慈淑，〈年齡、知識或觀念試探兒童對多元歷史記述的反應〉，《東吳歷史學報》，10 期（臺北，2003）。

──〈證據概念從高中歷史課綱到教學問題探析〉，《臺大歷史學報》，58 期（臺北，2016）。

葉芸婷，〈如何有效指導國中生從閱讀文本中成就寫作〉，《國民教育》，54:3（臺北，2014），頁 100–103。

二、外文書目

（一）外文專著

Abby, Reisman. McGrew, Sarah. "Reading in History Education: Text, Sources, and Evidence," in Allan Metzger, Scott. McArthurHarris, Lauren, *The Wiley International Handbook of History Teaching and Learning*. Hoboken: John Wiley &

Sons, Inc., 2018.

Ashby, Rosalyn. "Understanding historical evidence: teaching and learning challenges," *Debates in History Teaching*. New York: Routledge, 2010.

Barthes, Roland. "From Work to Text," *Image, Music, Text: Essays selected and translated*. London: Fontana Press, 1997.

Barthes, Roland. "The Death of The Author," *Image, Music, Text: Essays selected and translated*. London: Fontana Press, 1997.

Barton, Keith and Levstik, L. S. *Teaching History for the Common Good*. Oxon: Routledge, 2004.

Britt, M. Anne. Perfetti, Charles A. Van Dyke, Julie A. and Gabrys, Gareth. "The Sourcer's Apprentice: A Tool for Document-Supported History Instruction," *Knowing, Teaching & Learning History: National and International Perspectives*. New York: New York University Press, 2000.

Burke, Peter. *Eyewitnessing: The Uses of Images as Historical Evidence*. New York: Cornell University Press, 2001.

Carretero, Mario. and Voss, James F. *Cognitive and Instructional Processes in History and the Social Sciences*. New Jersey: Lawrence Erlbaum Associates Inc., 1994.

Collingwood, Robin G. *The Idea of History*. Oxford: Oxford University Press, 1956.

Collins, Allen. Laboratories, BBN. Seely Brown, John. Newman

Susan E. and Palo Alto Research Center, Xerox. "Cognitive Apprenticeship: Teaching the Craft of Reading, Writing, and Mathematics," *Cognition and Instruction: Issues and Agendas*. Hillsdale, N.J.: Lawrence Erlbaum, 1987.

Culpin, Chris. Dawson, Ian. Banham, Dale. Edwards, Bethan. and Burnham, Sally. *SHP History Year 8*. London: Hodder Education, 2009.

Derrida, Jacques. translated by Allison, David B. Speech and Phenomena and Other Essays on Husserl's Theory of Sign. Evanston: Northwestern University Press, 1973.

Derrida, Jacques. "Structure, Sign, Play in the Discourse of the Human Sciences," *A Postmodern Reader*. Albany: State University of New York Press, 1993.

Dickinson, A. K. Gard, A. and Lee, P. J. "Evidence in History and the Classroom," *History Teaching and Historical Understanding*. London: Heinemann Educational Book, 1978.

Downey, Matthew T. and Long, Kelly A. *Teaching for Historical Literacy: Building Knowledge in the History Classroom*. New York: Routledge, 2016.

Eagleton, Terry. *Literary Theory: An Introduction*. Oxford: Basil Blackwell, 1988.

Elton, Geoffrey R. *The Practice of History*. London: Fontana Press, 1987.

Evans, Richard J. "Prologue: What is History?—Now," *What is History, Now?*. New York: Palgrave Macmillan Ltd., 2002.

Evans, Richard. *In Defense of History*. W. W. Norton & Company Ltd., 2000.

Foucault, Michel. translated by Sheridan Smith, Alan M. *The Archeology of Knowledge and The Discourse on Language*. Great Britain: Tavistock Publication, 1972.

Gardner, Howard. *The Disciplined Mind*. London: Penguin Books Ltd., 2000.

Gilbert T. Sewall, "The Diminished Past: Conditions and Ideals in the Social Studies," *Against the Mediocrity: The Humanities in America's High Schools*. New York: Holmes & Meier Pub., 1984.

Harvey Robinson, James. *The New History: Essays Illustrating the Modern Historical Outlook*. New York: The Free Press, 1965.

Hinton, Chris. and Weldon, Gail. *What is Evidence? South Africa During the Years of Apartheid Paperback*. London: John Murray Publishers Ltd., 1996.

Hirsch, E. D. Cultural Literacy, Jr. *What Every American Needs to Know*. Boston: Houghton Mifflin Company, 1987.

Holt, Thomas. *Thinking Historically*. New York: College Entrance Examination Board, 1995.

Howell, Martha and Prevenier, Walter. From *Reliable Sources: An*

Introduction to Historical Methods. New York: Cornell University Press, 2001.

Hunt, Lynn. "Introduction: History, Culture, and Text," *The New Cultural History*. Berkeley: University of California Press, 1989.

Hunt, Lynn. *Writing History in the Global Era*. New York: W. W. Norton & Company Inc., 2014

Husbands, Chris. *What is History Teaching? Language, Ideas and Meaning in Learning about the Past*. Buckingham: Open University Press, 1996.

Iggers, Georg G. *Historiography in the Twentieth Century: From Scientific Objectivity to the Postmodern Challenge*. Middletown: Wesleyan University Press, 2010.

Jackson, Kenneth T. and Jackson, Barbara B. "Why the Time Is Right to Reform the History Curriculum," *Historical Literacy: The Case for History in American Education*. Boston: Houghton Mifflin Company, 1989.

Jay, Martin. "Should Intellectual History Take a Linguistic Turn? Reflection on the Habermas-Gadamer Debate," *Modern European Intellectual History: Reappraisals & New Perspectives*. London: Cornell University Press, 1982.

Jenkins, K. *Rethinking History*. London: Routledge, 1991.

Jones, R. B. "Introduction: The New History," *Practical*

Approaches to the New History. London: Hutchinson, 1974.

Jordanova, L. *History in Practice*. London: Bloomsbury Academic, 2019.

Keller, Clair W. "Improving High School History Teaching," *Against the Mediocrity: The Humanities in America's High Schools*. New York: Holmes & Meier Pub., 1984.

Kitson, Alison. Husbands, Chris and Steward, Susan. *Teaching & Learning History 11-18: Understanding the Past*. Berkshire: Open University Press, 2011.

Kölbl, Carlos. Konrad, Lisa. "Historical Consciousness in Germany: Concepts, Implementation, Assessment," in *New Directions in Assessing Historical Thinking*. Edited by Kadriye Ercikan and Peter Seixas. New York: Routledge, 2015.

LaCapra, Dominich. "Rethinking Intellectual History and Reading Texts," *Modern European Intellectual History: Reappraisals and Perspectives*. Ithaca and London: Cornell University Press, 1982.

LaCapra, Dominich. *History and Criticism*. London: Cornell University Press, 1985.

Lee, Peter J. "Historical Imagination," *Learning History*. London: Heinemann Educational Books, 1984.

Lee, Peter J. "Putting Principles into Practice: Understanding

History," *How Students Learn: History in the Classroom*. Washington, DC: The National Academies Press, 2005.

Lee, Peter J. "Historical Education and Historical Literacy," *Debates in History Teaching*. New York: Routledge, 2011.

Leinhardt, Gaea. Beck Isabel L. and Stainton, Catherine. *Teaching and Learning History*. New Jersey: Lawrence Erlbaum Associate, Pub., 1994.

Lévesque, Stéphane. and Clark, Penney. "Historical Thinking: Definitions and Educational Applications," *The Wiley International Handbook of History Teaching and Learning*. Hoboken: John Wiley & Sons, Inc., 2018.

MacMillan, Margaret. *The Uses and Abuses of History*. London: Profile Books, 2010.

Monte-San, Chauncey. De La Paz, Susan. Felton, Mark. And Neuman, Susan B. *Reading, Thinking, and Writing About History: Teaching Argument Writing to Diverse Learners in the Common Core Classroom*, Grades 6–12. New York and London: Teachers College, 2014.

Munslow, Alun. *Deconstructing History*. New York: Routledge, 1997.

Nokes, Jeffery D. *Building Students' Historical Literacies: Learning to Read and Reason with Historical Texts and Evidence*. New York: Routledge, 2013.

Phillips, Ian. "Highlighting Evidence," *Debates in History Teaching*. Oxon: Routledge, 2010.

Ravitch, Diane. "Decline and Fall of Teaching History," New York Times Magazine. New York, 1985.

Ravitch, Diane. Chester E. Finn, Jr. *What Do Our 17-Year-Olds Know? A Report on the First National Assessment of History and Literature*. New York: Harper & Row, Pub., 1988.

Renier, Gustaaf J. *History, Its Purposes and Method*. New York: Harper & Row, Pub., 1965.

Robert F. Berkhofer, Jr. *Beyond the Great Story: History as a Text and Discourse*. Massachusetts: Harvard University Press, 1997.

Rorty, Richard. *The Linguistic Turn*. Chicago: University of Chicago Press, 1967.

Rosenzweig, Roy. "How Americans use and Think about the Past: Implications from a National Survey for the Teaching of History," *Knowing Teaching and Learning History: National and International Perspective*. New York: New York University Press, 2000.

Rubin, Miri. "What is Cultural History Now?," *What is Cultural History Now?*. New York: Palgrave Macmillan Ltd., 2002.

Said, Edward. *The World, The Text, and The Critic*. Massachusetts: Harvard University Press, 1983.

School Council Publication. *A New Look at History*. Edinburgh: Homes Mcdougall, 1976.

Seixas, Peter. Morton, Tom. *The Big Six Historical Thinking Concepts*. Toronto: Nelson Education, 2013.

Skinner, Quentin. "Interpretation and the Understanding of Speech Acts," *Visions of Politics*. Cambridge: Cambridge University Press, 2002.

Skinner, Quentin. "Motives, Intentions and Interpretation," *Visions of Politics*. Cambridge: Cambridge University Press, 2002.

Thompson, D. "Understanding the Past: Procedures and Content," *Learning History*. London: Heinemann Educational Books, 1984.

Thompson, Paul. *The Voice of the Past*. Oxford: Oxford University Press, 2000.

Tosh, John. *The Pursuit of History: Aims, Methods and New Directions in the Study of History*. Essex: Longman House, 1984.

Van Boxtel, Carla. Van Drie, Janet. "Historical Reasoning: Conceptualizations and Educational Application," *The Wiley International Handbook of History Teaching and Learning*. Hoboken: John Wiley & Sons, Inc., 2018.

VanSledright, Bruce. *The Challenge of Rethinking History Education: On Practices, Theories, and Policy*. New York:

Routledge, 2011.

VanSledright, Bruce. *In Search of America's Past: Learning to Read History in Elementary School.* New York: Teachers College Press, 2002.

White, Hayden. "Method and Ideology in Intellectual History: The Case of Henry Adams," *Modern European Intellectual History: Reappraisals and Perspectives.* Ithaca and London: Cornell University Press, 1982.

White, Hayden. "Foucault's Discourse: Historiography of Anti-Humanism," *The Content of the Form.* JHU: Johns Hopkins University Press, 1990.

Wilson, Suzanne M. and Sykes, Gary. "Toward Better Teacher Preparation and Certification," *Historical Literacy: The Case for History in American Education.* London: Macmillan Pub. Co., 1989.

Wineburg, Sam. "The Cognitive Representation of Historical Texts," *Teaching and learning in history.* Michigan: Lawrence Erlbaum Associates, 1994.

Wineburg, Sam. *Historical Thinking and Other Unnatural Acts: Charting the Future of Teaching the Past.* Philadelphia: Temple University Press, 2001.

Wineburg, Sam. Martin, Daisy and Monte-Sano, Chauncey. *Reading like a Historian: Teaching Literacy in Middle and*

High School History Classroom. New York: Teacher College Press, 2011.

（二）外文研究

Barton, Keith. "Primary Sources in History: Breaking Through the Myths," *Phi Delta Kappan* 86:10 (Jun. 2005), 746.

Finley, Robert. "The Refashioning of Martie Guerre," *The American Historical Review* 93:3 (Jun. 1988), 553–571.

Himmelfarb, Gertrude. "Some Reflections on the New History," *The American Historical Review* 94:3 (Jun. 1989).

Kirkendall, Richard. "The Status of History in The Schools," *The Journal of American History* 62:2 (1975): 563.

Kucan, Linda and Beck, Isabel L. "Thinking Aloud and Reading Comprehension Research: Inquiry, Instruction, and Social Interaction," *Review of Educational Research* 67:3 (Autumn 1997): 271–299.

LaCapra, Dominich. "Rethinking Intellectual History and Reading Texts," *History and Theory* 19:3 (Oct. 1980).

Lévestique, Stéphane. "On Historical Literacy: Learning to Think Like Historian," *Canadian Issue* (Winter 2010): 42–46.

MartíMiller, Montserrat and Stearns, Peter N. "Applying Cognitive Learning Approaches in History Teaching: An Experiment in a World History Course," *The History Teacher* 28:2 (Feb.

1995).

McAleavy, Tony. "The use of sources in school history 1910–1998: a critical perspective," *Teaching History* no.91 (May 1998).

Megill, Allen. "The Reception of Foucault by Historians," *Journal of The History of Ideas* 48:1 (Jan.–Mar. 1987).

Nokes, Jeffery D. Dole, Janice A. and Hacker, Douglas J. "Teaching High School Students to Use Heuristics While Reading Historical Texts." *Journal of Educational Psychology* 99:3 (Aug. 2007): 492–504.

Reisman, Avishag. "Reading Like a Historian: A Document-Based History Curriculum Intervention in Urban High Schools," *Cognition and Instruction* 30:1 (Mar. 2012).

Reisman, Avishag. Wineburg, Sam. "Teaching the Skill of Contextualizing in History," *The Social Studies* 99:5 (Aug. 2008): 202–207.

Reisman, Avishag. Wineburg, Sam. "Text Complexity in the History Classroom: Teaching to and Beyond Common Core," *Social Studies Review* 51:1 (2012).

Rouet, Jean-François. Favart, Monik. Britt, M. Anne and Perfetti, Charles A. "Studying and Using Multiple Documents in History: Effects of Discipline Expertise Cognition and Instruction," *Cognition and Instruction* 15:1 (1997): 85–106.

Seixas, Peter. "Translation and its Discontents: Key concepts in English and German history education," *Journal of Curriculum Studies* 48:4 (2016): 427–439.

Shanahan, C. Shanahan. T and Misischia, C. "Analysis of Expert Readers in Three Disciplines: History, Mathematics, and Chemistry," *Journal of Literacy Research* 43:4 (2011): 422–423.

Shulman, Lee. "Those Who Understand: Knowledge Growth in Teaching," *Educational Researcher* 15:2 (Feb. 1986).

Skinner, Quentin. "Meaning and Understanding in the History of Ideas," *History and Theory* 8:1 (1969).

Smith, Phil. "Why Gerry Now Likes Evidential Work," *Teaching History* no.102 (Feb. 2001).

Sönmez, Yasemin. Erkam Sulak, Süleymen. "The Effect of Thinking-Aloud Strategy On the Reading Comprehension Skills of 4th Grade Primary School Students," *Universal Journal of Educational Research* 6:1 (2018).

Stone, Lawrence and Spiegel, Gabrielle M. "History and Post-Modernism," *Past & Present* no.135 (1992).

Van Boxtel, Carla. and Van Drie, Janet. "Historical reasoning in the Classroom: What does it look like and how can we enhance it?," *Teaching History* no.150 (Mar. 2013): 44–52.

VanSledright, Bruce. "Confronting History's Interpretative

Paradox While Teaching Fifth Graders to investigate the Past," *American Educational Research Journal* 39:4 (Winter 2002).

Wake, R. "History as a Separate Discipline: The Case," *Teaching History* 1:3 (May 1970).

White, Hayden. "Foucault Decoded: Notes From Underground." *History and Theory* 12:1 (1973).

White, Hayden. "The Absurdist Moment in Contemporary Literary Theory," *Contemporary Literature* 17:3 (Summer 1976).

Wineburg, Sam. Reisman, Abby. "Disciplinary Literacy in History: A Toolkit for Digital Citizenship," *Journal of Adolescent & Adult Literacy* 58:8 (May 2015).

Wineburg, Sam. "Historical Problem Solving: A Study of the Cognitive Process Used in the Evaluation of Documentary and Pictorial Evidence," *Journal of Educational Psychology* 83:1 (1991).

Wineburg, Sam. "On the Reading of Historical Texts: Notes on the Breach of School and Academy," *American Educational Research Journal* 28:3 (Autumn 1991).

Wineburg, Sam. "Reading Abraham Lincoln: An expert/expert study in the interpretation of historical texts," *Cognitive Science* 22:3 (Jul.–Step. 1998).

Wineburg, Sam. "Opening up the Textbooks and Offering Students a Second Voice," *Education Week* 26:39 (Jun. 2007).

Wineburg, Sam. "Unnatural and essential: the nature of historical thinking," *Teaching History* no. 129 (Dec. 2007).

Wineburg, Sam. "Why Historical thinking is not about History," *History News*, Spring 2016, 14.

Wrisley Reed, Elaine. "For Better Elementary Teaching: Methods Old and New," *Historical Literacy: The Case for History in American Education.* (1989).

Zemon Davis, Natalie. "On the Lame," *The American Historical Review* 93:3 (Jun. 1988).

三、網路資料

Australian Curriculum, "Humanities and Social Sciences: Aims," https://www.australiancurriculum.edu.au/f-10-curriculum/humanities-and-social-sciences/history/aims, accessed Jun. 10, 2022.

District of Columbia Public Schools, "Common Core: Standards for Literacy in History/Social Studies, Science, and Technical Subjects 6–12," https://dcps.dc.gov/sites/default/files/dc/sites/dcps/publication/attachments/Common%20Core%20State%20Standards%20for%20SS.pdf, accessed Jun. 22, 2023.

ETS, "PISA 2018 Released Field Trial New Reading Items,"

Version 2 (Jan. 2019): 5. https://www.oecd.org/pisa/test/PISA
-2018-Released-New-REA-Items.pdf, accessed Jun. 29, 2021.

GOV.UK, "Curriculum and qualifications,"
https://www.gov.uk/government/collections/national−curricul
um, accessed Jun. 10,2022.

OECD, "Pisa 2015 DraftReading Literacy Framework,"
https://www.oecd.org/pisa/pisaproducts/Draft%20PISA%202
015%20Reading%20Framework%20.pdf, accessed Jun. 12,
2021.

OEED, "Pisa 2018 Reading Framework," PISA 2018 Assessment
and Analytical Framework (Apr. 2019): 33−38.
https://www.oecd−ilibrary.org/deliver/b25efab8−en.pdf?item-
Id=%2Fcontent%2Fpublication%2Fb25efab8−en&mimeType
=pdf, accessed Jun. 29, 2021.

OECD, "What is PISA?," https://www.oecd.org/pisa/aboutpisa/,
accessed Mar. 23, 2021.

Teachinghistory.org, "Opening Up the Textbook,"
https://teachinghistory.org/best-practices/teaching-with-textbo
oks/19438, accessed Feb. 15, 2023.

王惠英，〈Pisa 最新評估出爐：臺灣學生的閱讀素養排名第 17，
表現不佳有三大原因〉，https://futureparenting.cwgv.com.tw
/family/content/index/16665, 擷取日期：2021 年 3 月 23 日。

洪碧霞，〈臺灣 PISA 2018 結果報告〉，http://pisa.nutn.edu.tw/,

擷取日期：2021 年 3 月 27 日。

洪碧霞主編，〈PISA 2018 臺灣學生的表現〉,《社會科學研究》,
　　No.39，頁 1–3。https://cirn.moe.edu.tw/Upload/ckfile/files
　　/81239–PISA%202018%E8%87%BA%E7%81%A3%E5%AD
　　%B8%E7%94%9F%E7%9A%84%E8%A1%A8%E7%8F%BE
　　%20(%E7%80%8F%E8%A6%BD%E6%AA%94).pdf, 擷 取
　　日期：2023 年 6 月 20 日。

孫劍秋，〈國際閱讀素養評量 (PISA) 計畫問答集 (Q&A)〉,
　　http://anjcs.org/wordreading/wordreading5.pdf, 擷取日期：
　　2023 年 6 月 18 日。

陳木金，〈認知學徒制理論對精進教師教學傳習的啟示〉,政治
　　大學教學發展中心部落格，https://nccur.lib.nccu.edu.tw/
　　bitstream/140.119/38177/1/5–47.pdf。

教育部，〈提升國民中小學學生閱讀素養實施計畫〉,
　　https://www.tajh.tp.edu.tw/resource/openfid.php?id=1219, 擷
　　取日期：2021 年 3 月 23 日。

教育部國民及學前教育署，〈高中課綱微調專區〉,
　　https://www.k12ea.gov.tw/Tw/Cur/Index?filter=693F41A9–
　　9C10–4F04–AD6C–AF1852E681C7, 擷取日期：2023 年 6
　　月 27 日。

國家圖書館出版品預行編目資料

歷史如何教？從閱讀到探究／林慈淑著.——初版一
刷.——臺北市：三民，2023
　　面；　公分.——（歷史聚焦）

ISBN 978-957-14-7640-7（平裝）
1. 歷史教育 2. 閱讀指導 3. 中等教育

524.34　　　　　　　　　　　　112006899

歷史聚焦

歷史如何教？從閱讀到探究

作　　者	林慈淑
責任編輯	曾子璇
美術編輯	李珮慈

發 行 人	劉振強
出 版 者	三民書局股份有限公司
地　　址	臺北市復興北路 386 號 (復北門市)
	臺北市重慶南路一段 61 號 (重南門市)
電　　話	(02)25006600
網　　址	三民網路書店 https://www.sanmin.com.tw

出版日期	初版一刷 2023 年 8 月
書籍編號	S600470
I S B N	978-957-14-7640-7

三民書局